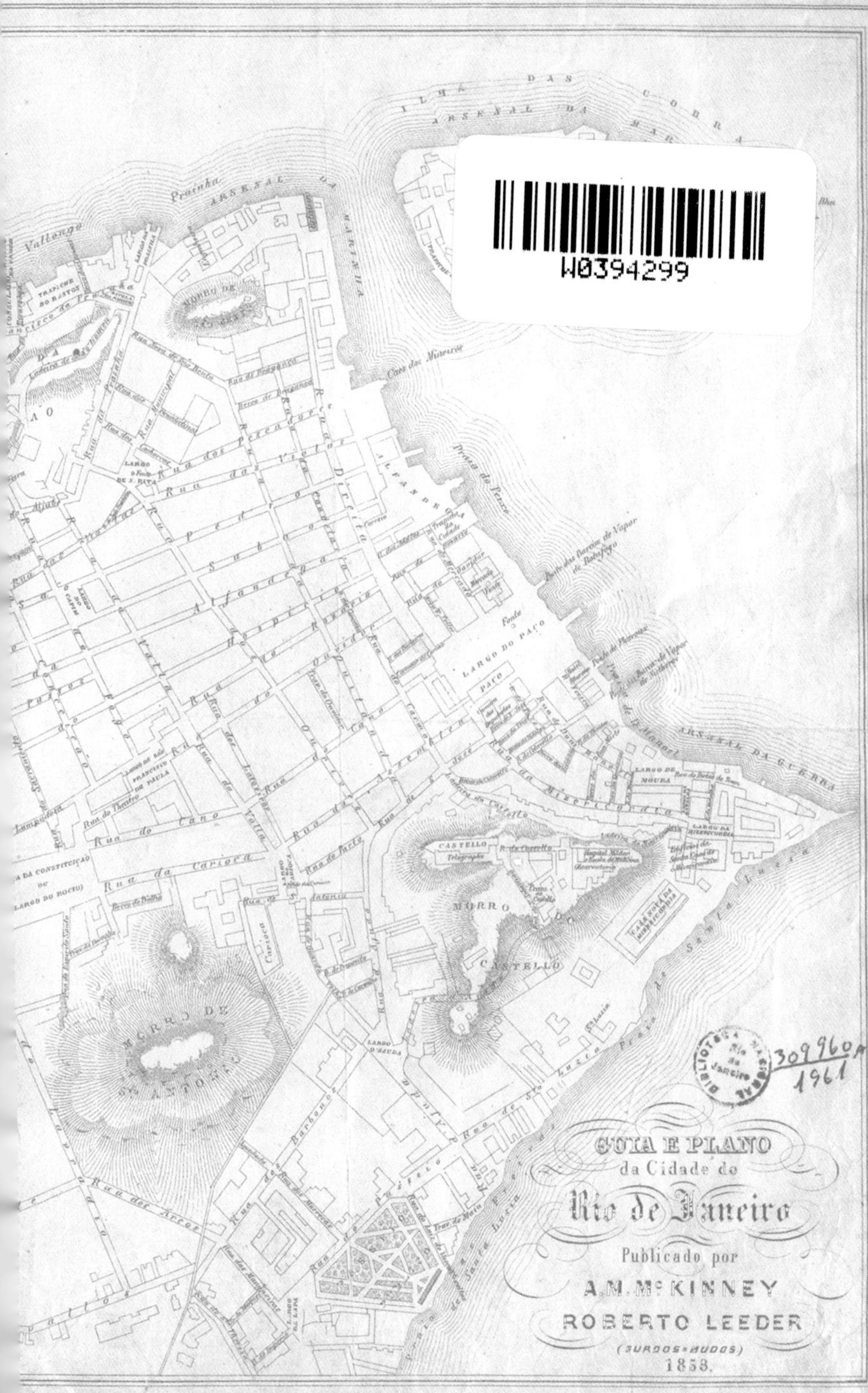
GUIA E PLANO
da Cidade do
Rio de Janeiro
Publicado por
A.M. Mc KINNEY
ROBERTO LEEDER
(SURDOS-MUDOS)
1858.

Bergische Monographie

2

Bergischer Verlag

Ernst Hasenclever

Von Remscheid nach Brasilien

Jörg Holtschneider

Vorwort

Ernst Hasenclever, ein Spross der berühmten Familie Hasenclever aus Remscheid, wurde bisher kaum in der Literatur beachtet. Seine Briefe und insbesondere seine Tagebuchaufzeichnungen ermöglichen uns einen Einblick in die internationalen Wirtschaftsbeziehungen und Denkweisen bergischer Handelshäuser des frühen 19. Jahrhunderts.

Der Historiker Jörg Holtschneider konnte erstmalig den privaten Nachlass von Ernst Hasenclever sichten und eine lebendige und tief verflochtene, großbürgerliche Lebensgeschichte entfalten.

Prägend war sein siebenjähriger Aufenthalt in Brasilien, den er mit seinen überlieferten Skizzen für seine Familie bildlich festgehalten hat. Darüber hinaus nutzte er das für die Zeit einzige Kommunikationsmittel des Briefes für seine private sowie auch für seine geschäftliche Korrespondenz. Oftmals wurde die Korrespondenz aufgrund der unsicheren Wege mehrfach abgeschrieben und mit unterschiedlichen Transportmitteln auf zum Teil abweichenden Routen versandt. Heute im Zeitalter des Internets und der mobilen Kommunikation für uns kaum noch vorstellbar.

Darüber hinaus nutzte er das Tagebuch zur Dokumentation seiner Eindrücke, eine für den Historiker herausragende Quelle zur Einschätzung der Zeit.

Die Reise diente als Abschluss seiner Ausbildungszeit, bevor er als Kompagnon in das elterliche Unternehmen einsteigen konnte. Eine in der Zeit übliche Ausbildungsreise des gehobenen Bürgertums insbesondere der Handelshäuser. Auf diesen Reisen wurden die Exportmöglichkeiten ausgebaut, neue Importwaren begutachtet, Geschäftskontakte vertieft und neu angebahnt.

Jörg Holtschneider vermittelt ein authentisches Bild der Lebenswelten bergischer Kaufmannsfamilien zu Beginn des 19. Jahrhunderts am Beispiel von Ernst Hasenclever.

Ein beeindruckendes Zeugnis bergischer Wirtschaftsgeschichte!

Thomas G. Halbach, Herausgeber

Inhaltsverzeichnis

Einleitung

Ernst Hasenclever entstammt der großen und bis heute bedeutenden Familie Hasenclever, der auch der bekannte Maler Johann Peter Hasenclever (1810–1853), Mitglied der Düsseldorfer Malschule, und der Tuchhändler Peter Hasenclever (1716–1793) angehörten. Der Onkel von Ernst, Josua Hasenclever (1783–1853), ist vor allem durch seine selbstverfassten Lebensbeschreibungen bekannt, die einen tiefen Einblick in die Entwicklung der Familien- und Geschäftsverhältnisse einer wohlhabenden Kaufmannsfamilie des späten 18. und frühen 19. Jahrhunderts geben. Über Ernst hingegen ist nach so langer Zeit kaum etwas bekannt.

Ernst Hasenclever, mit vollem Namen Georg Bernhard Ernst Hasenclever, erblickte im ereignisreichen Jahr 1814 das Licht der Welt. Nach Schule und Ausbildung in der Familie, war er Teil des vom Großvater 1786 gegründeten Handelsunternehmens Johann Bernhard Hasenclever & Söhne. In dieser Eigenschaft begab er sich 1837 auf eine Reise nach Südamerika. In Rio de Janeiro sollte er die Geschäftsbeziehungen der Firma fördern. Sein Cousin Gottfried Hasenclever betrieb dort seit 1830 eine Vertretung. Neben seiner Arbeit für das Unternehmen verbrachte Ernst einen Teil seiner Zeit mit Reisen im Land, über die er ausführliche Tagebuchaufzeichnungen führte.

In mehreren Skizzenbüchern fertigte er parallel zu seinen Berichten Zeichnungen der durchreisten Städte und Landschaften an. Ursprünglich diente dieses Gesamtwerk der Information der daheim gebliebenen Familie, wie er mehrfach am Beginn eines neuen Berichtes schrieb. Die einzelnen Hefte, die er im Laufe der Jahre füllte, schickte er in mehr oder weniger regelmäßigen Abständen mit der Post in die Heimat, sodass auch Eltern und Geschwister an seinen Erlebnissen in Brasilien teilhaben konnten. Die verschiedenen Tagebuchaufzeichnungen aus dem achtjährigen Aufenthalt werfen immer nur kurze Schlaglichter auf die Entwicklung seiner Persönlichkeit. Sie dienten in erster Linie der Selbstdarstellung. Allerdings bieten sie interessante Einblicke in das Leben und Reisen auf dem südamerikanischen Kontinent in der ersten Hälfte des 19. Jahrhunderts.

Erscheint Ernst am Beginn seiner Reiseaufzeichnungen als ein aufgeregter und neugieriger junger Kerl, der ständig zu allerlei Späßen aufgelegt war, so wurde aus ihm im Laufe der Jahre ein Mann, der häufig Anflüge von Überheblichkeit und Großspurigkeit zeigte.

Schließlich traf er am Ende seines Aufenthaltes auf dem Rückweg über New York nach Deutschland noch seine zukünftige Ehefrau, die ihn innerhalb weniger Wochen für sich gewann. Mit der Tochter einer französisch-deutsch-amerikanischen Kaufmannsfamilie lebte er bis zu seinem Tod glücklich und zufrieden in Remscheid-Ehringhausen.

Neben seinen Reisebeschreibungen wurden zur Vervollständigung dieser kleinen Lebensgeschichte weitere Aufzeichnungen von zeitgenössischen Familienmitgliedern herangezogen, die Auskunft über die Zeit seines Lebens vor und nach der großen Reise nach Südamerika gaben.

1. Familienaufzeichnungen – Epochentabellen

Informationen zum Leben von Ernst Hasenclever findet man in der Hauptsache in den privaten Aufzeichnungen der Familie Hasenclever. Die ältesten sind die sogenannten „Epochentabellen“. Dabei handelt es sich um tagebuchartige Lebensberichte, die von insgesamt fünf Familienmitgliedern in der Zeit von 1744 bis 1936 verfasst wurden. Zu Lebzeiten von Ernst Hasenclever waren es drei Frauen, die sich mit dieser Form der Familienchronik beschäftigten.

Als Erste begann Johanna Schlosser, geb. Fahlmer (1744–1821), Großmutter von Ernst Hasenclever, bereits Mitte des 18. Jahrhunderts familiäre Ereignisse aufzuschreiben. Zunächst in großen Abständen und für die Jahre ihrer eigenen Jugend vermutlich auch im Rückblick geschrieben, tauchen neben Geschehnissen aus dem Familienleben auch wichtige historische Ereignisse auf. Das katastrophale Erdbeben von Lissabon 1755 fand ebenso Erwähnung, wie der Ausbruch des Siebenjährigen Krieges zwei Jahre später. Auch ein Erdbeben in Düsseldorf im Jahr 1756 blieb ihr so im Gedächtnis, dass sie es in hren Büchlein festhielt. Mit zunehmendem Alter wurden ihre Berichte umfangreicher und beschränkten sich im Wesentlichen auf familiäre Ereignisse. Geburten, Hochzeiten und Todesfälle im Familien- und Bekanntenkreis sowie unternommene Reisen geben einen Einblick in das Leben einer bürgerlichen Familie in der zweiten Hälfte des 18. Jahrhunderts. Auch die Wirren des Ersten Koalitionskrieges zwischen 1792 und 1797 fanden ihren Niederschlag in den Epochentabellen. Mehrfach floh die Familie Schlosser aus Karlsruhe und Ansbach vor Kampfhandlungen im südwestdeutschen Raum.

Erst durch die Heirat ihrer Tochter Cornelia Henriette Schlosser (1781-1850) mit David Hasenclever (1778–1857) im Jahr 1809 wurden diese Erinnerungen zu einem Dokument der Hasencleverschen Familiengeschichte. So erwähnte Johanna Schlosser auch den ersten Kontakt zwischen den zukünftigen Eltern von Ernst Hasenclever. Unter dem 23. Februar 1809 schrieb sie:

„Erscheinung bey uns von David Hasenclever, und bey 3 Wochen seines Bleibens in Frankf. das Entstehen unserer Verbindung mit ihm.“ [1]

und am 9. April:

„Die Wiederkehr von David Hasenclever mit seinem Bruder Josua zu der Persönlichen Verlobung mit meiner geliebten Henriette.“ [2]

Die Hochzeit fand am 27. Juni 1809 in Frankfurt statt. Ob die Verbindung zwischen David Hasenclever und Henriette Schlosser tatsächlich innerhalb so kurzer Zeit zustande kam, lässt sich nicht mehr nachvollziehen. Henriette Schlosser war mit 27 Jahren für eine erste Heirat schon recht alt, sodass der Wunsch nach einer schnellen Verbindung möglich scheint. Auch der sehr geringe Altersunterschied weicht von den Gepflogenheiten der damaligen Zeiten ab. Frauen waren in der Regel wesentlich jünger als ihre Ehemänner. Auch dies spräche für die Notwendigkeit einer schnellen Verbindung. Vielleicht kannten sich beide aber auch schon längere Zeit. Im Sommer 1808 vermerkte Johanna Schlosser einen Besuch mit ihrer Tochter Henriette in Pempelfort, Düsseldorf und Ehringhausen, bei dem ein erstes Kennenlernen stattgefunden haben könnte.[3]

Nach dem Tod von Johanna Schlosser im Jahr 1821 übernahm ihre Tochter Cornelia Henriette Hasenclever die Fortführung der Epochen-Tabellen der Familie Hasenclever. Über fast 30 Jahre begleitete sie nun mit ihren Beschreibungen das Leben und die Geschicke ihrer unmittelbaren Familie sowie der weiteren Verwandtschaft. Politische Entwicklungen erwähnte auch sie nur am Rande und nur insofern sie die Familiengeschicke betrafen. So bedachte sie die revolutionären Wirren der Jahre 1848/49 mit den Worten:

„März (1848) den 3. Aufruhr in Hamburg. Den 15. Aufruhr in Wien. Den 18. Aufruhr in Berlin. Den 16. und 17. Zerstörung unserer Gussfabrik. Den 28. Endlich unsere Abreise von Hamburg und Ankunft zu Hause am 30., sehr getrübt durch die trüben Ereigniße in Deutschland."

September 1848 „David während seiner Badereise in Frankfurt wohnte dem schrecklichen Kampfe in Frankfurts Strassen bei zwischen den abscheulichen, unsinnigen Wühlern und dem Militair der deutschen Truppen."

Mai 1849 „In Elberfeld die Wühler aufs höchste zügellos bis zu. 17. da sie zerstreut und viele davon gefangen genommen wurden."[4]

Ab 1850 folgte ihr ihre älteste Tochter Auguste als Familienchronistin. Auguste war die älteste Schwester von Ernst Hasenclever und erzog als unverheiratete Tante teilweise dessen Kinder. Um Bertha, die älteste Tochter von Ernst, kümmerte sie sich mit dessen Einverständnis ihr ganzes Leben lang wie eine Mutter.

Als letzte Chronistin zu Lebzeiten von Ernst Hasenclever übernahm ab 1868 seine eigene Frau Louise Hasenclever, geb. Vezin, diese Aufgabe, die sie bis zu ihrem Tod im Jahr 1899 fortführte.

Der einzige Mann in der langen Autorenreihe der Hasencleverschen Epochentabellen war Hermann Hasenclever. Er war 1899 der einzige noch lebende Sohn von Ernst Hasenclever. Von 1899 bis 1936 beschäftigte er sich mit den Geschicken seiner Familienmitglieder.

Die vorgenannten Aufzeichnungen liegen für Johanna Schlosser und Henriette Hasenclever in einer Abschrift von Paul Bresser, einem Nachfahren von Ernst Hasenclever, vor. Zum Schutz der Originalunterlagen übertrug dieser sie Ende der 1950er, Anfang der 1960er Jahre „mit allen stilistischen Eigenheiten und orthographischen Ungenauigkeiten" mit der Schreibmaschine. Die Schriftstücke aus der Hand von Auguste Hasenclever waren in fotokopierter Form zugänglich.

2. Die Tagebücher der Louise Hasenclever, geb. Vezin

Eine zweite Quelle zum Leben von Ernst Hasenclever sind die Tagebuchaufzeichnungen seiner Ehefrau. Vier kleine Bändchen mit liniertem Papier, die meisten dicht gefüllt in feiner Handschrift, umfassen den Zeitraum von 1846 bis 1882. Der erste Band beinhaltet die Jahre von 1846 bis 1867, der Zweite reicht von 1868 bis 1876 und der Dritte von 1877 bis 1882. Ein vierter Band nennt sich „Reisenotizen“. In ihm verzeichnete Louise in den Jahren 1862, 1863 und 1867 für sie offenbar besonders bemerkenswerte Reisen mit ihrem Mann.

Ihr erstes Büchlein beginnt 1846 – dem Hochzeitsjahr – mit den Worten:

„Notizen aus dem Leben von Ernst Hasenclever und seiner Frau Louise, geb. Vezin, aus Philadelphia.“

und fährt dann fort

„5ten Mai im Jahr 1846 in Philadelphia geheirathet, Ende Juni von dort abgereist mit einem Havre Paket ( ) über Havre nach Paris, dort uns 10 Tage aufgehalten, dann nach Wiesbaden gereist meinen Schwiegervater kennen zu lernen, der dort die Kur gebrauchte. Der liebenswürdige alte Mann gewann bald mein ganzes Herz. Mit ihm reisten wir nach Frankfurt und nach Heidelberg zu Onkel und Tante Schlosser, so daß wir erst im August in Ehringhausen ankamen und von meiner Schwiegermutter mit herzlicher Liebe aufgenommen wurde.“ [5]

In den ersten Jahren ihrer Ehe waren die Aufzeichnungen nicht ganz so ausführlich und umfangreich, wie ihr erster Eintrag vielleicht vermuten ließ. Ihre erste Aufgabe wird die Eingewöhnung in ihr neues Lebensumfeld als Hausfrau und bald auch als Mutter gewesen sein. Der Weggang aus ihrer Familie in Philadelphia, einer Stadt mit damals bereits mehr als 100.000 Einwohnern, und der Einzug in das Haus der Schwiegereltern im beschaulichen Ehringhausen waren sicherlich eine große Umstellung.

Erst zu Beginn der 1860er Jahre wurden die Notizen dichter. In manchen Monaten verfasste sie fast täglich einen Eintrag zu familiären Begebenheiten. Die Geschäftstätigkeit ihres Mannes fand in ihren Aufzeichnungen so gut wie keinen Niederschlag. Auch Bemerkungen zu politischen Ereignissen waren selten. Eine große Rolle spielte allerdings das gesellschaftliche Leben, das sich aus der Stellung ihres

Mannes und seiner Familie ergab. Teilweise finden sich Listen mit Namen von Personen, die sie auf gesellschaftlichen Anlässen oder während ihrer Reisen getroffen hatten. In einigen Fällen durchaus Prominente der damaligen Zeit.

3. Aufzeichnungen von Ernst Hasenclever

Die persönlichen Überlieferungen aus der Hand von Ernst Hasenclever sind, mit Ausnahme der umfangreichen Reisebeschreibungen, eher spärlich. Diese Reisebeschreibungen, im Original in elf ca. DIN A5 großen, unlinierten Heften handschriftlich verfasst, wurden im Jahr 2006 mit Hilfe von Frau Erika Bresser, Urahnin von Ernst Hasenclever, in unsere heutige Schrift übertragen. Dies diente dem Schutz der Originaldokumente und erleichterte die Bearbeitung der großen Textmenge. Der Zeitraum dieser Aufzeichnungen umfasste die Jahre 1838 bis 1844. Innerhalb dieser Zeitspanne wurden jedoch jeweils immer nur einige Wochen oder manchmal Monate für die Zeitdauer der Reisen kontinuierlich beschrieben.[6]

Im Familienbesitz befindet sich auch ein Ordner mit Unterlagen zu seinem Leben, der auch einen ersten Brief des Knaben Ernst Hasenclever enthält. Am 5. Oktober 1819, gut einen Monat vor seinem fünften Geburtstag, schrieb er diesen an seine in Berlin lebende Cousine Cornelia Nicolovius und stellte der Siebzehnjährigen rührende Fragen zu ihren Geschwistern und zum Leben in Berlin.[7]

Weitere schriftliche Quellen beschränken sich in der Hauptsache auf verschiedenste Dichtungen, die Ernst immer wieder zu bestimmten Gelegenheiten, wie Familien-Jubiläen oder Geburtstagen, verfasst hat. Sie geben keine Auskunft über sein persönliches Leben, sind aber Ausdruck seiner musischen Ader, da er solche Werke während seines gesamten Lebens immer wieder verfasste. Der dichterische Umgang mit Sprache bereitete ihm offensichtlich ein so großes Vergnügen, dass er auch gerne andere daran teilhaben ließ.

Diese besondere Form der Sprache war ein Zeichen seiner Zeit und vor allem seiner Herkunft. Über seine Großmutter Johanna Schlosser bestanden enge familiäre Beziehungen in literarisch aktive und interessierte Kreise. Deren Mann Johann Georg Schlosser war in erster Ehe mit Cornelia Goethe, der Schwester von Johann Wolfgang Goethe verheiratet. Goethe besuchte Ehringhausen zwar nie, trotzdem existierte ein reger Kontakt im weiteren Familienkreis. Ein Neffe Johann Georg Schlossers erwarb 1825 Stift Neuburg bei Heidelberg, das sich danach zu einem Zentrum der deutschen Romantik entwickelte, in dem auch Ernst und seine Familie aufgrund der verwandtschaftlichen Beziehungen immer wieder Station machten. Über eine Stiefschwester der Großmutter Johanna

Schlosser bestanden weitere verwandtschaftliche Beziehungen zur Familie Jacobi in Pempelfort.[8] Friedrich Heinrich Jacobi (1743–1819) war Philosoph und bot in seinem Landgut einen Treffpunkt für einen Kreis literarisch und politisch interessierter Personen. So kann man einen recht frühen Kontakt mit Literatur und Kunst auch bei Ernst voraussetzen, der sicherlich zu seiner lebenslangen Lust am Dichten, Schreiben und Zeichnen beigetragen hat.

Ernst Hasenclevers politische Tätigkeit fand in seinen persönlichen Aufzeichnungen leider kaum Niederschlag. Lediglich ein Brief aus dem Jahr 1866 – während seiner Zeit als Mitglied des Preußischen Abgeordnetenhauses geschrieben – gewährt einen kurzen Einblick in seine politische Gedankenwelt.[9] Als Mitglied der altliberalen Fraktion setzte er sich dort besonders für den Anschluss seiner Heimatstadt Remscheid an das Eisenbahnnetz ein.

4. Familiärer Hintergrund

Die Familie Hasenclever aus Remscheid-Ehringhausen konnte zur Zeit der Geburt von Ernst Hasenclever im Jahr 1814 auf eine lange Geschichte zurückblicken. Forschungen und Untersuchungen der Familie, in den 1930er Jahren von Bernhard Hasenclever (1873–1953) und Hermann Hasenclever (1852–1939) durchgeführt, legen die Wurzeln in das Remscheider Lobachtal.

In der Leichenrede für ihren Vorfahren Johannes Hasenclever (1678–1755), gehalten am 26. Juni 1755 in der Stadtkirche Remscheid, sprach der Pfarrer Johann Peter Mähler über die Vorfahren des Verstorbenen. Die gedruckte Version dieser Rede enthält folgenden Absatz:

„Der Großvater, väterlicher Seite, war Peter Hasenclever / in der Lobach; Die Grosmutter Eva Honsberg. Daß so wol diese, als auch die, in folgenden Anmerkungen benente alte Vorfaren, der hiesigen Gemeine und Kirche in öffentlichen Aemtern vorgestanden und über dem von undenklichen Jahren gesegnete Handlungen gefüret,“[10]

Die Klugheit,
als die Krone eines grauen Haupts/
in einer Leichenpredigt,
Da
Der entselte Körper
Des Hochedlen und Hochehrenvesten HERRN/
HERRN
Johannes Hasenclever,
Fürnemen Kauf- und Handelsherrn auf Ehringhausen,
den 26sten Jun. 1755.
in der Kirche zu Remscheid beerdiget/
Bey
grosser und ansenlicher Trauerversamlung
aus Ps. 71, 17. 18.
angewiesen/
Und mit Gutfinden
Sr. Hochehrwürden, Herrn Inspectoren Bolenius/
auf Verlangen dem Druk überliefert,
Durch
Joh. Pet. Mähler, Pastoren zu Remscheid.

Mülheim am Rhein, gedruckt mit Properischen Schriften.

Peter Hasenclever ist vermutlich im Jahre 1610 im Lobachtal geboren. Ein altes Geschäftsbuch aus dem Jahr 1632 nennt noch zwei weitere Vorfahren. Den Vater von Peter Hasenclever, Lutter, gestorben 1629 und seinen Großvater Wilhelm Hasenclever, welcher zwischen 1525 und 1600 zu Siepen gelebt haben soll.

In diesem Abschnitt der Totenrede findet sich auch ein Hinweis auf die Betätigung der Familie Hasenclever als Handelstreibende. So liegen die Anfänge des Exporthauses Hasenclever möglicherweise schon im 16. Jahrhundert. Schriftliche Unterlagen existieren erst aus dem 17. Jahrhundert. Das älteste Geschäftsbuch, noch heute im Besitz einiger Nachfahren in Argentinien, beginnt mit dem 14. Mai 1632.

Das Unternehmen Johann Bernhard Hasenclever & Söhne, in dem Ernst Hasenclever 1832 seine Laufbahn als Kaufmann antrat, entstand erst rund 150 Jahre später. Johann Bernhard Friedrich Hasenclever (1731–1806), ein Sohn des 1755 zu Grabe getragenen Johannes, hatte sich zunächst mit seinen Brüdern Johann Peter und Franz Arnold geschäftlich verbunden. Sie führten die väterliche Handlung mit den Erzeugnissen der heimischen Kleineisenindustrie – raffinierter Stahl, Eisen und Sensen - fort. Nach der Trennung der Brüder gründete er gemeinsam mit seinen Söhnen Johann Bernhard Friedrich (1771–1830), David (1781–1850) und Josua (1783–1853) am 1. Mai 1786 das später weltbekannte Handelshaus.

Mit dieser Entwicklung über zwei Jahrhunderte war die Familie Hasenclever zu jener Zeit ein typisches Beispiel für die Entstehung des neuen Bürgertums im 18. Jahrhundert.[11] Ihre Wurzeln lagen häufig im ständisch organisierten Handwerk. Auch die Hasenclevers waren Besitzer verschiedener Hammeranlagen. Mit dem Übergang zum eigenständigen, großräumigen Verhandeln der handwerklichen Produktion wurde eine neue lukrative Erwerbsquelle erschlossen. Schon im 17. und 18. Jahrhundert lieferten sie Stahl nach Frankreich und Holland, über Vermittler bis nach Nordamerika. Bald übernahm die Familie Hasenclever auch die Rolle eines Zwischenhändlers und vertrieb Güter anderer Hersteller. Die Eigenproduktion spielte eine immer geringere Rolle. Hammeranlagen der Familie wurden von angestellten „Meisterknechten“ geführt.

Zunehmende Gewinne führten zu weiteren wirtschaftlichen Möglichkeiten. Der Handel wurde auf internationaler Ebene ausgedehnt.

1791 kam Spanien hinzu, ab 1806 erfolgte der direkte Handel mit den Vereinigten Staaten.[12] Nicht nur die Zahl der Länder, mit denen Handel getrieben wurde, stieg im Lauf der Jahre kontinuierlich an, sondern auch die Art der Güter. Gehandelt wurde mit allem, was Gewinn versprach. Dabei schreckten sie auch vor umfangreichem Waffenhandel nicht zurück. Josua Hasenclever beschrieb in seinen Lebenserinnerungen die Anbahnung eines solchen Geschäftes im Jahr 1806 zwischen England und Hamburg, welches allerdings nicht zustande kann. Ihm muss dabei durchaus bewusst gewesen sein, dass derartige Geschäft mit einem gewissen Risiko verbunden waren, denn er bezeichnete das Nichtzustandekommen des Geschäftes im Nachhinein als Glücksfall ...

„...weil nachher strenge Untersuchungen von Napoleon angeordnet wurden.“[13]

Josua Hasenclever (1783-1853)

Dem zunehmenden Wohlstand, Voraussetzung für den Aufstieg, verdankten die Hasenclevers der Familie, ihrem Sparsinn und ihrer Arbeitsdisziplin. Keimzelle der Handelsunternehmen dieser Zeit war immer die Familie, die, solange es ging, möglichst große Teile des Geschäftes kontrollierte.

Die wirtschaftlichen Interessen und der Erfolg der Handelsfamilien förderten die allgemeine Entwicklung des städtischen Gemeinwesens. So setzten sich in Remscheid verschiedene Handelshäuser am Beginn des 19. Jahrhunderts für den Ausbau der Wege und Straßen ein. Sie waren natürlich ganz besonders an einer Verbesserung der schlechten Straßenverbindungen interessiert. Die alten Hohlwege waren je nach Witterungsbedingungen oft kaum passierbar. Auch Josua Hasenclever, der Onkel von Ernst Hasenclever, beteiligte sich an den Verhandlungen über die einzuschlagende Wegeführung. Ganz im Interesse seines Handelssitzes in Ehringhausen forderte er den Ausbau der Straße über Ehringhausen in Richtung Burg. Dafür wäre er auch bereit gewesen, einen Teil der Baukosten durch einen Kredit über 6000 Reichstaler zu sichern.[14] Neben Geld setzte er auch auf persönliche Beziehungen zu der unter französischer Oberherrschaft stehenden Regierung in Düsseldorf, wo ein Freund die Stelle des „Directeur général des ponts et chaussées“ bekleidete.[15]

Mit der Förderung des Schulwesens in Ehringhausen engagierte sich die Familie Hasenclever in einem weiteren öffentlichen Bereich, denn die Tätigkeit als Kaufmann setzte eine spezielle und höhere Ausbildung voraus. Diese wurde zwar auch innerhalb der Familie und des familiären Betriebs geleistet, trotzdem wollte man den Vorteil einer allgemeinen Grundausbildung in den Primär- bzw. Volksschulen Preußens nutzen.[16] Durch die Beteiligung an der Entwicklung der Stadt erwarb sich die Familie Reputationen, die den weiteren Aufstieg begünstigten.

Zu der wachsenden Bedeutung und der Beteiligung am öffentlichen Leben gesellten sich veränderte Lebensbedingungen der Handelsfamilien. Zu Beginn ganz in der Tradition des Handwerks stehend, fanden Arbeit und Leben unter einem Dach statt. Das alte Stammhaus der Familie Hasenclever war bis zum Ende des 18. Jahrhunderts Handelskontor und Wohnhaus der Großfamilie. Mit zunehmendem Wohlstand begann zu Anfang des 19. Jahrhunderts ganz langsam eine Ausdifferenzierung der Lebensverhältnisse zur späteren großbürgerlichen Lebensweise im privaten Haus und die Trennung von

Familie und Geschäft. Die Elterngeneration von Ernst Hasenclever, David und Josua Hasenclever, spürte noch kaum etwas von diesem zukünftigen Umbruch. Erst 1824 besaßen die Brüder eigene Häuser. Dabei folgten sie der dringenden Notwendigkeit und nicht einem gesteigertem Repräsentationsbewusstsein, wenn Josua 1822 bemerkte:

„...war es Zeit, daß ich mich nach einer anderen Wohnung umsah, weil der Raum zu klein wurde.“ [17]

Immerhin lebte Josua zu diesem Zeitpunkt mit seinem Bruder, ihren Frauen und elf Kindern unter einem Dach. Der Entschluss schien ihm gleichwohl schwergefallen zu sein, denn er beklagte sein damals noch mangelndes privates Vermögen. Das Einkommen der am Unternehmen Johann Bernhard Hasenclever & Söhne beteiligten Familienmitglieder bestand aus Kapitalverzinsungen und Gewinnausschüttungen. Als jüngstem Sohn und Teilhaber entfiel auf Josua nur ein geringer Teil der Firmeneinkünfte.

Erst mit dem fortscheitenden Ausbau der internationalen Handelsbeziehungen in der ersten Hälfte des 19. Jahrhunderts, Folge der starken politischen und wirtschaftlichen Veränderungen dieser Zeit, wuchs der Wohlstand und das Vermögen aller Familienmitglieder stark an.

Von großer Bedeutung für das Leben und die Reisetätigkeit von Ernst Hasenclever war auch die Beteiligung seines Onkels Josua an der Gründung der Rheinisch-Westindischen Kompagnie. Mit ihr begann in den 1820er Jahren ein selbstständiger Handel bergischer Kaufleute mit Südamerika. [18] Nachdem das Unternehmen nach anfänglichen Erfolgen ab 1826 in zunehmende wirtschaftliche Schwierigkeiten geriet und zu Beginn der 1830er Jahre liquidiert wurde, entschloss sich das Handelshaus Hasenclever zur Gründung einer eigenen Niederlassung in Rio de Janeiro.

5. Die politische und wirtschaftliche Situation am Anfang des 19. Jahrhundert

Das Gebiet des Bergischen Landes wies an der Wende vom 18. zum 19. Jahrhundert nicht nur die höchste Bevölkerungsdichte der Länder Deutschlands auf, sondern gehörte zeitgleich zu den wohlhabendsten Regionen in der Mitte Europas.[19] Der Wohlstand ließ sich in erster Linie auf das seit langem florierende Eisengewerbe und den Handel mit diesen Produkten zurückführen. Die ebenfalls stark verbreitete Verarbeitung verschiedener Naturfasern, wie Wolle, Baumwolle und Leinen, trug zu einer Verbreiterung der Wohlstandsbasis bei. Auch der steigende Wohlstand der Familie Hasenclever ergab sich zunächst vor allem aus dem weiträumigen Handel mit Produkten des eisenverarbeitenden Gewerbes.

Die Ereignisse der französischen Revolution 1789 sollten diese Handelstätigkeit stark beeinflussen. Josua Hasenclever schreibt dazu in seinen Erinnerungen:

„Die französische Revolution von 1789 brachte eine äußerst schwere Zeit über unser Land, also auch über die Geschäfte unseres Hauses, die dadurch gänzlich ins Stocken gerieten."[20]

Bereits 1791 behinderten erste Schutzzölle der französischen Regierung den freien Warenverkehr und hatten Auswirkungen auf das Wirtschaftsleben des Bergischen Landes. Die wachsende Kriegsgefahr führte zu Störungen der Handelsbeziehungen mit den linksrheinischen Gebieten.

Preußen, das habsburgische Österreich und weitere Länder verbündeten sich vordergründig zum Schutz des französischen Königtums und stellten Truppen zum Einmarsch nach Frankreich bereit. 1792 begann mit einer französischen Kriegserklärung der 1. Koalitionskrieg, von dessen Auswirkungen auch die spätere Schwiegermutter von Ernst Hasenclever, Johanna Schlosser, in ihren Annalen berichtet. Im Laufe des Jahres 1794 gelang es den französischen Truppen zunächst Kurköln, die habsburgischen Niederlande und später weitere linksrheinische Gebiete zu besetzen, sodass Ende 1794 der Rhein die Grenze des französischen Einflussbereiches markierte. Damit verlor das Bergische Land große Teile seines bisherigen Handels- und Absatzgebietes. Der Handel mit Nordamerika, der auch von den Hasenclevers über in Holland sitzende Zwischenhändler abgewickelt wurde, kam fast gänzlich zum Erliegen.[21] Im Frieden von Basel 1795 verzichtete Preußen praktisch auf alle linksrheinischen Gebiete und schied aus dem Krieg aus.

Im September desselben Jahres überschritten französische Truppen bei Düsseldorf den Rhein und drangen in das Gebiet zwischen Wupper und Sieg vor. Das französische Revolutionsheer versorgte sich zum Großteil aus dem Land. Geforderte Kontributionen, Plünderungen und Einquartierungen behinderten das gewerbliche Leben. Ein geregeltes Wirtschaftsleben fand kaum noch statt. Die Folgen waren steigende Arbeitslosigkeit und daraus resultierende Abwanderungen. Bis 1801 war das Bergische Land besetzt. Etliche Handelshäuser gingen bankrott, darunter auch die Handlung der Gebrüder Hilger, deren ehemaliges Wohn- und Handelshaus heute als Haus Cleff Teil des Historischen Zentrums Remscheid ist. Von 88 Handelshäusern überlebten nur 53 die gesamte Zeit der französischen Herrschaft im Bergischen Land.

Das Handelshaus Johann Hasenclever & Söhne versuchte, trotz der Schwierigkeiten, weiterhin Geschäfte zu machen und seine Handelsbeziehungen auch auf neue Märkte auszudehnen. 1791 reiste Christian Hasenclever auf die Iberische Halbinsel, um dort Kontakte zu knüpfen. Die umfangreichen Kolonien Spaniens und Portugals lockten als zukünftige Absatzmärkte. Ihm folgte 1797–1799 sein jüngerer Bruder David Hasenclever, ohne durchschlagende Erfolge zu erzielen. Wie wichtig frühzeitige Sondierungen sein konnten, zeigte die spätere Entwicklung des Südamerikahandels der Familie.

Mit dem Frieden von Lunéville 1801 endete der Kriegszustand im Bergischen Land. Die französischen Besatzungstruppen zogen ab, doch gleichzeitig wurde der Rhein offizielle Zollgrenze. Damit war die Trennung von den alten Handelspartnern im Westen nun auch rechtlich vollzogen. Ein weiterer schwerer Schlag für den Handelsverkehr. Durch die hohen Zollsätze waren ihre traditionellen Waren nun nicht mehr konkurrenzfähig. Ein Teil der Tuchhändler, vor allem aus dem Lenneper Gebiet, zog Konsequenzen und verlagerte seinen Tätigkeitsschwerpunkt auf die französische Seite des Rheins. Das eisenverarbeitende Gewerbe, durch die notwendige Wasserkraft stärker ortsgebunden, lag in vielen Bereichen brach. Die Handelshäuser versuchten durch die Ausdehnung ihres Warensortimentes trotzdem lukrative Geschäfte zu machen. Aber auch der Seehandel war von den kriegerischen Auseinandersetzungen betroffen. Der Kaperkrieg der jeweils verfeindeten Kontrahenten führte zum Verlust von Ladungen und Schiffen.

1804 krönte sich Napoleon zum Kaiser der Franzosen. Im 3. Koalitionskrieg stand der bergische Landesherr, Maximilian IV. Joseph Kurfürst von Bayern, auf Seiten Napoleons und im Dezember des Jahres 1805 trat der bayrische Kurfürst das Herzogtum Berg im Rahmen der Rheinbundakte an Napoleon ab. Das aus dem Herzogtum und einigen bedeutenden Erweiterungen 1806 entstandene Großherzogtum Berg wurde so zu einem Anhängsel Frankreichs, welches bis 1808 eine straffe Organisation und Zentralverwaltung nach französischem Muster erhielt.[22] Die wirtschaftlichen Schwierigkeiten seiner Einwohner wurden durch diesen Akt allerdings nicht behoben. De facto wurde das Großherzogtum Berg von den Franzosen regiert, war aber de jure kein Bestandteil Frankreichs und somit weiterhin Zollausland. Erschwerend kam hinzu, dass von 1806 bis 1808 die östlich angrenzenden Länder Mark und Westfalen als Teile Preußens ebenfalls Zollausland waren und der Handel und Warenverkehr auch nach Osten bedeutend erschwert wurde.

Zusätzlich litt das bergische Wirtschaftsleben unter der 1806 von Napoleon verhängten Kontinentalsperre. In der Auseinandersetzung mit England erhoffte sich Frankreich von dieser Wirtschaftsblockade einen Vorteil für die einheimische und kontinentale Wirtschaft. Gleichzeitig wollte man England durch die Abschnürung vom internationalen Warenaustausch in die Knie zwingen. Die daraufhin von England begonnene Gegenblockade erschwerte auch den Handel nach Übersee. Ein zu Beginn der Blockademaßnahmen noch möglicher Handelsverkehr über neutrale Schiffe aus Drittstaaten wurde 1807 ebenfalls untersagt, eine Übertretung der Bestimmungen mit harten Strafen belegt. Das 1810 erlassene Zolldekret von Trianon verschlechterte die Bedingungen ein weiteres Mal. Frankreich, Holland und Italien bildeten unter gleichzeitiger Einführung eines Schutzzolles von 5% auf alle eingeführten Waren, gleich welchen Ursprungs, eine Zollgemeinschaft. Insbesondere Holland hatte in den zuvor liegenden Jahren als Drehscheibe des internationalen Warenverkehrs gedient. Als Ausweg aus diesem Dilemma blieb oft nur der Schmuggel oder Schwarzhandel. Legale Versuche, die Handelsbedingungen zu verbessern, wie die angestrebte Einbeziehung des Bergischen Landes in den französischen Staatenbund, waren nicht von Erfolg gekrönt.[23]

Das Unternehmen und damit auch die Familie Hasenclever lavierten durch diese schwere Zeit mit allerlei kleineren Geschäften. Persönliche Reisen von Josua Hasenclever nach Frankreich führten immer wieder zu einzelnen Geschäftsabschlüssen, die das Überleben sicherten.

„Unsere Geschäfte blieben unbedeutend und unsicher, doch fanden wir unser Bestehen dabei.“[24]

Ein ausgeprägter Spürsinn für Machbares und seine „Kundennähe“ führte zu Geschäften mit bis dahin für das Unternehmen unüblichen Handelsgütern:

„Nach Frankreich, auf welches wir fast beschränkt waren, machte ich meine erste Reise 1802, meine zweite 1810, wo ich unter anderem auch sehr gute Geschäfte in Blei machte, einen bis dahin für uns unbekannten Artikel.“[25]

Mit dem Zusammenbruch der französischen Machtstrukturen ab 1813 erfolgte die Besetzung des Großherzogtums Berg durch preußische Truppen, die zunächst eine vorläufige Verwaltung errichteten, bis das Land durch den Wiener Kongress 1815 den Preußischen Rheinlanden zugeschlagen wurde. Noch vor der rechtlichen Regelung der politischen Nachfolge tauchte von Seiten der Bergischen Kaufmannschaft der Wunsch auf, den Anschluss an den preußischen Wirtschaftsraum voranzutreiben. Dies veranlasste den preußischen Generalgouverneur Justus Gruner zu der abfälligen Bemerkung, dass die Kaufleute des Bergischen Landes nur auf ihren Vorteil bedacht seien.

„Dieser treibt sie jetzt, preußische Patrioten zu scheinen, wie er sie 1810 dazu trieb, eine Deputation nach Paris zu senden, die die Einverleibung mit Frankreich betreiben sollte und über 20.000 France kostete.“[26]

Dem politischen Wandel folgten die wirtschaftliche Erholung und der Neuaufbau auf dem Fuße. Das alte bergische Tuchmachergewerbe profitierte am schnellsten und stärksten. Während der wirtschaftlichen Krise hatten finanzstarke Unternehmer ihre Betriebe in die linksrheinischen Gebiete verlagert. Sie kehrte nun mit Aufträgen und vor allem neuen Produktionstechniken in ihre bergische Heimat zurück und absorbierten schnell einen Großteil der beschäftigungslosen Arbeitskräfte.

Dies sorgte für einen rasanten Aufschwung.

Weniger gut entwickelte sich am Anfang das eisenverarbeitende Gewerbe. Die Umstellung in Richtung einer modernen, industrialisierten Produktion sollte hier wesentlich länger dauern. Alte Absatzgebiete waren verlorengegangen, neue Konkurrenz entstanden. Schwedisches Eisen, billiger in der Herstellung, drang bis ins Rheinland vor und erschwerte den Absatz aus einheimischer Produktion. Englischer Gussstahl trat in Konkurrenz zum bergischen Raffinierstahl. Frühere geographische Vorteile des Bergischen Landes, hohe Niederschläge und die daraus resultierenden Wasserkräfte und das reichliche Vorhandensein benötigter Rohstoffe entwickelten sich zunehmend zum Nachteil. Die Wasserkraft war ortsgebunden und erlaubte keine Verlagerung der Produktion, um andere Standortvorteile zu nutzen. Die bisher so wichtige und vor Ort herstellbare Holzkohle für die Schmiedefeuer wurde zunehmend durch die energetisch günstigere Steinkohle ersetzt. Sie musste mühsam auf schlechten Wegen herangeschafft werden, denn das Bergische Land war zu Beginn des 19. Jahrhunderts verkehrstechnisch schlecht erschlossen. Dies führte zu hohen Transportkosten, die die Wettbewerbsfähigkeit weiter einschränkten. Mit der Übernahme neuer Produkte versuchten die Hammerwerksbesitzer die vielen Nachteile auszugleichen. Die Herstellung von Feilen sollte sich bald als lukrativ erweisen. Erste Fabriken für diesen begehrten Artikel, in denen die gesamte Produktion unter einem Dach und in einer Hand zusammengeführt war, entstanden noch vor der Mitte des 19. Jahrhundert, so auch die Firma Mannesmann.

Auch die Familie Hasenclever beteiligte sich an diesen Prozessen. Zum Einen setzte sich Josua Hasencleverzum Ende der napoleonischen Zeit für die Verbesserung und Erneuerungen der Remscheider Straßenverbindungen ein – für einen Kaufmann mit internationalen Kunden von elementarer Bedeutung –, zum Anderen ging auch er produktionstechnisch mit der Zeit, indem er sich zu Beginn der 1840er Jahre an einer Eisengießerei beteiligte. Dieser neue Herstellungsprozess für viele Kleineisenwaren lief der alten Schmiedetechnik zunehmend den Rang ab. Auch dabei war die Haupttriebfeder seiner Handlungen nicht das Interesse an neuen Techniken, sondern die Möglichkeit, Geschäfte zu machen, von denen die Familie profitierte.[27] Dies wurde der roter Faden vieler Aktionen der Hasencleverschen Unternehmungen. In diesem Lichte erscheinen auch die Aktivitäten im Südamerika-Handel, die mit einer Beteiligung von Josua Hasenclever an der Rheinisch-Westindischen Kompagnie im Jahre 1821 beginnen und später zur Entsendung von Familienmitgliedern nach Brasilien führten, die eigenständige Verbindungen knüpfen sollten.

6. Ernst Hasenclever – Kindheit und Jugend

Wie wir den „Epochentabellen“ seiner Großmutter Johanna Schlosser entnehmen können, wurde Ernst Hasenclever am 18. November des Jahres 1814 in der Hofschaft Ehringhausen geboren.

„November Am 7. Meine Rückkehr nach Ehringhausen der Entbindung meiner geliebten Jettchen zu gewarten, die am 18. dieses Monats mit einem schönen gesunden Knaben, ganz besonders leicht und glücklich erfolgt ist: die göttliche, unsichtbare Hülfe allein, ohne Männlichen oder sonst kundigen beystand als den der Wärterin u. den meinen hatte dabey alles so höchst erfreuend getan.“ [28]

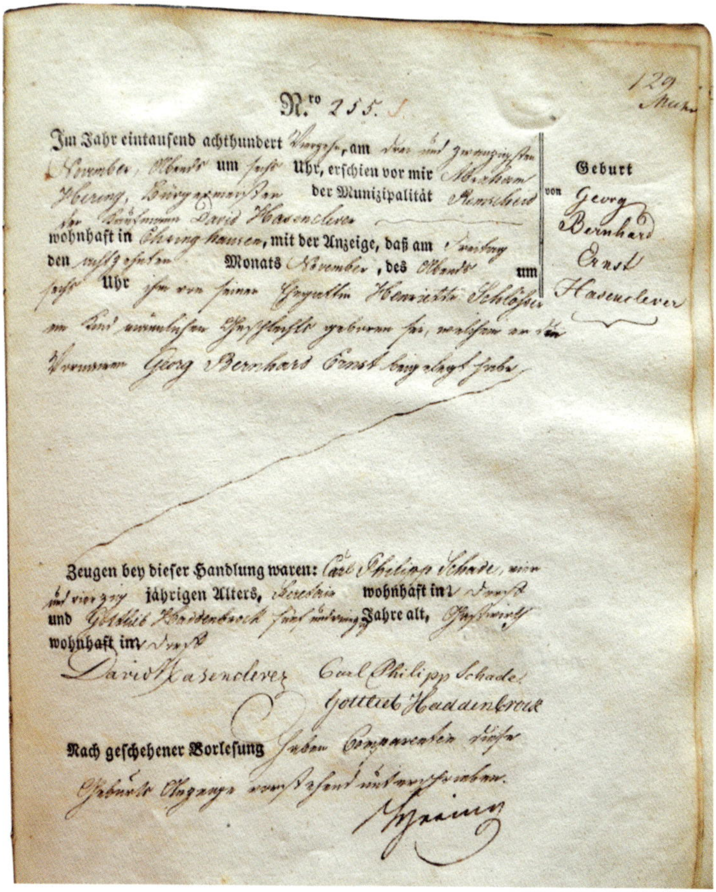

129

Nro 255.

Im Jahr eintausend achthundert vierzehn, am drei und zwanzigsten November, Abends um fünf Uhr, erschien vor mir Abraham Hering, Bürgermeister der Munizipalität Remscheid der Kaufmann David Hasenclever wohnhaft in Ehringhausen, mit der Anzeige, daß am achtzehnten den achtzehnten Monats November, des Abends um fünf Uhr ihm von seiner Ehegattin Henriette Schlösser ein Kind männlichen Geschlechts geboren sei, welchem er die Vornamen Georg Bernhard Ernst beigelegt habe.

Geburt von Georg Bernhard Ernst Hasenclever

Zeugen bey dieser Handlung waren: Carl Philipp Schade, ein und vierzig jährigen Alters, Sekretär wohnhaft im Dorf und Gottlieb Haddenbrock fünf und sechzig Jahre alt, Gastwirth wohnhaft im Dorf

David Hasenclever Carl Philipp Schade
Gottlieb Haddenbrock

Nach geschehener Vorlesung haben Comparenten diese Geburts Anzeige mit Uns unterschrieben.

Hering

Geburtsurkunde Ernst Hasenclever

Am 23. November meldete ein sicherlich stolzer Vater, der Kaufmann David Hasenclever, wie in der entsprechenden Urkunde des Standesamtes zu lesen ist, seinen Sohn unter dem Namen Georg Bernhard Ernst beim zuständigen Bürgermeister Abraham Hering an und unterzeichnete die Urkunde mit schwungvoller Schrift.

Die Taufe erfolgte rund zwei Wochen später, am 6. Dezember 1814, dem Nikolaustag, der Schutzpatron der Reisenden und Kaufleute, in der evangelischen Stadtkirche zu Remscheid. Vielleicht zufällig, aber sicherlich eine passende Beziehung und ein gutes Ohmen für das spätere Leben des Täuflings. Einer seiner Taufpaten war Ernst Moritz Arndt.

1813 hatte dieser David Hasenclever in Frankfurt kennengelernt. 1814 nutzte er die Gelegenheit bei einer Wanderung durch das Bergische Land, auf der er von Friedrich Ludwig Jahn begleitet wurde, in Ehringhausen einzukehren. Dort lernte er auch Josua Hasenclever kennen, mit dem er bis zu seinem Tode einen regen Briefkontakt und eine innige Freundschaft pflegte.

In seinen Erinnerungen[29] beschreibt Ernst Moritz Arndt den Beginn der intensiven Freundschaft;

„...wir kehrten in Ehringhausen in einem Patriarchenhause ein, wie ich von jenem Tage an nun seit einem Vierteljahrhundert Einkehr gehalten habe und Einkehr halten werde, bis der Tod mir die Augen vernebelt."

Über das frühe Leben von Ernst Hasenclever geben die Aufzeichnungen seiner Großmutter und Mutter keine Auskunft. Aus Schilderungen seines Onkels Josua Hasenclever wissen wir, dass sich die Brüder Josua und David nach ihren Hochzeiten bis in die 1820er Jahre ein gemeinsames Haus teilten, in dem sie auch ihre wachsende Kinderschar gemeinsam erzogen.[30] Ernst wuchs in einem engen familiären

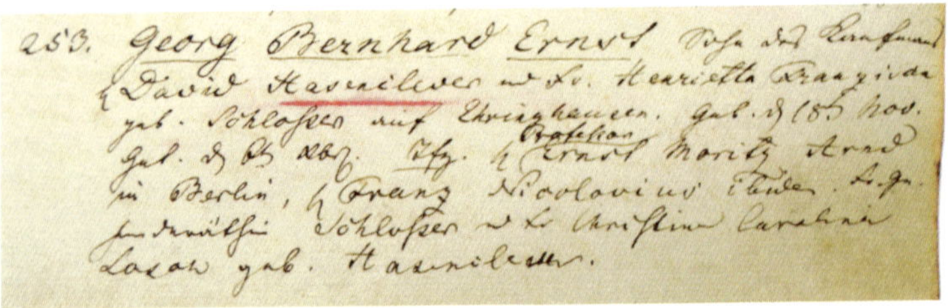
253. Georg Bernhard Ernst [illegible]
David Hasenclever [illegible]
geb. Schlosser auf Ehringhausen. [illegible]
[illegible] Ernst Moritz Arndt
in Berlin, [illegible] Franz Nicolovius [illegible]
[illegible] Schlosser [illegible]
[illegible] geb. Hasenclever.

Taufeintrag Ernst Hasenclever

und wohlbehüteten Umfeld auf. Zum Zeitpunkt seiner Geburt gab es mindestens vier weitere Kinder im gemeinsamen Haushalt der Brüder Josua und David. Zwei Geschwister von Ernst, die vierjährige Auguste und den Bruder Richard, eineinhalb Jahre alt – ein weiterer Bruder war 1811 wenige Tage nach der Geburt gestorben – sowie Josuas erste Kinder Hermann und Cornelia, vier und ein Jahr alt. Die Zahl der Kinder wuchs im Laufe der kommenden Jahre noch beträchtlich, sodass die beiden Brüder 1824 ihren gemeinsamen Hausstand aufgaben und eigene Häuser bezogen. Neben den Kindern von Josua und David wohnten „auf" Ehringhausen noch weitere Verwandte mit Kindern, eine große Schar von Spielkameraden für Ernst. Das enge Zusammenleben der Familien in Ehringhausen führte dazu, dass Ernst gleichzeitig von einer größeren Zahl von Erwachsenen mit unterschiedlichen Temperamenten mitbetreut und miterzogen wurde. Dieser Umstand hatte einen großen Einfluss auf seine weitere Entwicklung und ließ ihn zu einem weltoffenen und selbstbewussten Menschen werden. Zusätzlich ist von einem regen gesellschaftlichen Leben auszugehen, in das die Kinder vielleicht nicht mit einbezogen wurden, von dem sie jedoch zumindest in geistiger Hinsicht profitierten. Die Familie und Verwandtschaft war gebildet, beschäftigte sich mit Literatur und anderen schöngeistigen Künsten, sodass auch die Kinder ein frühes Interesse an einer entsprechenden Betätigung entwickeln konnten.

Ein erstes schriftliches Zeugnis aus der Hand von Ernst Hasenclever, das seine engen familiären Bindungen und seine frühe Bildung bestätigt, ist ein Brief, den er am 5. Oktober 1819, einen Monat vor seinem 5. Geburtstag, an seine Cousine Cornelia Nicolovius in Berlin schrieb. In noch etwas ungelenker, aber sehr wohl lesbarer Handschrift stellte er hier für einen fünfjährigen der damaligen Zeit nicht zu erwartende Fragen über das Familienleben und die Zustände in der Stadt.

Ehringhausen den 5 ten Oct. 1819

Liebe Cornelia!
Trägt Alfred auch Stiefel? geht er auch oft spazieren? Ich lasse Euch auch alle zusammen grüßen; kommt bald wieder. Wollt Ihr auch so gut sein und recht glücklich leben, und nicht bald sterben? und wollt Ihr auch wieder kommen u. recht lange bleiben u. nicht so gleich wieder fort

gehen? Habt Ihr auch viele Lanternen in Berlin, u. viele Soldaten, Haasen? und Offiziere dabei? Sollen wir auch bald einmal dorthin kommen. Der Alfred muß auch in Berlin viel lernen und Franz u. Heinrich u. Florchen. Sind in Berlin im Thiergarten auch Camele u. allerlei Thiere? Ade, ade, ich bin dein getreuer Ernst[31]

Auf seine frühe Allgemeinbildung wurde großen Wert gelegt. Wie sonst käme Ernst auf die Fragen nach Kamelen und der Straßenbeleuchtung in Berlin? Sein Weltbild muss bereits mit fünf Jahren weit über seine unmittelbare Umgebung hinausgereicht haben.

Die Ehringhauser Kinder besuchten eine sogenannte Primär- oder Elementarschule, an deren Einrichtung oder Erneuerung in Ehringhausen auch die Familie Hasenclever einen bedeutenden Anteil hatte. Der Unterricht fand oft in angemieteten Räumen statt, durchgeführt von angestellten Lehrern. Die Auswahl und Anstellung oblag einem Schulkomitee, geführt von zwei Scholarchen. 1813 erwarben die Ehringhauser Bürger ein eigenes Schulgebäude, welches gleichzeitig auch als Wohnhaus für den Lehrer diente. Diese Schule besuchte auch Ernst mit allen anderen Kindern in Ehringhausen. Es bestand zwar in preußischer Zeit bereits eine Schulpflicht vom 6. bis zum 13. Lebensjahr, die aber mangels vorhandener Verwaltungsstrukturen nicht immer ernsthaft durchgesetzt werden konnte. So hing der Schulbesuch in erster Linie von der Einsicht der Eltern in die Notwendigkeit einer Schulbildung und natürlich auch von den finanziellen Verhältnissen der Familie ab. Bei diesen Erwägungen ging es nicht nur um das zu zahlende Schulgeld, sondern vor allem auf dem Land auch darum, ob auf die Arbeitskraft der Kinder verzichtet werden konnte. Diese Gedanken spielten bei den finanziellen Verhältnissen der Familie Hasenclever sicherlich keine Rolle. Ganz im Gegenteil gaben sie 1813 2600 Reichstaler als Darlehen für den Ankauf des neuen Schulgebäudes. Das Schulgeld betrug damals 52 Stübber pro Kind und Monat. Unterricht war täglich von 8 bis 11 Uhr und von 13 bis 16 Uhr. Am Mittwochnachmittag und täglich von 11 bis 12 Uhr und von 16 bis 17 Uhr hatte der Unterricht in französischer Sprache zu erfolgen.[32] Ein Unterricht in französischer Sprache bereits in der „Grundschule" erscheint aus heutiger Sicht recht modern. Dies zeigt aber bereits die Ausrichtung der Schule auf das sich entwickelnde Bürgertum. Die

Brief an Cornelia Nicolovius vom 5.10.1819

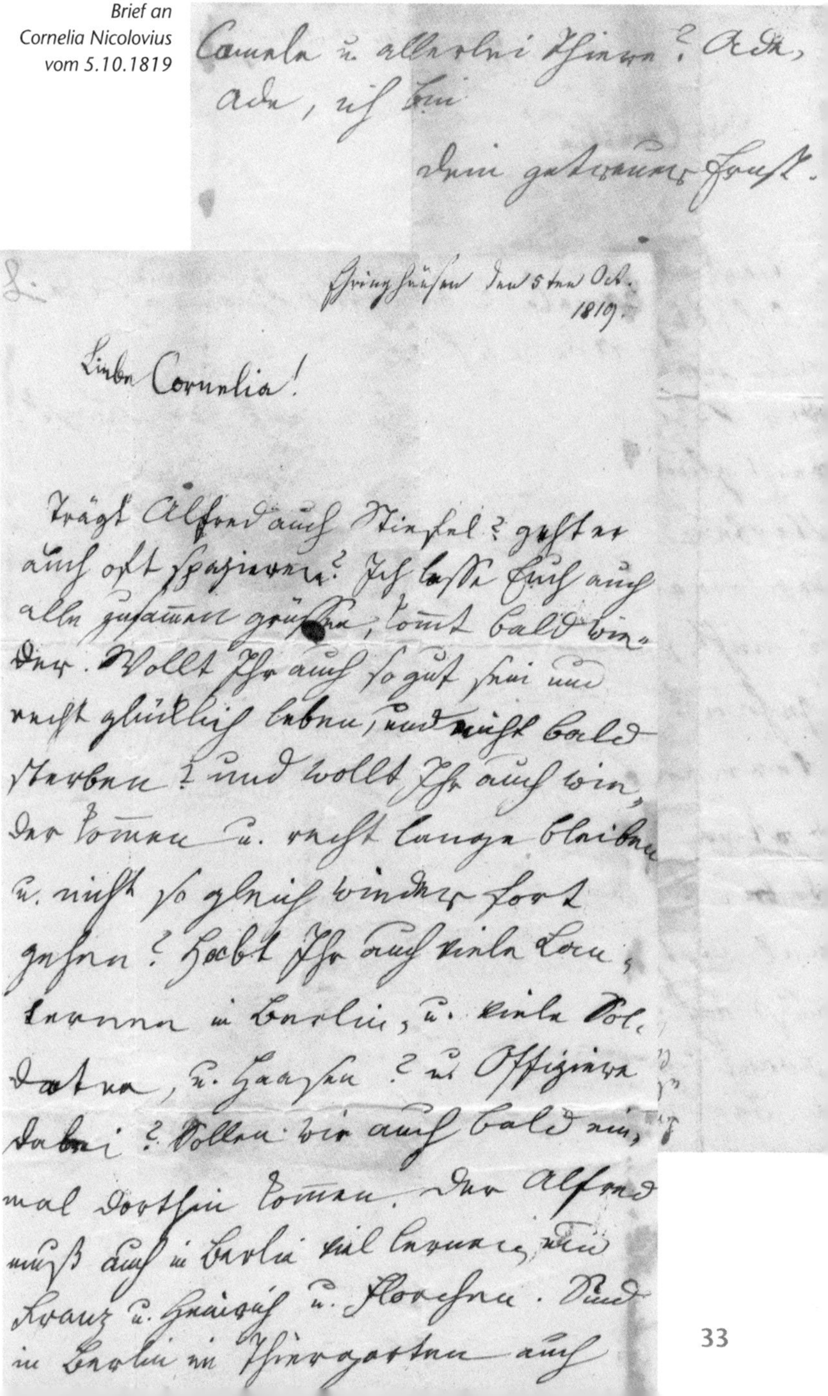

Cornelia u. allerlei Thiere? Adi, Adi, ich bin dein getreuer Ernst.

Springhausen den 5ten Oct. 1819.

Liebe Cornelia!

Trägt Alfred auch [illegible]? geht er auch oft spazieren? Ich lasse Euch auch alle zusammen grüßen, komt bald wieder. Wollt Ihr auch so gut sein und recht glücklich leben, und nicht bald sterben? und wollt Ihr auch wieder kommen u. recht lange bleiben u. nicht so gleich wieder fort gehen? Habt Ihr auch viele Leute kennen in Berlin, u. viele Soldaten, u. Haasen? u. Offiziere dabei? Wollen wir auch bald ein mal dorthin kommen. Der Alfred muß auch in Berlin viel lernen, [illegible] u. [illegible] u. Rechnen. Sind in Berlin ein Thiergarten auch

Beherrschung mindestens einer, meist sogar mehrerer Fremdsprachen gehörte zur Ausbildung der Oberschicht, zu der sich auch das Bürgertum zählen wollte. Für die Aktivitäten einer Handelsfamilie wie den Hasenclevers waren Fremdsprachenkenntnisse unerlässlich. Für den zukünftigen Nachfolger einer Kaufmannsdynastie war die Ausbildung nur auf einer Elementarschule nicht ausreichend. Josua Hasenclever schreibt dazu:

„Unsere Kinder waren indessen teilweise in das Alter gekommen, dass wir für sie auf besseren Unterricht, als sie in der hiesigen Elementarschule erlangen konnten, denken mussten." [33]

Es zeigt sich die Einigkeit der Brüder David und Josua, die gemeinsam mit ihrem ältesten Bruder Johann Bernhard beschließen, einen Hauslehrer für die weitere Ausbildung ihrer Kinder anzustellen. Dadurch waren die Kinder zusätzlich unter der Kontrolle und Aufsicht ihrer Eltern. Aufgrund der großen gemeinsamen Kinderzahl entstand ein regelrechter „Klassenverband", den Josua als positiv für die Entwicklung der Kinder ansah:

„...wurde der Überstand vermieden, der gewöhnlich stattfindet, wenn nur eins oder zwei unterrichtet werden." [34]

Die Kinder der Familie wurden während ihrer Ausbildung in Ehringhausen von drei verschiedenen Hauslehrern unterrichtet. Sie wurden von Josua Hasenclever wie folgt charakterisiert:

„Der erste Lehrer hieß Hochdörfer, ein Mann von vielen Kenntnissen und rechtschaffendem Charakter, aber heftig, starrköpfig und sehr eingenommen von sich selbst, so dass er außer der Universitätsbildung eigentlich gar keine andere wollte gelten lassen, auch die Kinder sehr streng behandelte." [35]

Trotz dieser nicht eben freundlichen Charakterisierung blieb Hochdörfer einige Jahre bei der Familie in Ehringhausen. Ihm folgte ein Kandidat Kunz *„der aber unseren Erwartungen nicht entsprach, daher nicht lange blieb."* [36]

Auf Kunz folgte als letzter Hauslehrer ein Kandidat Becker, der 1830 in Ehringhausen starb. Dieser Lehrer Becker fand sich auch in den „Epochentabellen" der Familie Hasenclever. Seine Mutter Henriette schrieb dazu als erste Eintragung mit einem Bezug zum Leben ihres Sohnes am 30. April 1830:

„Ernstens Abschied aus dem elterlichen Hause in Begleitung seines Lehrers Becker, nach Crefeld, in das Haus des Herrn Rectors Vogel, wo er zu unserer Ruhe und Freude wohl versorgt ist.“ [37]

Mit dem bisher gesagten lässt sich der schulische Werdegang von Ernst Hasenclever recht gut zusammenfassen.

Nach dem Besuch der Hofschule in Ehringhausen, die die grundlegenden Fähigkeiten, wie Lesen, Schreiben und Rechnen vermittelte und darüber hinaus auch Grundkenntnisse in Geschichte und Geographie lehrte, erfolgte die weitere Ausbildung durch Hauslehrer. Der erste Abschnitt seiner Ausbildung begann im Alter von sechs Jahren im Herbst 1820 oder Frühling 1821. Ein Schulbeginn in den Hof- oder Elementarschulen war zu dieser Zeit in der Regel zu jedem Quartal möglich. Ab 1827 erfolgte dann die weitere Ausbildung durch die genannten Hauslehrer.

Mit 16 Jahren verließ Ernst sein Elternhaus, um an einer auswärtigen Schule seinen Horizont zu erweitern. Für einen zukünftigen Kaufmann ein wichtiger Schritt der Ausbildung. Hier zeigte sich aber auch eine gewisse Offenheit für bildungsbürgerliches Gedankengut. Als neuen Schulort wählte die Familie Krefeld aus. Dort gab es seit 1819 eine private Bürgerschule, die von den reichen Textilfabrikanten der Stadt zur Ausbildung ihrer Kinder eingerichtet worden war. Wie in der damaligen Zeit üblich, logierte Ernst bei einem Lehrer, im Haus des Rektors Vogel. Er blieb dort für zwei Jahre von April 1830 bis Mai 1832.

Dieses Ausbildungsmuster sollte er später auch bei seinen eigenen Kindern einhalten und insofern scheint es typisch für den Nachwuchs des Kaufmannsstandes in der ersten Hälfte des 19. Jahrhunderts gewesen zu sein. Die Ausbildung war praxisorientiert und legte keinen Wert auf klassische Sprachen wie Latein oder Griechisch, die den Weg zu einer Universitätsausbildung ermöglichten. Zweck der Ausbildung war die Fähigkeit zur Ausübung des Kaufmannsgewerbes und nicht einer eventuellen Beschäftigung mit weitergehender Wissenschaft.

Die Aufzeichnungen seiner Mutter Henriette Hasenclever, geb. Schlosser, geben Auskunft über das Schülerleben und Kontakte von Ernst in Krefeld. Ernst kehrte in den Ferien zu regelmäßigen Besuchen nach Hause zurück und brachte Schulfreunde mit. Dabei erwähnte seine Mutter immer wieder einen besten Freund Namens Hermann ter Meer.[38] Im Laufe dieses ersten Krefelder Schuljahres besuchten Ernst und sein Freund ter Meer mehrfach Remscheid, sodass die Verbindung recht eng gewesen sein muss.

Hermann war der Sohn eines bekannten Krefelder Seidenfabrikanten, dessen Familie, ähnlich wie die Hasenclevers in Remscheid, bereits seit dem 16. Jahrhundert im niederrheinischen Raum ansässig war und sich unter anderem mit Tuchhandel und später der Herstellung von Seidenstoffen beschäftigte. Hermann Eduard ter Meer, wie er mit vollem Namen hieß, wurde am 17. Februar 1815 in Krefeld geboren und war damit nur drei Monate jünger als Ernst, sodass sie die gleiche Klasse besuchten.

Interessant an dieser Freundschaft mit einem Fabrikantensohn ist der mögliche gesellschaftliche Wert der Schulfreundschaften. Schon im Jugendalter entstanden hier Möglichkeiten eines Beziehungsgeflechtes für das spätere Leben. Ob Ernst später tatsächlich weiteren Kontakt mit seinem Schulkameraden hatte, ist in den Familienaufzeichnungen leider nicht überliefert. Aufgrund ihrer Herkunft und des Werdeganges und der räumlichen Nähe ihres Tätigkeitsfeldes sind gesellschaftliche Kontakte aber sehr wahrscheinlich.

Im Verlauf seiner Krefelder Schulzeit sind nach 1830 keine weiteren Besuche mit Hermann ter Meer dokumentiert. Vielleicht liegt es daran, dass seit 1831 auch sein jüngerer Bruder Georg die Schule in Krefeld besuchte und mit dem Auftauchen des eigenen Bruders der Kontakt mit ter Meer nicht mehr so gepflegt wurde.

Ebenfalls noch im ersten Krefelder Schuljahr, am 2. Juni 1830, wurde Ernst gemeinsam mit seiner Cousine Maria in Remscheid konfirmiert. Für eine so tief im protestantischen Glauben verwurzelte Familie ein bedeutendes Ereignis. Im Mai 1832 beendete er seine Ausbildung auf der Bürgerschule in Krefeld und kehrte endgültig nach Remscheid zurück, um hier in das Familiengeschäft einzusteigen. Die weitere Ausbildung erfolgte nun wieder unter Aufsicht der Familie im Kontor der Firma. Sein Onkel Josua Hasenclever beschreibt diesen

Abschnitt der Ausbildung für seine Söhne in seinen Lebenserinnerungen, sodass man davon ausgehen kann, dass auch der Vater von Ernst, David Hasenclever, in Bezug auf seine Söhne ähnlich Absichten verfolgt haben dürfte.

„Es war früh mein Plan, meine Söhne nach beendigtem Schulunterricht auf unserem Kontor unterzubringen, damit sie die Geschäfte und namentlich die Waren von Grund aus kennen lernten, weil dies letztere in späteren Jahren schwierig ist, und sie dann, wenn sie gehörige Kenntnisse erworben und auch wieder etwas längere Zeit im elterlichen Hause und in der Familie zugebracht hatten, in die Welt zu schicken und auf Reisen Geschäfts- und Menschenkenntnisse und überhaupt ihre weitere Ausbildung finden zu lassen.“ [39]

Im Anschluss an diese Ausbildung im eigenen Kontor folgten meist mehrere Auslandsreisen. Reisen spielten in der kaufmännischen Ausbildung dieser Zeit eine große Rolle. Sie gaben Gelegenheit, andere Lebensauffassungen kennenzulernen und den Blick für gewinnversprechende Geschäfte zu schärfen.[40] Sie rundeten die Ausbildung in der Praxis ab. Doch bevor Ernst Hasenclever diese Erfahrungen sammeln konnte, rief zunächst das noch recht neue Vaterland.

7. Militärdienst

In der preußischen Heeresreform hatte Gerhard von Scharnhorst unter dem Eindruck der Niederlage gegen Napoleon ab 1807 das Militärwesen neu organisiert. Seit 1813 galt deshalb in Preußen die allgemeine Wehrpflicht, die mit dem „Gesetz über die Verpflichtung zum Kriegsdienst" vom September 1814 gesetzlich verankert wurde. Damit waren alle preußischen Untertanen ab dem vollendeten 20. Lebensjahr zum Dienst in Heer oder Marine verpflichtet. Die aktive Dienstzeit betrug drei Jahre. Dieser Verpflichtung musste sich auch Ernst Hasenclever stellen und so verzeichnete seine Mutter in ihrer „Epochentabelle" unter dem 5. August 1832:

„Vormittags reisten David und Ernst nach Düsseldorf, der Militär-Pflichten von ihm und Richard wegen." [41]

David Hasenclever kümmerte sich frühzeitig um die Militärbelange seiner beiden Söhne Ernst und Richard (1813 – 1876), denn es gab für sie die Option, ihre Dienstzeit bedeutend zu verringern. Diese sollten sie auf jeden Fall nutzen, denn so standen sie schneller wieder für den „Dienst" im Familienunternehmen zur Verfügung.

„Jungen Leuten von Bildung", wie es die „Deutsche Wehrordnung" von 1822 formulierte, stand die Möglichkeit einer Verkürzung der aktiven Dienstzeit zu. Sie dienten dann als sogenannte „Einjährig-Freiwillige". Wobei der Ausdruck „Freiwillige" irreführend war, den auch sie waren zur Leistung des Dienstes verpflichtet. Um diese Verkürzungsangebot in Anspruch nehmen zu können, mussten bestimmte Bedingungen erfüllt sein. Erforderlich waren die freiwillige Meldung zwischen dem 17. und 20. Lebensjahr und der Nachweis der „wissenschaftlichen Befähigung". Diese konnte entweder mit Hilfe von Schulzeugnissen oder in einer besonderen Prüfung nachgewiesen werden. Die Prüfung erstreckte sich auf drei Sprachen (Deutsch und zwei Fremdsprachen) sowie Geographie, Geschichte, Literatur, Mathematik, Physik und Chemie. Als weitere Voraussetzung musste der jeweilige Vormund eine Erklärung abgeben, dass er für die Ausrüstung, Einkleidung und den Unterhalt während der Dienstzeit des Kandidaten selber aufkommen würde. Je nach Truppenteil waren diese Kosten unterschiedlich hoch und lagen 1814 zwischen 58 und 214 Talern. Diese Kosten für Ausstattung und Unterkunft stellten den

Gegenwert des Jahresverdienstes eines Handwerkers dar. Die Entscheidung, bei welchem Truppenteil die Dienstpflicht zu leisten war, lag in der Regel beim Einjährig-Freiwilligen. Die vielen Voraussetzungen für den Antritt als Einjährig-Freiwilliger erfüllten in der Regel nur die Söhne des wohlhabenden Bürgertums und somit war Ernst für diese Form der Wehrpflicht natürlich besonders „geeignet“. Da sich Ernst für den Dienst bei den prestigeträchtigen Husaren entschied, lagen seine Kosten eher im oberen Bereich der oben genannten Summe. Die Angelegenheiten der „Militärpflicht“ müssen an diesem 5. August 1832 zur allseitigen Zufriedenheit gelöst worden sein, denn Ernst führte bis zu seinem Eintritt in das aktive Militär sein normales Leben in Ehringhausen im Dienst des Familienunternehmens weiter.

Im Jahr 1833 bewegte ein besonderes Ereignis die Gemüter in Ehringhausen. Auch Ernst war bei dieser Begegnung zu Hause und als junger Mann von gerade 19 Jahren sicherlich davon beeindruckt. Am 17. Oktober 1833 beehrte der Kronprinz und spätere preußische König Friedrich Wilhelm IV. das Handelshaus Hasenclever mit seiner huldvollen Anwesenheit. Schon seit langem pflegte vor allem der Onkel von Ernst, Josua Hasenclever, Beziehungen zu preußischen Regierungskreisen und der Aristokratie des Königreiches. Dieser Besuch adelte die Bemühungen der Familie Anschluss an die feine, bessere Gesellschaft zu finden und war gleichzeitig Zeichen ihres Aufstiegs in ein neues Groß- und Bildungsbürgertum. Selbstverständlich stand dieses wichtige Geschehen auch in den „Epochentabellen“:

„Am 17. Abends kam unser Kronprinz hier an. Logierte bei Josua. Wir waren alle dort versammelt. Alles geriet gut. Am 18. Morgens besuchte der Prinz unser Stammhaus, nahm hier im Hause ein Dejeuner und fuhr nach Remscheid zu Herrn Scharf wo die Behörden und Prediger versammelt waren. Von dort nach Lennep.“ [42]

Am 20. April 1835 trat Ernst Hasenclever seinen Dienst beim 8. Husaren-Regiment (1. Westfälisches) in Düsseldorf an. Die Einheit war nach der Flucht Napoleons von Elba durch den Preußischen König Friedrich Wilhelm III. im März des Jahres 1815 neu aufgestellt worden und hatte während der kurzen Dienstzeit von Ernst ihre Einheiten in Düsseldorf und Benrath stationiert. In seiner Uniform, im 19. Jahrhundert noch der sprichwörtliche bunte Rock, war er in Ehringhausen eine auffällige Erscheinung. Die typische, kurze Jacke der Husaren, Dolmann genannt, und die engen Reiterhosen in dunklem Blau mit weißen Verschnürungen. Dazu eine Pelzmütze aus Seehundfell mit einer Korkade in den preußischen Farben und hellblauem Kolpak.

In welcher Weise Ernst seinen Militärdienst erlebte, ob er begeistert war oder es als lästige Pflicht ansah, ist nicht bekannt. Betrachtet man die Einstellung seiner Familie zu Staat und Regierung, gehörte es für ihn sicherlich zu den Selbstverständlichkeiten des Lebens, dem Land, in dem er lebte und arbeitete, zu dienen. Der vorgegebenen Ordnung war Folge zu leisten.

Zu seinem Glück herrschte während seiner Dienstzeit für Preußen eine relativ friedliche Zeit. Sofern man bei den vielen Auseinandersetzungen des 19. Jahrhunderts überhaupt von friedlich sprechen kann. Ernst nahm an keinen Einsätzen teil. Nicht allzu lang vor seinem Eintritt war das 8. Husarenregiment noch im Rahmen der belgischen Revolution zur Beobachtung französischer Truppenbewegungen eingesetzt worden. In den Aufzeichnungen seiner Mutter erschien sein Militärdienst wie eine lange Aneinanderreihung von Urlauben, denn sie verzeichnete nur seine Besuche bei der Familie. Dadurch entsteht der Eindruck eines ruhigen Lebens, dessen einziger Unterschied zu der Zeit vor dem Militärdienst der neue Wohnort und die neue Kleidung war.

Im Juni 1835 kam Ernst für drei Tage zu Pfingsten nach Hause. Auch zur Remscheider Kirmes Mitte Juli 1835 hatte er wieder Urlaub und verbrachte eine Woche im Haus seiner Eltern. Schon Ende Juli kam er in den Genuss von Sonderurlaub. Der preußische König Friedrich Wilhelm III. feierte am 3. August seinen 65. Geburtstag und gewährte aus diesem Grund seinen Soldaten ein paar freie Tage.

Der Rest des Jahres 1835 verfloss ohne besondere Ereignisse und erst im Februar 1836 gab es Berichtenswertes. Ernst kehrte mit seinem älteren Bruder Richard zum Urlaub nach Ehringhausen zurück. Im Jahr zuvor hatte Richard am 6. Februar 1835 in Bonn als Sekundant an einem Duell teilgenommen und sich einer Untersuchung des Vorfalls auf Anraten der Familie durch Flucht nach Amsterdam entzogen. Dort kam er bei Freunden der Familie unter und konnte erst ein

Jahr später nach Preußen zurückkehren. Duelle, obwohl immer noch üblich, waren rechtlich bereits umstritten. Erst nach einem Jahr stellten die Behörden weitere Untersuchungen ein und Richard musste bei Rückkehr nicht mehr mit einer Verhaftung rechnen. Auch dieser Vorfall zeigt, dass der Aufstieg der Hasenclevers als Familie in die Schicht des Großbürgertums weit vorangeschritten war. Ehrenhandel dieser Art waren im 19. Jahrhundert der Ausdruck eines elitären Standesdenkens und mittlerweile betrachtete sich auch das Bürgertum als satisfaktionsfähig, lebte und handelte nach den ungeschriebenen Regeln der „besseren" Gesellschaft, zu denen eben auch die Verteidigung der Ehre mit der Waffe gehörte.

Im Frühling 1836 neigte sich der Dienst von Ernst dem Ende entgegen. Am 31. März 1836 erhielt er das Zeugnis seines Eskadrons-Kommandeurs über die abgeleistete Dienstpflicht:

> Qualifikations-Zeugniß
> Ernst Hasenclever, 21 Jahre alt aus Remscheid
> gebürtig hat in der mir anvertrauten Eskadron des
> königlichen 8ten Husaren-Regiments die Dienst-
> pflicht zum stehenden Heere geleistet. Er hat sich
> während dieser Zeit als ein sehr moralischer und gebil-
> deter junger Mann bewiesen und sich auch hinreichen-
> de Dienstkenntniße erworben um hierdurch zur einsti-
> gen Beförderung zum Offizier in der Landwehr em-
> pfohlen zu werden. Die Wahrhaftigkeit dieses Zeug-
> nißes verbürge ich auf Ehre und Pflicht durch meine
> Namens Unterschrift.
> Düsseldorf den 31ten März 1836
> Unterschrift (Lüntge)
> Rittmeister und Eskadrons Chef
> Das Obige bestätigen
> Unterschrift (v. Simolin)
> Oberst und Regiments Kommandeur Major und etatmäßiger
> Staabsoffizier[43]

Mit diesem Zeugnis gehörte er nun rein rechtlich für weitere vier Jahre im Rahmen der Landwehr zur Reserve der preußischen Armee. Der Vorschlag der Beförderung zum Offizier war bei Entlassungen von Einjährig-Freiwilligen nicht unüblich und war nicht unbedingt mit einer besonderen Leistung verbunden.

Doch Ernst bewegten zu diesem Zeitpunkt sicher andere Gedanken als eine militärische Karriere. Der Entschluss, seine Ausbildung als Kaufmann im Ausland weiterzuführen, muss zu diesem Zeitpunkt bereits gefallen gewesen sein.

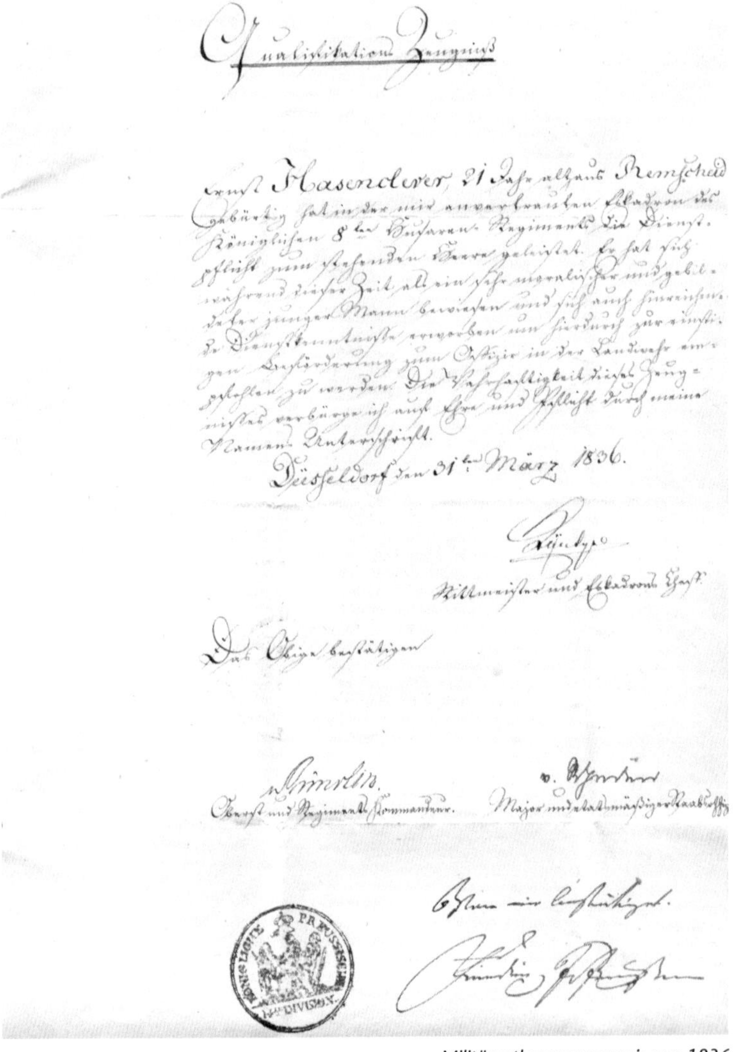
Qualifikations Zeugniß

Ernst Hasenclever, 21 Jahr alt, aus Remscheid gebürtig hat in der mir anvertrauten Eskadron des Königlichen 8ten Husaren Regiments die Dienstpflicht zum stehenden Heere geleistet. Er hat sich während dieser Zeit als ein sehr moralischer und gebildeter junger Mann bewiesen und sich auch hinreichende Dienstkenntniße erworben um hierdurch zur einstigen Beförderung zum Offizier in der Landwehr empfohlen zu werden. Die Wahrhaftigkeit dieses Zeugnisses verbürge ich auf Ehre und Pflicht durch meine Namens Unterschrift.

Düsseldorf den 31ten März 1836.

Rittmeister und Eskadrons Chef

Das Obige bestätigen

Oberst und Regiments Kommandeur

Major und etatmäßiger Stabsoffizier

Militärentlassungszeugnis von 1836

8. Vorbereitungen für die große Reise

Nach der Beendigung der napoleonischen Herrschaft lag ein Großteil der bergischen Wirtschaft darnieder. Das wirtschaftlich weiter entwickelte England überschwemmte mit seinen industriell gefertigten Gütern den europäischen Markt und verhinderte so eine schnelle wirtschaftliche Erholung. Die bergische Kaufmannschaft und mit ihnen die Familie Hasenclever begaben sich auf die Suche nach neuen Absatzmärkten.

Sehr viele süd- und mittelamerikanische Kolonien hatten die Wirren der napoleonischen Ära und die kurze Zeitspanne danach genutzt, um die Loslösung von ihren Mutterländern Spanien und Portugal zu betreiben.

So richtete sich der Blick vieler Handelsunternehmen zu Beginn der 1820er Jahre in Richtung Westen, in die Karibik und vor allem nach Südamerika. Dort hatte man bereits am Ende des vergangenen Jahrhunderts Geschäfte gemacht. Die Gewinne waren damals nur mäßig geblieben, da Zwischenhändler einen Großteil davon abschöpften. Von einer direkten Beteiligung am Überseehandel versprach man sich nun gute Gewinne. Auch hier zeigte England den Weg. Zwischen 1814 und 1818 hatte das Land Waren im Wert von 200 Millionen Pfund ausgeführt. Das entsprach einem Gegenwert von 2,4 Milliarden Talern. Eine ungeheure Summe für damalige Verhältnisse. Waren aus deutschen Landen hatten an diesem Handel so gut wie keinen Anteil, obwohl sie von der Qualität her durchaus mithalten konnten. Ein Problem stellten die unsicheren politischen Verhältnisse in vielen der neu gegründeten mittel- und südamerikanischen Staaten dar. Ein Kaufmann, und ganz besonders der Bergische, scheute größere Risiken. Um der Geschäfte willen wollte man sich aus allen politischen Zwistigkeiten heraushalten.

1821 beteiligte sich Josua Hasenclever an der Gründung der „Rheinisch-Westindischen Kompagnie" des Elberfelder Textilkaufmanns Johann Jakob Aders. Vorfinanzierte, erste Probesendungen gingen nach Haiti, mit deren Hilfe der Vertreter der Gesellschaft vor Ort die Bedürfnisse und Absatzmöglichkeiten erkunden sollte. Enge Direktiven untersagten ihm „riskante" Geschäfte vor Ort. Lieber sollte er bei kleinem Gewinn für einen schnellen Warenumsatz sorgen und mit dem Geld Güter für den Rücktransport, vorzugsweise Kaffee, kaufen. Auf diese Art und Weise wurden in den nächsten Jahren unter steigender Beteiligung der Kaufleute des Bergischen Landes weitere Geschäfte abgewickelt. Die Handlungen der Gesellschaft zeigten, dass die deutschen Waren, sowohl preislich als auch von der Qualität her, britischen und französischen Waren durchaus ebenbürtig oder sogar überlegen waren. In diesem Freihandel ohne Schutzzölle sah man folglich auch einen Weg für die Gesundung der deutschen Wirtschaft. Eine schnell gegründete zweite Niederlassung in Mexico brachte zumindest am Anfang ähnliche wirtschaftliche Erfolge. Gerade Mexiko sollte später aber auch die Risiken und Probleme einer unsicheren politischen Lage für Geschäftsbeziehungen aufzeigen.

Mitte der 1820er Jahre betrieb die Kompagnie Geschäfte und Handelsniederlassungen in etlichen neuen südamerikanischen Staaten: Brasilien, Argentinien, Chile und Peru. Doch bald zeigt sich eine Überhitzung des Marktes. Zu viele Händler verschiedener europäischer Länder suchten Abnehmer für immer zahlreichere, industriell hergestellte Waren. Das übergroße Warenangebot führt zu fallenden Preisen. Fehlentscheidungen der Geschäftsführung brachten der Rheinisch-Westindischen Kompagnie weitere Verluste. In den folgenden Jahren sanken die Umsätze und damit auch die Gewinne der Kompagnie, die in den ersten Jahren noch so reichlich gesprudelt waren. Politische Unruhen in Mexiko und ein Krieg zwischen Argentinien und Brasilien erschwerten die Geschäfte. Am Ende des Jahrzehnts stand das Unternehmen vor dem Bankrott.[44]

Durch die Beteiligung an den Geschäften der Gesellschaft verdiente das Unternehmen Hasenclever nicht nur Geld durch ausgeschüttete Gewinnbeteiligungen, sondern sammelte Erfahrungen im Überseegeschäft, die so positiv waren, dass man sich dazu entschloss, die Geschäftsbeziehungen zu intensivieren. Leiter einer Handelsvertretung sollte natürlich ein Familienmitglied sein. Die Wahl fiel auf Johann Gottfried Hasenclever (1806 -1865), ein Neffe von Josua Hasenclever, der seit 1825 im Kontor ausgebildet worden war. Die ursprüngliche Absicht, Gottfried als Vertreter der Rheinisch-Westindischen Kompagnie nach Brasilien zu entsenden, ließ man fallen, nachdem diese zunehmend in finanzielle Schwierigkeiten geraten war.[45] Die Familie entschloss sich ein eigenes „auswärtiges Etablissement" zu gründen. Am 4. Juli 1830 fuhr Gottfried von Ehringhausen über Antwerpen nach Rio und blieb dort für viele Jahre der Vertreter des Unternehmens.

Josua Hasenclever schrieb im Nachhinein über ihn:

„...dass er durch seine Umsicht und Tätigkeit unsere Geschäfte in einen sehr schwunghaften Betrieb gebracht und wir alle Ursachen haben, mit seinen Leistungen zufrieden zu sein." [46]

Gottfried erhielt vor seiner Abreise ausführliche Instruktionen zu der Art seiner Geschäftstätigkeit. Zusätzlich führte er ein großes Mustersortiment an Waren mit sich.

Brasilien war seit dem September 1822 ein von seinem ehemaligen Kolonialherren Portugal unabhängiges Kaiserreich. Die ersten Jahre der Unabhängigkeit waren von wiederholten Rebellionen und Kriegen mit benachbarten Staaten gekennzeichnet, sodass dem bald erstarkenden Handel etliche Risiken drohten. Ein ungeregeltes Finanzsystem erforderte große Vorsicht und der Wert des in Umlauf gebrachten Papiergeldes unterlag hohen Schwankungen, die insbesondere bei langfristigen Geschäften berücksichtigt werden mussten. Das hasencleversche Warensortiment für Brasilien bestand in den ersten Jahren vor allem aus Eisenwaren, später spielten auch Nürnberger Spielwaren und Seidentextilien aus Krefeld und Elberfeld eine bedeutende Rolle.

Drei Arten von unmittelbaren Geschäften finden sich in den Instruktionen für Gottfried:

1. Aufträge zur Beschaffung von Waren zu festen Preisen, deren Gegenwert über eine Kreditlinie des Auftraggebers bei einer europäischen (Londoner) Bank gesichert war. Diese Art der Geschäfte hält Josua Hasenclever für die „solidesten und wünschenswertesten", da das Risiko überschaubar war.

2. Konsignationsgeschäfte auf eigene Rechnung. Die Firma Hasenclever führte auf eigene Kosten Waren ein, die in Brasilien auf Lager gelegt wurden und bei Abnahme vom Kunden zu bezahlen waren. Dafür war eine gute Kenntnis des Bedarfes und der Marktlage nötig. Hier bestand natürlich ein erhebliches unternehmerisches Risiko. Die Waren wurden zu einem bestimmten Einstandspreis erworben oder selber hergestellt. Der zu erzielende Verkaufspreis war nicht immer gut kalkulierbar. Zusätzlich drohte bei einer stark schwankenden Währung im Verkaufsland ein erhebliches Währungsrisiko.

Die einzige Möglichkeit, beide Risiken zu senken, lag in einem raschen Warenumsatz und einer genauesten Marktbeobachtung.

3. Konsignation auf fremde Rechnung. Die Firma Hasenclever errichtete und führte ein brasilianisches Lager, das ein fremder Hersteller bestückte. Von den Waren, die die Firma Hasenclever daraus verkaufte, erhielt sie eine Provision. Diese Geschäfte wurden vorzugsweise mit Stoffen wie Wolltuche, Leinen, Seide und Baumwolle gemacht. Josua beschreibt in seinen Anweisungen weitere Verdienstmöglichkeiten durch Provisionsgeschäfte.[47]

Eine hohe Bedeutung maß Josua dem Rücktransfer des Gewinnes bei. Dieser sollte so schnell wie möglich in Form von Wechseln erfolgen. Eine zusätzliche Möglichkeit des Gewinntransfers war der Ankauf von Waren des brasilianischen Marktes, die auf dem einheimischen Markt mit Gewinn abzusetzen waren.

Wie hoch der Kapitaleinsatz bei all diesen Geschäften war, zeigen die folgenden Zahlen:

Im Jahr 1830 erfolgte eine Ausfuhr von Waren im Wert von 49.280 Reichstalern, 1831 betrug die Summe bereits 76.350 Reichstaler. Diese steigerte sich 1832 sogar auf 102.000 Reichstaler. Der Gesamtsumme von 227.630 Talern stand aber in diesen drei Jahren zunächst nur ein Rücktransfer von Bargeld in Höhe von 32.000 Reichstalern entgegen. Interessant bei den Geschäften der Firma Hasenclever ist auch, dass zusätzlich unterschieden wurde zwischen Firmenkapital und Privatkapital. So beteiligte sich Josua mit Privatkapital an dem Kauf einer Sendung Tran, die aus Gewinnen im Brasiliengeschäft getätigt worden war und dem Kapitalrücktransfer dienen sollte.[48] Hier wird deutlich, wie sehr sich die finanziellen Verhältnisse bei ihm und damit sicher auch anderen Teilen der Familie, die am Unternehmen beteiligt waren, verändert hatten. Noch 1822 beklagte sich Josua im Zusammenhang mit der Errichtung seines eigenen Wohnhauses in Ehringhausen über mangelndes privates Vermögen, 10 Jahre später spekuliert er auf eigene Kosten.[49] Innerhalb von 10 Jahren muss also ein ganz erheblicher Kapitalzuwachs erfolgt sein, sodass er auch Verluste, die bei dem Tranhandel entstanden waren, verschmerzen konnte.

Die Abwicklung des Handels mit Südamerika barg große Risiken und litt unter den langen Transportwegen, die nicht nur den Versand der

Waren, sondern auch die Kommunikation erschwerten. Zwei bis drei Monate dauerte eine Schiffspassage von Europa nach Südamerika. Der Verlust von Schiffen und Waren durch Wetter oder Kaperung aufgrund kriegerischer Ereignisse musste immer einkalkuliert werden. Die Sendung von Nachrichten in Form von Briefen oder Wechseln zum Kapitaltransfer erfolgte deshalb immer in zwei Kopien auf unterschiedlichen Schiffen, oft auch unterschiedlichen Routen. Zölle erschwerten im Laufe der Zeit auch in Südamerika zusätzlich den Handel. Um hier Vorteile gegenüber dem Wettbewerb zu erlangen, scheute man auch vor Bestechung und Betrügereien der jeweiligen Zollbehörden nicht zurück.

Derartige Hinweise finden sich auch in den Anweisungen Josua Hasenclevers an Gottfried:

„Welche Ersparnisse man auf den Zollsätzen d.h. der Panta machen kann, wird auch ein Gegenstand und zwar ein sehr wichtiger, Deiner Nachforschungen seyn. – Dass Du dabei vorsichtig seyn musst, versteht sich; dass sich aber viel ersparen lässt, wenn man nur genau weiss, wie es anzufangen ist, das wissen wir aus bekannten Geständnissen; wahrscheinlich gehören allerhand Mittel und auch genaue Bekanntschaft mit den Zollbeamten dazu, so dass Du Dich nur in so fern darum bekümmern musst, um zu erfahren ob unsere Concurenten dadurch grosse Vortheile ohne vielen Risiko erlangen. Denn dass hierauf kein regelmässiges Geschäft gegründet, und dass dabei auch nicht auf solche Ersparnisse gerechnet werden darf versteht sich von selbst. Die Art der Verpackung ist auch bei diesem Punkt unstreitig von Wichtigkeit.“ [50]

Das Südamerika-Geschäft bot trotz aller Risiken aber auch enorme Verdienstmöglichkeiten, sodass ein weiteres Engagement der Familie sinnvoll war. Gottfried war nur der Erste einer langen Reihe von Familienmitgliedern und Vertretern, die in Brasilien die Geschäfte des Unternehmens führten und förderten. Der ursprünglich nur für 2 Jahre vorgesehene Aufenthalt von Gottfried in Rio verlängerte sich durch revolutionäre Unruhen im Jahr 1831. 1832 wurde ein erstes Lagerhaus gemietet und ein Gehilfe eingestellt. 1833 erfolgte eine erste Erkundung des Hinterlandes.[51]

Für das Auskommen der jeweiligen Vertreter sorgten Johann Hasenclever & Söhne. Das Jahresgehalt betrug 1.000 – 1.500 Taler bei „freier

Station". Ein Haus in Rio wurde durch das Unternehmen gestellt, an der Einrichtung beteiligte man sich. Trotz dieser Vorsorge waren die Lebensbedingungen für Europäer in Rio hart. Hohe Temperaturen gepaart mit hoher Luftfeuchtigkeit forderten bei Neuankömmlingen sehr schnell einen gesundheitlichen Tribut. Zusätzlich litten die Bewohner von Rio de Janeiro im 19. Jahrhundert unter häufig wiederkehrenden Gelbfieberepidemien. Auch Gottfried erkrankte an dieser Virusinfektion, für die es keine Behandlung gab und deren Übertragungswege damals nicht bekannt waren. Im Laufe seines weiteren Lebens litt er immer wieder an den Folgeschäden dieser Krankheit. Aus diesem Grund entschloss sich die Familie zur Unterstützung seiner Aktivitäten weitere Mitglieder nach Südamerika zu schicken. Zunächst kam 1835 Hermann Hasenclever, der älteste Sohn von Josua Hasenclever, für einige Monate nach Rio. Ein weiterer Grund für den Besuch scheint ein größerer Wechsel im Sortiment des „brasilianischen Zweiges" von Johann Bernhard Hasenclever & Söhne gewesen zu sein, der besprochen werden sollte. Der Handel mit den für Hasenclever typischen Eisenwaren schien nicht besonders gut zu laufen, wohingegen mit Stoffen gute Geschäfte zu machen waren. Insbesondere bei Stoffen aus Leinen schien großer Bedarf zu bestehen. Aber auch mit Seide, Kattun – ein Baumwollstoff – und Kammgarnstoffen fand man viele Abnehmer.[52]

9. Das Abenteuer beginnt

Nach seiner Entlassung aus dem Militärdienst im Frühling 1836 war Ernst Hasenclever in den Familienbetrieb nach Ehringhausen zurückgekehrt, um im Kontor Erfahrungen zu sammeln. Die Entscheidung, ihn zur Unterstützung Gottfrieds nach Rio zu schicken, muss früh im Laufe dieses Jahres erfolgt sein. Eine derartig weite Reise erforderte lange Vorbereitungen. Zwar existierte ein geregelter Schiffsverkehr von England nach Südamerika, der für Postdienste genutzt wurde, doch nur in den Sommermonaten konnte man sich auf regelmäßige Schiffspassagen verlassen. Im Winter ruhte der Verkehr oft wegen Sturm oder Eisgang. Zusätzlich musste die beabsichtigte Auswanderung bei den zuständigen Regierungsstellen angezeigt werden, um einen „Auswanderungs-Konsens" zu erhalten. Schon damals arbeiteten die Mühlen der Bürokratie offenbar sehr langsam. Bis zu seiner Abfahrt war kein offizielles Schreiben, welches die Auswanderung gestattete, eingegangen. Das Dokument, welches die Auswanderungsgenehmigung förmlich erteilte, trägt das Datum vom 9. April 1838.[53] Zu diesem Zeitpunkt lebte Ernst bereits seit über einem halben Jahr in Brasilien.

Im April 1837 unternahm Ernst eine Abschiedsreise zu Verwandten nach Frankfurt. Dort hatte die Familie vielfältige familiäre und gesellschaftliche Verbindungen.

Am Samstag, dem 8. Juli 1837 begann schließlich die große Reise nach Südamerika. Zunächst ging es mit der Schnellpost per Kutsche über Düsseldorf, Münster und Bremen nach Hamburg, wo er am 11. Juli ankam. Sein Schiff, die Bark „Gute Christine", ein typischer Großsegler mit 3 Masten, verließ Cuxhaven am 20. Juli Richtung England. Auf dem Hochseefrachtschiff befanden sich gemeinsam mit Ernst nur zwei weitere Passagiere, die mit ihm eine Kajüte teilten. Die Lebensumstände an Bord waren auch aus damaliger Sicht gewöhnungsbedürftig. Ein Brief, den er während der Überfahrt an seinen Vater verfasste, gibt einen Einblick in die Bedingungen einer Seereise während der ersten Hälfte des 19. Jahrhunderts:

„Ein großer Uebelstand, woran ich mich schon gewöhnen kann ist der üble, dumpfige Geruch in den Schlafkojen, der von dem sogenannten Binnenwasser zwischen den beiden Schiffswänden herrührt u. bey einer Hitze von 23–22° wie wir sie hatten, den Schlaf fern halten kann. Hierzu kommt

noch ein liebenswürdiges brasilianisches Insect, Baratten[54], *2 Zoll lange glatte Laufkäfer, die in ungeheuren Mengen in den Ritzen dieses Schiffes hausen u. immer mehr in Massen hervorkommen, je näher wir ihrem Vaterland sind. Ich glaube nicht zu viel zu sagen wenn ich behaupte, daß wir schon mehrere 1000 gefangen u. todtgeschlagen haben, da sie gerne in leere Weinflaschen schlüpfen u. nicht wieder hinaus können. Nicht selten liefen mir, während ich zu Bette lag 20–30 über Kissen u. Decke. Daß wäre etwas für unsere Damen, die sich vor einer Spinne verkriechen u. bey einem Maikäfer matt werden; übrigens gestehe ich gern, daß es mich anfangs auch mächtig genierte.“*[55]

Auch erwähnte er einen Teil der für die Passagiere an Bord gebrachten Lebensmittel:

„Wir waren ziemlich gut profiantiert u. können uns nicht über schmale Kost beklagen. Wir führten 1 Ziege, die sich bis jetzt noch prächtig am Milch geben hält; 1 Schaaf, 2 Schweine, 3 Gänse, 10 Enten u. 50 Hühner. Dann haben wir Wasser so gut wie möglich, 200 Krüge Seltenser Wasser unter andern. An Wein fehlte es uns auch nicht, obschon ich mich mit dem französischen Wein nicht befreunden kann.“[56]

Nach seinem Schreiben gab es an Bord auch frisch gebackenes Schwarz- und Weißbrot, ein Umstand der nicht selbstverständlich war:

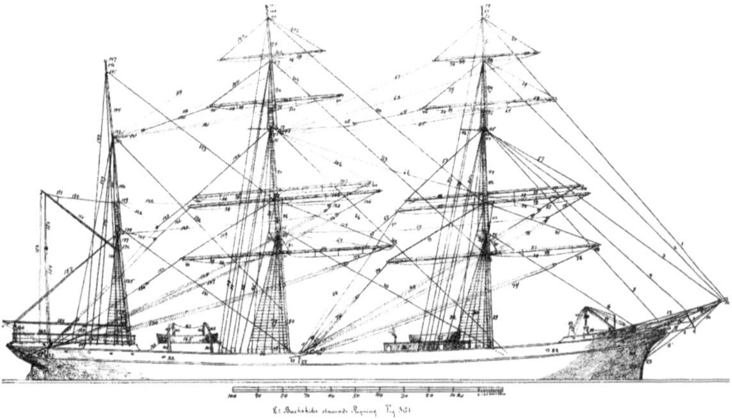

Schematische Zeichnung einer Bark

„Um 8 Uhr frühstücken wir Caffee u. ziemlich gut gebackenes Schwarz- u. Weißbrod, worin es unser Kapitain allerdings weit gebracht hat, da selten auf anderen Kauffahrern Brod gebacken werden wird. Um 11 Uhr wird ein zweites Lunch genommen, gewöhnlich kalt, wenn nicht gerade Schlachterei war, oder das Glück uns fliegende Fische bescheret hatte. Um 2 1/2 Uhr gehe ich zu Tische, wo wir noch so ziemliche Abwechselung genießen, obschon hier im warmen Klima alles leicht einen scharfen Geschmack annimmt. Nach Tische wird eine Tasse Caffee getrunken; wir haben nur Rio-Caffee, woran man erst gewöhnen muß, um ihn wohlschmeckend zu finden. Des Abend versammelt uns um 7 Uhr beym Thee u. Butterbrod. Du siehst, lieber Vater, daß ich in dieser wichtigen Beziehung nicht sehr gelitten habe. Besonders wenn ich nicht verhehle, daß auch dann u. wann Madeira oder Portwein den Magen stärken mußte.“ [57]

Die Schiffsreise führte zunächst durch die Nordsee Richtung Ärmelkanal. In Dover ging noch ein Brief an die Familie in Ehringhausen an Land, in dem er sich über die für den Sommermonat bisher recht stürmische Überfahrt beschwerte. An Bord feierten die Reisenden am 3. August gemeinsam den Geburtstag von König Friedrich Wilhelm III. Schließlich war auf der langen Reise jede Abwechslung willkommen. Für einen deutschen Kaufmann mit königstreuer Gesinnung, wie es die Hasenclevers waren, aber auch eine Selbstverständlichkeit. Vorbei an Cherbourg und Lissabon erreichte die kleine Reisegesellschaft nach einem Monat am 19./20. August Porto Santo und Madeira. Weiter ging die Reise vorbei an den Kanarischen Inseln südlich Richtung Kap Verden. Die Bark folgte der typischen Handelsroute nach Südamerika, dessen Weg die Winde des Nordostpassats bestimmten. Dieser bläst recht zuverlässig ganzjährig von der iberischen Halbinsel südlich entlang der afrikanischen Küste Richtung Äquator und dann Richtung Nordost-Küste Brasiliens. Das Schiff von Ernst konnte von diesen Winden offensichtlich nicht profitieren,

„...denn wir hatten häufig contrairen Wind. Ich führe dieß an, lieber Vater, weil es eine in der That seltene Begegnung ist u. viele Seeleute existieren, die es kaum glauben würden.“ [58]

Auch der Übergang auf die Südhalbkugel gestaltete sich schwierig. In Äquatornähe befinden sich die sogenannten Kalmen, windstille oder windschwache Gebiete, deren Überwindung Segelschiffen große Probleme bereiten konnte.

Ernst schrieb dazu:

„Von den Cap Verden bis zur Linie (Äquator), ist der schlechteste Raum des ganzen Weges. Hier nahen immer scharfe Südwinde u. bringen Hitze u. vielen Regen; nicht selten bringen Schiffe auf diesen 16 Grad[59] *3–4 Wochen zu."*

Am 7. September feierte er den Geburtstag seiner Mutter.

„An diesem Tage kannst Du denken, flogen alle meine Gedanken der Heimath zu. O wie gern wäre ich nur eine Minute zu hause in meiner Mutter Armen gewesen, wie fühlte ich erst an diesem Tage so recht die ungeheure Entfernung, die uns trennt u. wie recht auch wieder war mir der Gedanke, daß an dem Tage gewiß meiner in Liebe gedacht worden. - Meine Reisegefährten hatten die Güte der lieben Mutter Geburtstag mit mir in Champagner zu feiern, da wir für besondere Tage einige Flaschen mitgenommen haben, aber auch wie in früheren Zeiten mit Feuerwerk feierten wir dieses Fest."

Treffen mit anderen Seglern zeigten, dass bereits damals viele Schiffe auf hoher See unterwegs waren. Bei einer dieser Gelegenheiten, bastelte Ernst einen Drachen, mit dessen Hilfe er eine Papierlaterne in den Himmel stiegen lies. Als junger Mann von 23 Jahren hatte er allerlei Unsinn im Kopf.

„Nemlich es waren verschiedene Schiffe um uns am Horizont herum u. ich gerieth auf den Gedanken, solche zu vexiren. Zu dem Ende machte ich einen Windvogel u. eine große kugelförmige Lanterne von Oelpapier, welche ich an den Schweif befestigte u. so eine große Feuerkugel gegen den dunklen Himmel aufsteigen ließ, welche sich wirklich sonderbar ausnahm, da man keine Idee des Drachen selbst sehen konnte. Es sollte mich nicht wundern, wenn andere Schiffe selbiges als ein Phänomen in ihr Journal bezeichnet hätten, um es später an Land bekannt zu machen. Wir wenigstens ergötzten uns sehr damit." [60]

Am 15. September trafen sie auf ein bewaffnetes, britisches Handelsschiff, welches nach Kalkutta unterwegs war. Drei Tage lang begleiteten sich die beiden Kauffahrer und es erfolgten feuchtfröhliche gegenseitige Besuche.

„Wir luden durchs Sprachrohr den Capitain ein, an Bord zu kommen was augenblicklich angenommen u. ausgeführt wurde. Der Capitain, ein ordinärer aber heiterer Seemann blieb unter Trinken u. Lärmen bis nach Mitternacht an Bord, wann er unter hellem Mondschein an sein Schiff zurückkehrte, nachdem wir seine Einladung auf den anderen Tag zum 2ten Frühstück angenommen u. er wiederum zum Mittag uns zugesagt hatte. Wir fanden den anderen Tag ein sehr schönes, nach Art der engl. Kriegsschiffe gebautes, Fahrzeug mit 9 Kanonen versehen, mit einem schönen Hinterdeck u. einer so parademäßigen u. elegant verzierten Cajütte, daß unsere arme Christina bedrückend ärmlich dagegen erschien, u. wiederum in dieser Cajütte ein so auserlesenes Lunch, daß ich jedem gratulierte, daß er nachher noch auf 2 Beinen stand. Den Mittag u. Abend wurde auf unserem Schiff wieder verjubelt, u. um den Abend würdig zu beschließen, passierten wir um 8 Uhr Abends bey Vollmond die Linie, also den 16 September.

Große Freude machte es mir, unter den englischen Seeleuten einen deutsch reden zu hören u. auf meine Anrede zu erfahren, daß er ein Stettiner sey u. längere Zeit unter den preußischen Husaren gedient habe. Wie sehr interessiert uns doch in der Fremde Jeder, wenn er mit uns einem Lande oder noch mehr einem Staate angehört.- Den folgenden Tag war der Warrior noch immer bey uns u. der Capitain erschien noch einmal an unserem Bord, um den Abend wieder mit uns zu verleben. Er beschenkte uns mit 12 Flaschen Porto u. 6 Flaschen herrlichem schottischen Ael, was wir mit Cigarren u. frisch gebackenem Roggenbrod (welches wir so gut backen, wie es nie besser gesehen habe) erwiderten. So waren uns dann 3 Tage angenehm verfloßen u. machen viele Seereisen, ohne dergleichen angenehme Unterbrechungen zu erleben.“ [61]

Neben einer kurzen Erkrankung von Ernst, die er aber Dank einer mitgenommenen Medizin offenbar schnell und gut überstand (*„die von D. Döring mitgenommene Medicin hat mir allein so rasch davongeholfen“*), vergingen die weiteren Reisetage langsam und ereignislos.

In der Nacht vom 6. auf den 7. Oktober 1837, nach 79 Tagen auf See stand das Schiff bei Flaute, Nebel und Regen vermeintlich auf der

Höhe von Cap Frio bei 22 Grad südlicher Breite. Als wenig später die Sonne durchbrach, befand sich das Schiff bereits vor der Hafeneinfahrt von Rio de Janeiro.

Nach dieser langen Zeit auf See muss der Anblick von Küste und Stadt für den jungen Mann aus Ehringhausen überwältigend gewesen sein. In einer euphorischen Beschreibung ließ er seinen Glücksgefühlen freien Lauf:

„… unendlich war die Freude, als gegen 10 Uhr am Vormittag der Nebel zerriß u. vor uns in der Sonne die ungeheuer großartige Küste voraus lag u. noch mehr, der sogenannte Zuckerhut u. die Einfahrt der Kaiserstadt … Wir erreichten die Einfahrt gegen 5 Uhr u. passierten am Fuß des Fort Santa Cruz vorüber, von wo wir durch einen Telegraphen nach der Stadt hinauf signalisiert wurden u. bald wehte die Hamburger Signalflagge von dem dazu bestimmten Berge in Rio Janeiro. Die Bay von Rio zu sehen. Wie imposant, wie großartig erhaben! Sie muß bey Gott, sie muß Alles übertreffen. Rechts das Fort Santa Cruz, ein schönes weißes Castell auf Felsen erbaut, hart an den Berg, woran sich nun weiterhin die schroffe Küste lange hinreihet nach Cap Frio zu; links erhebt sich der mächtige schroffe 700 Fuß hohe Zuckerhut u. schließt die hohen Küstengebirge, deren Profil einem mächtigen schlafendem Riesen gleicht, dem man zurufen möchte: Erwache u. siehe das Paradies, worin du schlummerst. Vor der Einfahrt liegen mehre

Bucht von Rio 1837

runde Inseln; zahllose Häuser bedecken die grünen Ufer u. alle kleineren Hügel tragen freundliche Häuser auf ihren Gipfeln. Weiterhin dehnt sich die von großen Bergen durchbrochene Stadt hin mit sonderbar geformten Thürmen u. Schlössern; viele kleine Schiffe beleben die Bay, während still majestätisch große Kriegsschiffe der europäischen Seemächte ihre Flagge leuchten lassen. Ueberall Grünen u. Blühen, wo die Natur ungestört ist u. die freien Häfen zieren schlanke Palmen u. im Norden der Bay setzen die unersteiglichen Angelgebirge dem Auge ein würdiges Ziel." [62]

Seine Familie erhielt erst fünf Monate nach seiner Abreise die Nachricht von der Ankunft in Rio.

Die Mutter schrieb unter dem 2. Dezember 1837:
„Am 2. die Nachricht von Ernsts glücklicher Ankunft in Rio." [63]

Rio de Janeiro war 1837 nicht nur Hauptstadt des brasilianischen Kaiserreiches, sondern mit 135.000 Einwohnern auch die größte Stadt Südamerikas. Über ihren blühenden Hafen wurde der Großteil des brasilianischen Außenhandels abgewickelt. Gleichzeitig war sie das Zentrum des Militärs, das in diesen unruhigen Jahren zentrale Bedeutung hatte. Seit der Abdankung des ersten brasilianischen Kaisers Pedro I. im Jahr 1831 zu Gunsten seines minderjährigen Sohnes regierte ein Regentschaftsrat im Namen des erst fünfjährigen

Bucht von Rio heute

Thronfolgers Pedro II. Mit dieser Regelung verlor die Executive zunächst einen Teil ihrer Macht an das Parlament. Eine Veränderung der Verfassung 1834 sah die Einrichtung von Provinzparlamenten mit erweiterten Kompetenzen vor. Trotz der wirtschaftlichen Erfolge dank der Nachfrage nach den brasilianischen Exportgütern Zucker und Kaffee war die politische Lage angespannt. Es kam zu Streitigkeiten bezüglich der Verteilung der Steuereinnahmen zwischen Provinzen und Zentralregierung. Immer wieder aufflackernde Aufstände in einzelnen Provinzen des Landes wurden vom Militär blutig niedergeschlagen. Der Sklavenhandel, auf Druck der Engländer 1831 offiziell abgeschafft, blühte. Erst 1840 mit der vorzeitigen Thronbesteigung des erst vierzehnjährigen Pedro II. beruhigte sich die Lage. Ernst reiste also in ein Land im Umbruch, das geprägt war durch den steigenden wirtschaftlichen Wohlstand einer kleinen gesellschaftlichen Gruppe, aber auch durch unsichere politische Umstände. Mit der Landessprache Portugiesisch hatte er sich auf der langen Schiffsreise vertraut gemacht. Einer seiner Reisegenossen, ein Herr Romberg, hatten ihnen täglich gemeinsamen Unterricht erteilt.

Nach den Einreiseformalitäten brachte ihn ein Bekannter zur Niederlassung von Gottfried Hasenclever in die Rua do Sabão.

Häuser in der Rua do Sabão

Häuser in der Rua do Sabão

Ähnlich wie Gottfried bei seiner Anreise vor sieben Jahren hatte auch Ernst eine Ladung Waren begleitet, die er nun bald in den Lagerräumen des Hauses verstauen musste.

„Anthon brachte mich in die Rua do Sabão zu unserem Gottfried, der mich mit sichtbarer Freude empfing u. der auch schon lange besser, wie ich erwartet hatte, für meine Einrichtung gesorgt hatte. Ich fand Gottfried etwas magerer, was übrigens Einbildung seyn kann, sonst wohlaussehend u. gesund u. unverändert. Er trug, da ihn ein fremdes Pferd, daß er für uns beide im Handel hatte, bey der Probe herunter geworfen u. eine Hand getreten hatte, selbige in einer Binde, was gefährlicher anzusehen war, als es in der That ist. Die Wunde ist so groß zwar, das er seine Hand mehrere Wochen nicht wird gebrauchen können, Doch ohne allergeringste Gefahr; ich komme ihm besonders für das Gewölbe also sehr à propas u. habe beym Einbringen unserer Güter der guten Christina mich ordentlich beschäftigen können.“ [64]

Dass Gottfried und Ernst beim Verstauen der Güter selbst Hand anlegen mussten, bestätigt die zunächst immer noch vorsichtigen Versuche einträgliche Handelsgeschäfte zu tätigen. Die oben erwähnten Umsätze zeigen aber auch, mit welch geringem Einsatz an Personal sich große Gewinne erzielen ließen. Schon am Tag nach der Ankunft, ein Sonntag, begann die Einführung in die vor Ort lebende europäische Gesellschaft. Auf einem Spaziergang gewann er einen ersten Eindruck von der Stadt, ihrer Lage und der Bewohner. Man blieb unter sich und pflegte, wie in Deutschland, den gesellschaftlichen Umhang. Auch ein deutscher Club, die „Gesellschaft Germania", bot Gelegenheit zu Treffen und Geselligkeit.

„Den anderen Tag, ein Sonntag, lernte ich beym Frühstück die Herren Dan u. Andrie Therenius u. Saportas u. mehrere andere Tischgenossen kennen, u. wurde mit Zuvorkommenheit aufgenommen. Therenius, Gottfried u. ich machten nun einen großen Weg durch die Stadt, über den Berg Santa Gloria, wo eine Kirche steht, die aus portugiesischem Stein erbaut wurde. Der Kaiser ließ die Steine in Portugal hauen u. jedes Schiff mußte eine gewisse Anzahl als Ballast herüberführen. Es ist immer merkwürdig in Amerika auf europäischem Boden zu wandeln. Die Aussichten die man tiefer ins Land hinein von Botafogo genießt, ist allerliebst. Botafogo ist eine von den vielen kleinen Nebenbayen der großen, die zwischen hohen Bergen versteckt sind u. mit ihren Häusern umgeben wie stille abgeschlossene Asyle daliegen. Wundervoll sind die Straßen an den vielen Gärten vorbey unter Orangen u. Tamarinden u. Bananenbäumen, worunter hier u. da einzelne Palmenkronen hervorragen.

Gloria de Oteiro

Den Mittag brachten wir bey Anthon Schröder zu, wo eine ziemliche Gesellschaft zusammen war u. ich auch die Bekanntschaft mit Herrn Pastor Neumann machte, mit dem ich mich von unsern Berlinern viel unterhielt. Anthon wohnt im schönsten Theil der Stadt, am Praya Flamingo, hart an der herrlichen Bay u. ist so eingerichtet, daß er mit seinen weißen u. schwarzen Bediensteten u. seinem Haushalt viel Geld todtschlagen muß. Seine Bewirtung ließ dieses wenigstens verrathen.“ [65]

Botafogo mit Lago do Freitas

Seine beiden Mitreisenden, Kaufleute wie Ernst, traf er am nächsten Tag am Hafen wieder. Gemeinsam ging man daran, das mitgebrachte Warensortiment und Gepäck an Land zu schaffen. Die Zollformalitäten ließen sich mit einem üppigen „Trinkgeld“ zu allseitiger Zufriedenheit erledigen:

„...gelang es uns, selbiges durch Trinkgeld an den Guarda, sämtliche Geschichten ungeöffnet in die Stadt hinein zu bringen.“ [66]

Die eingeführten Waren wurden mit Wagen weggeschafft. Allein für die Beförderung der Waren seiner beiden Reisegenossen – des Herrn Romberg und Hermann Schröder – wurden 23 Wagen benötigt. Für ihn offensichtlich bemerkenswert. Diese beiden Kaufleute tätigten zu dieser Zeit scheinbar Geschäfte in weit größerem Umfang als die Hasenclevers.

In den folgenden Tagen und Wochen richtete Ernst sich in das Leben vor Ort ein. Die Wohnung, die er mit Gottfried teilte, beschrieb er als großzügig. Im Schlafzimmer nutzte er allerdings seine alte Schiffsmatratze. Die Bekleidung passte er aufgrund des Klimas sehr schnell den Landessitten an und bevorzugte weiße Leinenkleidung. Probleme bereiteten ihm die vielen stechenden Insekten:

„Ich werde auch vor dem Uebel, wovon alle Neuangekommenen leiden, mitgenommen, nemlich sehr von den Mosquittos u. anderen dergleichen stechenden Bestien geplagt, sodaß ich beinahe eher einer bunten Eidechse wie einem Menschen ähnlich sehe." [67]

Durch das feuchtwarme Klima war die Belastung durch Moskitos enorm. Aus diesem Grund kam es auch immer wieder zu Gelbfieber-epidemien.

Ein normaler Arbeitstag auf dem Kontor begann um 8 Uhr in der Früh. Um 12 Uhr gönnte er sich eine kurze Pause. Um 15 Uhr ging es „comfortabel zu Tisch". Der Arbeitstag endete in der Dämmerung mit einem Spaziergang durch die Straßen der Stadt. Nebenbei nahm er Sprachunterricht, um seine Kenntnisse des Portugiesischen zu verbessern.

Zuckerhut

Wasserleitung Rio

Das Leben in der brasilianischen Großstadt schien ihm nicht auf Anhieb gefallen zu haben. Er beschwerte sich über den Lärm und die vielen Menschen, machte sich über einen brasilianischen Gottesdienst lustig und bestaunte die vielen *„Neger, die ihm unangenehm auffallen."*

Fasziniert war er hingegen von den vielen, prachtvoll eingerichteten Läden entlang der Hauptstraße, der Rua d´ Ouridor, und der hellen Straßenbeleuchtung. Auch der Hafen beeindruckte ihn mit seinem Warenumsatz:

„Wenn man einen rechten Begriff von dem ungeheurem Handel u. Treiben von Rio bekommen will, braucht man nur an dem Zoll umherzuwandeln; ein deutsches Kind, das keine fremde Stadt gesehn, muß über diese ungeheure Masse von Magazinen u. Waaren u. Schiffen erstaunen, die doch fortwährend Neuen Platz machen müssen übrigens ist auch hier beinahe Haus an Haus Gewölbe u. Laden." [68]

10. Brasilien - Reisen durch ein unbekanntes Land

Da die ursprünglich geplante Verweildauer in Brasilien nur drei Jahre betrug, musste sich Ernst sehr schnell mit dem Gedanken an Reisen ins Hinterland beschäftigen. Wie viele Fahrten er während seiner schließlich doch insgesamt sieben Jahre in Brasilien unternommen hat, ist nicht bekannt. Reisebeschreibungen gibt es zu fünf Fahrten. In den ersten Jahren seiner Anwesenheit ging er jedes Jahr auf mehr oder weniger ausgedehnte Touren in unterschiedliche Regionen des Landes. Ähnlich wie Gottfried vor seiner Abreise nach Brasilien erhielt sicherlich auch Ernst Anweisungen von seinem Onkel Josua oder seinem Vater David zu seinen Tätigkeiten im Land. Dazu gehörte vor allem das Sammeln von Informationen für weitere Geschäftsmöglichkeiten. Und die konnte man nur gewinnen, wenn man sich im Land umschaute und möglichst viele Kontakte hinzugewann. Dennoch waren die Reisen von Ernst aber auch Urlaubsreisen, auf denen er sich von der anstrengenden Tätigkeit im Kontor in Rio erholen wollte. Er verband das Angenehme mit dem Nützlichen.

Seine erste Reise begann bereits im April 1838. Da auf der Südhalbkugel gegenläufige Jahreszeiten herrschen, war es bei ihm Herbst. Aufgrund der Lage von Rio in unmittelbarer Nähe des südlichen Wendekreises herrschen dort allerdings keine herbstlichen Witterungsbedingungen. Das Klima ist tropisch mit recht geringen jahreszeitlichen Temperaturschwankungen. Nur Im Südherbst sinken die Temperaturen auf ein für Europäer erträglicheres Maß. Ernst gab noch eine andere Erklärung für die Wahl des Reisetermins:

„Die Woche vor und nach dem Osterfeste gehört zu den stillsten in Beziehungen auf den Handel in Rio de Janeiro und zwar nicht nur der vielen Feiertage wegen allein, die übrigens von allen unzähligen Kirchen und Gemeinden mehr wie alle anderen des Jahres durch Prozessionen, Gottesdienst und Illuminationen gefeiert werden, sondern auch weil sie gerade in eine Zeit fallen, wo der geschlossenen Schifffahrt in Europa zufolge, wenn wenig oder gar keine neuen Waren an den Markt kommen, die den Empfänger in Anspruch nehmen und die Käufer zu neuen Geschäften einladen. Deshalb eignet sich keine Zeit des ganzen Jahres so gut, um einen Ausflug aus den Magazinen zu machen.“ [69]

Diese erste Reise führte ihn über Santos nach São Paulo. Santos, damals eine kleine Küstenstadt ca. 350 km südwestlich von Rio, heute die bedeutendste Hafenstadt Brasiliens, war eine Station auf dem Weg ins Inland. Auf Anraten Gottfrieds unternahm er diese Reise nicht alleine, sondern schloss sich mit drei weiteren Reisegenossen zusammen:

„Unsere Reisegesellschaft bestand aus 4 Personen, nämlich Herr Friedrich Fröhlich, ein Mann von 50 Jahren, der durch seine großen Kaffeepflanzung in Canto Gallo reich geworden, ein freundlicher Mann und nicht unangenehm auf der Reise, ja sogar uns nützlich, wie wir später sehen werden, durch seinen herrlichen Männerrat und seine Empfehlungsbriefe. Außer ihm, mir und eben erwähnten Herrn Schmidt aus Hamburg, machte Herr Setzleiden, den Herrmann kannte, unseren letzten Mann aus, um allenfalls auch gelegentlich eine Partie Whist machen zu können. Jeder von uns bewaffnete sich aus einigem Gepäck mit Würsten, Hühnern, Schinken, Wein und guter Laune, Herr Fröhlich hatte allein 5 Dutzend verschiedene Weine bei sich, worunter Rheinwein mir zuliebe nicht fehlte. So flott gemacht, begaben wir uns um 3 Uhr nachmittags, bei verdächtigem Wetter, aber noch Sonnenschein, an Bord des schönen Dampfbootes, „O Paquete do Norte“ und fanden nun eine Anzahl von Deckpassagieren für verschiedene Orte, so dass die große Kajüte fast zu unserer Disposition blieb, wo wir uns gleich breit machten und uns arrangierten, was uns erleichtert wurde durch einen Sklaven von Fröhlich, den wir zur Bedienung mitgenommen hatten.“ [70]

Die Fahrkarte für die notwendige Schiffspassage beschrieb selbst Ernst als kostspielig. 40 *Milreis* [71] waren für die vierzigstündige Überfahrt zu bezahlen. Dies entsprach etwa dem Gegenwert von 60 Talern. Eine Summe, die in Deutschland in der Mitte des 19. Jahrhundert dem halben Jahresverdienst eines Arbeiters entsprach. Für die Verpflegung musste dabei jeder Passagier selber sorgen. Am 10. April des Jahres 1838 verließ das Schiff den Hafen von Rio de Janeiro. Auf dem Weg nach Santos machte der in der Küstenschifffahrt eingesetzte Raddampfer immer wieder Station, um Passagiere aufzunehmen oder von Bord gehen zu lassen. Viele Reisende litten nach Angaben von Ernst unter starker Seekrankheit, die ihn aber nicht betraf, wie er nicht ohne Stolz berichtete:

„Während der größte Teil der Reisenden sich den unhemmbahren Äußerungen der Seekrankheit überließen, stand ich im Anschauen der herrlichen Küste verloren, die man als Hauptgenuss dieser Fahrt mit ihren hohen waldigen Ufern, fast nie aus dem Gesichte verliert und ungeachtet des bewölkten Himmels, tat mir der Mond den Gefallen, in seiner ganzen unbeschreiblichen Schönheit aus dem Meere aufzutauchen, und schien auch den Abend hindurch klar und rein. .. wirklich genießt man diesen Anblick so mit Muße, stundenlang auf dem fliegenden Schiff, dann möchte ich den Menschen sehen, der nicht mit mir in lauten Worten seine Freude verkünden wollte, wenn auch ihn, gleich mir, mancher offene Blick in die weite unbegrenzte Ferne an die ungeheure Entfernung von der Heimat erinnerte. So genossen wir mit vollen Zügen den herrlichen Morgen und taten wohl daran, da uns der Mittag schon zeigte, dass auch in Brasilien der schönste Tag nicht vor dem Abend gelobt sein will, denn ungeachtet der guten Mahlzeit des gestrigen Mondes, zogen sich zwischen den Bergen Massen von Wolken zusammen und schon um 1 Uhr fiel ein dichter, obgleich feiner Regen!“ [72]

Neben der Landschaft, die er in seinem Skizzenheft festhielt, beobachtete er auch die Menschen und zog dabei wenig schmeichelhafte Vergleiche:

Das kleine Hafenstädtchen São Sebastião

„Eine lebhafte Erinnerung aus früher Jugend, angestaunte Bilder des Robinson, Cooks Reisen usw. gewährte eine Menge Kindern, die sich trotz des schlechten Wetters nackt im Ufersande herumwälzten und den Affen nicht unähnlich, ihr Wesen trieben." [73]

In dem kleinen Hafenstädtchen São Sebastião gingen sie für kurze Zeit an Land. Der Kapitän des Schiffes wollte hier auf besseres Wetter warten.

„Wir trieben uns einige Stunden in den Straßen des Ortes herum, die aus oben erwähnter Ursache ziemlich lebendig waren, sonst aber ganz das armsehnliche Ansehen hatten, wodurch sich hiesige Landstädte auszeichnen. Kleinstöckige Häuser und breite ungepflasterte Straßen und zum Überfluss noch die wenigen langen Fenster, stark mit Holz vergittert. Ein Fenster machte glücklicherweise eine Ausnahme und war weit offen, ließ aber dafür auch eine hübsche junge Dame erblicken, die eben im Begriff war, sich zur kirchlichen Feierlichkeit ein schwarz seidenes Gewand überwerfen zu lassen, was aber glücklicherweise noch zu hoch über ihrem schön frisierten Haar schwebte, um uns nichts von ihrer Schönheit zu verhüllen. Nachdem wir die ländliche Szene bewundert hatten, schlenderten wir unseren Weg fort, tief in Gedanken darüber, was mal hinter den verschlossenen Fenstern verborgen sein möge, wenn die geöffneten solche Schätze entdecken ließen. An der nächsten Ecke bog schon die Prozession, erbärmlich genug, in die Straße unserer Toilette machenden Schönen ein, kam also offenbar viel zu früh für die Unglückliche, die also im Innern Brasiliens das tragische Schicksal so vieler europäischer Schwestern teilte, nämlich durch zu lange Toilette des Vergnügens beraubt zu sein, sich der vorüberwandernden Heiligen in vollem Putze zu zeigen. Oh Jungfrau, lern aus der Geschichte usw. Mit diesem lehrreichen Gesang machten wir uns unsere wehmütigen Betrachtungen darüber Luft und kehrten zwar tiefsinnig, aber doch singend, lärmend und pfeifend an Bord und in unsere Schlafkajüten zurück." [74]

Am 14. April warf der Raddampfer vor der Stadt Santos den Anker. Schnell kam die Reisegesellschaft in Kontakt mit den vor Ort ansässigen Europäern. Hier lebte ein Herr Backhäuser aus Hamburg, der seit Jahren in Santos Geschäfte machte und wichtige Informationen zu den Verhältnissen liefern konnte.

„Die Stadt hat etwa 4000–5000 Einwohner, die sich meist vom Verschiffen von Zucker und Kaffee ernähren, die vom Innern hierher gebracht werden oder die überhaupt die vielfachen Beschäftigungen treiben, die auf einen so günstig gelegenen Stapelplatz und Speditionsort für Exportation und bequemen Markt für Importation vorkommen. Man rechnet, dass etwa 6000 Sack Kaffee und 600.000 Aromen Zucker in Santos ankommen und von dort teils nach Rio, teils direkt nach Buenos Ayres und der Westküste verkauft wird. Ein Teil der ersten, vielleicht 20.000 bis 30.000 Sack Kaffee geht auch nach dem Süden von Europa. Für die nordischen Märkte wären die Waren viel zu ordinär, wovon wir uns selbst durch Besuchen sämtlicher Magazine überzeugt haben. Santos-Zucker hat besseren Ruf und unterscheidet sich von Rio- und Campos-Zucker schon dadurch, dass er in Säcken verschifft wird. Diese beiden Produkte namentlich, allenfalls wäre Käse zu nennen, werden auf unzähligen Mauleseln herbeigeführt, die dann wiederum fremde Waren dem Inneren zuführen, worunter Salz auf dem Markt von Santos eine Hauptrolle spielt. Während unserer Anwesenheit lagen nur einige Schoner in Ladung und war es überhaupt der vielen Feiertage wegen, stiller wie sonst.“ [75]

Nach vier Tagen verließen Ernst und seine Reisegefährten Santos landeinwärts Richtung São Paulo. Um dorthin zu gelangen, mussten sie die Hochebene erklimmen. Am 18. April ging es auf dem Rücken

Santos 1838

gemieteter Maultiere durch sumpfige Wälder einen steilen, mit großen Steinen gepflasterten Weg hinauf auf die Sierra.

„Auf dem Gipfel der Serra angelangt, hörte der mächtige Wald zum Meer auf und das machte eine so scharfe Luft, dass wir unseren Plan, daselbst zu frühstücken, aufgeben mussten. Von dem höchsten Scheidepunkte aus führt der Weg nach São Paulo, immer über kleinere oder größere Hügel weiter, bald steigend, bald sich senkend und dann wieder eben fort, da São Paulo selbst nur wenige Fuß niedriger als der Gipfel der Berge ist." [76]

Santos – Santo Amaro

Nach einer Übernachtung in Santo Bernardo zogen sie auf frischen Tieren weiter Richtung Sao Paulo.

„Das Wetter heiterte sich bald auf und zeigte uns die ganze Gegend im vollsten Sonnenschein. In dieser Höhe hat nun außer vielen Orangenbäumen die Gegend alles tropische und fremdartige verloren und es ist auffallend ähnlich mit unserem Lande, und zwar an den meisten Stellen so öde, dass ich mich lebhaft an die Strecke zwischen Ehringhausen und Lennep versetzen konnte. Größere oder kleinere Wiesen, Strecken Wald, Heide usw. und alles zwischen Berg und Thal dahin laufend. Die Erde hatte ein rotes, steiniges Ansehen, fast wie auf dem Holscheidsberg Bald darauf erblickten wir, um eine Bergecke biegend, die Stadt Sao Paulo auf einem Hügel vor uns und wurden überrascht durch den nicht unansehnlichen Anblick, da

die Stadt eine ziemliche Menge Klöster, Kirchen und wieder hohe Türme präsentiert, die so stattlich daliegen, dass man nicht vermuten sollte, man nähere sich einem Ort, der nicht über 10.000 Einwohner hat.“ [77]

São Paulo war 1838 eine noch recht unbedeutende Stadt. Bekannt war sie nur, weil hier 1822 die Unabhängigkeit Brasiliens von Portugal ausgerufen worden war. Zusätzlich existierte dort seit 1827 eine rechtswissenschaftliche Fakultät. Erst mit dem Anbau von Kaffee erlangte São Paulo größere Bedeutung. Seit dem 18. Jahrhundert hatte sich Kaffee weltweit als Genussmittel etabliert. In Brasilien setzte sich der Kaffeeanbau seit der ersten Hälfte des 19. Jahrhundert zunehmend durch, zunächst im Paraíba-Tal in der Grenzregion der Provinzen Rio de Janeiro und São Paulo sowie in Minas Gerais. Die auf großen Plantagen mit Hilfe von Sklavenarbeit angebauten Robusta-Sorten der Kaffeepflanze wurden, wie Ernst in seinem Tagebuch für den Hafen Santos beschrieb, vor allem nach Südeuropa exportiert. Hier war der „erdige bis muffige“ Geschmack dieses Tiefland-Kaffees besonders beliebt. Ernst hielt dessen Qualität als *„viel zu ordinär für die nordischen Länder“*.

Ab 1850 stieg die Provinz São Paulo zur Hauptkaffeeregion Brasiliens auf. Der Kaffee wurde mit neu gebauten Eisenbahnen in die Hafen-

Universität Sao Paulo

stadt Santos gebracht, die sich so zum weltweit größten Umschlagplatz für Kaffee entwickeln sollte. Doch 1838 deutete noch nichts auf den Aufstieg dieser Region zur heutigen Millionenmetropole hin. Die Beschreibung von Ernst lassen eher das Bild einer verschlafenen Kleinstadt als das einer Wirtschaftsmetropole entstehen.

Weg nach Sao Paulo

„Einige Stellen ausgenommen, sind auch hier die Häuser freundlich aber meist einstöckig oder höchstens von 2 Stockwerken mit weiten überstehenden Dächern, so dass man bei Regenwetter trocken gehen kann. Die Straßen sind breit, passabel gut gepflastert aber ohne Trottoirs, was sie auch breiter erscheinen lässt als sie im Verhältnis mit den langen Straßen von Rio wirklich sind. Wie schon oben gesagt, zeichnet sich der Ort durch viele Türme und Klostergebäude aus, worunter namentlich das ehemalige Franziskaner Kloster, das jetzige Universitätsgebäude, bemerkbar macht. Die Türme der Kirchen sind einfach und nicht die höchsten. Was der Gegend einen lebhafteres Ansehen gibt, sind eine Menge größere oder kleinere weißer Landhäuser, die die grünen Hügel rings um die Stadt herum schmücken, von denen eins jetzt von dem früheren Regenten Feijo bewohnt wird.

Doch schon die Universität nur für die philosophische und juristische Fakultät ist, so hat sie doch vor der Stadt einen ziemlich großen botanischen Garten, der übrigens wenn auch ziemlich gut gehalten, lange nicht so gut im Stande und so komplett ist, wie der in Rio de Janeiro. Augenblicklich sind 40 Studenten vorhanden, denen 10 Professoren vorstehen, die ihre Wissenschaften teils in portugiesischer, teils in französischer Sprache vortragen. Für Mediziner ist hauptsächlich Rio und Pernambuco bestimmt, an welchen beiden Orten sich zu dem Zweck Akademien befinden." [78]

Und am nächsten Tag, dem 20. April 1838:

„Dann liefen wir in und um die Stadt herum, um die Kirchen, Klöster und überhaupt die ganze Gegend in Augenschein zu nehmen. Von der Stadt in der Nähe des Botanischen Gartens zog besonders ein weitläufiges Kloster „O Convento da Luz" unser Aufmerksamkeit auf sich, sowohl durch seine Größe, wie seine merkwürdige chinesische Bauart. In der Nähe dieses Gebäudes gegenüber der Stadt und zur Seite die Fernsicht auf eine neue, hohe Gebirgskette, die sich weit umher am Horizont ausdehnt, entdeckten wir durch Zufall eins der schönsten dreifachen Echos, die man finden kann und was sich dadurch noch besonders auszeichnet, dass es immer zuerst von der rechten, dann von der linken Seite und zuletzt aus der Mitte antwortete. Wir beschäftigten uns zur großen Freude und Verwunderung der Vorübergehenden lange damit, die längsten Worte kamen deutlich wieder und mancher teurer Namen mussten die Berge dreifach repetieren, deren wir immer wieder neuer erfanden und mit Entzücken laut in die Welt hineinriefen." [79]

Dass der Besuch in São Paulo nicht nur aus reiner Abenteuerlust unternommen wurde, sondern auch der Entdeckung neuer Geschäftsmöglichkeiten diente, zeigt der Besuch bei einem „alten Kunden", der einzigen Person, die ihm dort bekannt war. Ein Schwede namens Hagström war dort ihr Hauptabnehmer für Wülfingsche Tuche. Diese Wolltuche wurden zu weiten „spanischen" Mänteln verarbeitet, die die Bewohner der Stadt wegen der recht frischen Morgen- oder Abendtemperaturen trugen. São Paulo liegt rund 800 Meter über dem Meeresspiegel und hat aus diesem Grund ein deutlich frischeres Klima als die Küstenebene.

Bei einer Einladung lieferte ihm Hägström die gewünschten Informationen. Neben der Vieh- und Pferdezucht spielte der Maultierhandel eine große Rolle in städtischen Wirtschaftsleben. Ferner war die Stadt schon damals ein erster Sammelplatz für Kaffee und Zucker. Auch Tee wurde im Umland produziert. Aus Baumwolle entstanden schwere „São Paulo"-Decken, von denen Ernst zwei Proben nach Hause verschickte. Am Morgen des 21. April zahlten Ernst und seine drei Reisegenossen ihre Zeche im Gasthaus und machten sich auf dem Rücken ihrer Maultiere auf den langen Weg nach Santos. Um die Mittagszeit erreichten sie ihre erste Raststation im Ort San Bernado, in dessen Nähe sie eine Kaffeeplantage besichtigen.

Nach dem Mittagessen –

„Besonders ein Gericht von Palmenmark war auf dreierlei Art aufgesetzt und erhielt unseren großen Beifall. Diese Speise nennt man Palmitos und sie wird aus dem Mark des Stammes einer Palmenkrone gemacht. Sie ist deshalb etwas außergewöhnlich, weil die Bäume ein Alter von 50 Jahren haben müssen, bevor das oberste Ende des Stammes dazu benutzt werden kann. Der Geschmack ist ganz ähnlich dem guten Spargels und habe ich manchen Palmitos letzteren vorziehen hören."

– verbrachten sie den Rest des Tages mit Spielereien.

„Den Rest des Tages benutzen wir noch für einen Spaziergang und trieben kindische Spiele mit Ball schlagen usw. wozu Orangen treffliche Bälle lieferten, bis uns die hier auf der Höhe mit einem Moment eintretende Dunkelheit das Anerbieten unseres Wirte anzunehmen bewog, bis zum Schlafengehen noch eine Partie Whist zu machen." [80]

Bei schlechtem Wetter ging es am nächsten Morgen, einem Sonntag, weiter Richtung Santos. Der Abstieg über schmale, von Sturzbächen überflutete Wege von der Sierra ins Flachland forderte Mensch und Tier. Da ihr Packtier nicht nachkam, liehen sie sich nach der Ankunft im Gasthof in Santos trockene Kleidung von deutschen Freunden. Bis zum 26. April, dem Tag der Abreise des Dampfbootes, vertrieb man sich die Zeit. Tagsüber mit Spaziergängen, abends mit Gesellschaften.

So beschreibt Ernst das Dinner in einem brasilianischen Haus:

„Mit dem Platzieren machte man weiter keine Umstände und jeder setzte sich an den mit ungeheuren Mengen von Schüsseln beladenen Tisch dahin, wohin er eben wollte. Der Wirt und vier bis fünf seiner Freunde und Hausgenossen liefen nun anbietend und aufmunternd mit großem Lärm rund um die Tafel herum, mit beschreienden und lauten Orders an ein Dutzend Sklaven, deren jeder immer für einige Personen den Dienst hatten. Ich muss gestehen, dass ich bei Weitem mehr von den mancherlei Speisen gegessen hätte, wenn es mit mehr Ruhe hätte geschehen können, aber dies Toben und Jagen und Quälen die gewaltige Zuvorkommenheit von einer Menge von Dienstfertigen verleidete es ordentlich, etwas zu fordern. An Weinen aller Art fehlte es natürlich nicht und es war komische anzusehen, mit welcher Mühe sich die Herren, sowohl durch Toaste und Privataufforderungen uns dadurch zum Trinken zu bewegen, dass sie gegen ihre Gewohnheit versuchten, den Wein zu sich zu nehmen, „Como os inglezis".

Nach einigen Stunden des geräuschvollsten und dabei glänzendsten Diners, das ich erlebt habe, bevor der zahllose Nachtisch von Früchten und Dolces etc. aufgetragen wurde, erhob sich der Herr des Hauses zu der eigentlichen und Hauptgesundheit, indem er zuerst sich rings verneigte und sodann mit feierlicher Stimme begann:

„Dem Herren Friedrich Fröhlich und seinen Gefährten! Mögen sie es im Hause eines Brasilianers nach Wunsch gefunden haben, mögen sie sich mit Vergnügen der Willfährigkeit ihrer Freunde erinnern und immer an ihre Reise denken nach der guten getreuen Stadt Santos." [81]

Nach einer zwei Tage währenden, ziemlich stürmischen Überfahrt, auf der viele Passagiere wiederum von der Seekrankheit geplagt wurden, erreichte die kleine Reisegesellschaft am 28. April 1838 die Hafenstadt Rio.

„Die ruhigen Strecken der Fahrt, d.h. die welche in Binnenwassern ging, wurde schnell von den Gesunden benutzt, um eine Mahlzeit einzunehmen, da bei den früheren Krankheitsszenen selbst bei großem Hunger der Appetit fehlte. Den herrlichsten Morgen hatten wir am 28. April! Klar ging die Sonne auf aus dem beruhigten und doch majestätischen Meere. Vor uns stieg die merkwürdige Gavia hervor und ließ etwas zurück, den bekannten Zuckerhut emportauchend. Von günstigem Winde beschleunigt, flog das

Dampfboot durch die Wellen. Immer näher und deutlicher formierten sich die Gipfel des Coreorvado der Tejucea Schon erkannte man die leuchtenden, weißen Bogen der Wasserfestung, die sich an den hohen Bergen hinzieht und bald hatten wir die runde Insel Raza mit ihrem schönen Leuchtturm hinter uns und vor uns öffnete sich zwischen den beiden weiten Forts Santo Irao und Santa Cruz die herrlich Bay von Rio, die in vollem Sonnenglanz mit dem blauen Gebirge im Hintergrund vorlag. Welch´ Leben und Treiben von Schiffen! Stolze Kriegsschiffe lagen in beträchtlicher Anzahl ruhig vor Anker mit ihren hohen schlanken Masten und Gewirr Rahen, während grade 3 Fregatten mit einem Wald von Segeln hinauszogen, nach dem Süden. Wir flogen vorüber an den salutierenden Forts, warfen entzückt unsere Blicke nach den bewohnten Ufern, wo rechts hell das lange „Praya Grande" und „Santo Domingo" sich hinzog und gegenüber die Häuserreihen an der Wasserseite den Blick hinleiteten, zur großen weiten Kaiserstadt. Immer näher drangen wir heran, passierten die große Festung von Villa Gankon, schlüpften geschickt zwischen ankernden Schiffen hindurch, bis zum schönen Kai des menschenbelebten „Pallais-Platz." Lustig wehte auf dem Signalberg die Flagge des nationalen Dampfbootes. Jetzt verkündete ein donnernder Schuss das glücklich erreichte Ziel unserer Reise und rasselnd fielen unsere Anker in den Grund." [82]

Damit endete der erste Reisebericht von Ernst Hasenclever in der neuen Welt. Über die folgenden Monate gibt es keine Aufzeichnungen oder Berichte, sodass die Art seiner täglichen Arbeit, der er gewiss im Kontor der Niederlassung in Rio nachging, im Dunkeln bleiben muss.

11. Abenteuerlust

Während die erste, recht kurze Reise Ernst Hasenclever in den Süden von Rio de Janeiro geführt hatte, zog es ihn im nächsten Jahr gen Norden.

Die Provinz Minas Gerais, deren Namen übersetzt in etwa „allgemeine Minen“ bedeutet, war im 18. Jahrhundert vor allem bekannt für ihren sagenhaften Goldreichtum. In der Hauptstadt der Provinz, Ouro Preto, wurden zwischen 1700 und 1820 etwa 80% der damaligen Weltgoldproduktion gefördert. Auch im 19. Jahrhundert existierten noch große Goldminen, die nach Auskunft von Ernst meist im Besitz ausländischer Investoren waren. Haupthandelspartner des jungen brasilianischen Staates war zu dieser Zeit Großbritannien, sodass sich auch ein Großteil der Minenrechte im britischen Besitz befand.[83] Obwohl der große Goldrausch der 1830er Jahren lange zurücklag und neben die Goldproduktion auch die Ausbeutung anderer Bodenschätze und Mineralien getreten war, waren die Geschichten um die Minen im Hochland von Minas Gerais sicher ein starker Beweggrund für die zweite Reise von Ernst Hasenclever. Man verspürt förmlich die Abenteuerlust in den ersten Zeilen seiner Reisebeschreibung:

„Früh und fröhlich erwachte ich in dem Gedanken, welch interessanter Abschnitt meines Lebens in fremdem Lande mir anbrechen sollte. Kindliche Reiselust bewegte mich und tausend Bilder von künftigen Abenteuern schwebten meinem aufgeregten Geiste vor. Nicht bekannte Länderstrecken wollte ich zum zweiten oder dritten Male durchziehen, an kein befreundetes Haus, an keine bekannte Herberge kann ich die Ruhepunkte meiner Wanderschaft im Voraus anknüpfen. Auch war es ja nicht der Zweck meiner weiten Reise, liebe, alte Freunde und deren Wohnungen aufzusuchen, was sooft alleiniger Zweck solcher Ausflüge ist, nein, ein mir ganz fremdes Land wollte ich kennen lernen, Provinzen durchziehen, wo ein eigentümliches Volk nur wenige Dörfer und Städte erbaut, die schlicht gepflegte Heerstraße nur sparsam mit menschlichen Wohnungen besetzt hatte. Ein dichter Schleier verbarg was mir erst jeder Schritt offenbaren sollte, flüchtige und dürftige Schilderungen gaben mir nur einen unsicheren Leitfaden zur Bildung meines Reiseplanes in die Hände und so zog ich denn aus, ohne sicher wissen zu können, ob meine Reise auch die Zeit und Mühe wert waren, die ich opferte und ob die bevorstehenden Beschwerden und Entbehrungen

eines solchen Unternehmens auch in gleichem Maße durch den Gewinn belohnt werden sollten, den ich selbst in bestem Falle als Ausbeute daran tragen konnte." [84]

Vor diese aufgeregten Zeilen setzte er ganz im musischen Überschwang noch ein Gedicht aus eigener Feder:

Wohl ist sie schön die Welt in ihrer Weite,
bewegt sich so viel Gutes hin und her,
ob ich nach Osten, ob nach Westen schreite,
sie wird von Wundern nimmer leer.

So teilte ich entzückt des Meeres Wogen,
betrat voll Wonne fremdes Land,
bin staunend jetzt durch eine neue Welt gezogen,
noch unentweihet durch des Menschen Hand.

Und überall erblickt ich fröhlich Leben,
auf heiteren Fluren, in der Wälder Nacht,
ein jeder Ort muss herrlich Zeugnis geben,
von Gottes Güte und von seiner Macht. [85]

Bei seiner Abreise war Ernst im Besitz diverser Empfehlungsschreiben, die ihn als zuverlässigen jungen Mann aus gutem Hause beschrieben. Die angesprochenen Personen wurden um Aufnahme und Unterstützung gebeten. Empfehlungsschreiben öffneten Türen, die sonst womöglich verschlossen blieben. Aussteller dieser Schreiben war in der Regel eine bekannte Persönlichkeit oder ein bekanntes Unternehmen. Im Fall von Ernst sicher Johann Bernhard Hasenclever & Söhne.

Als Reisezeit wählte er den Winter der Südhalbkugel, in dem die Temperaturen aufgrund der Hochlage in Teilen der Provinz Minas Gerais angenehmer waren. Zumindest der Anfang seiner Reisezeit fiel in die Periode mit den geringsten Niederschlägen. Bedenkt man, dass auch dieses Mal das Maultier und der Esel sein Hauptfortbewegungsmittel auf schlecht ausgebauten Straßen waren, eine kluge Entscheidung. Das Gepäck war überschaubar, die Reisekleidung bequem. Grüne Tuchjacke, weiße Hose. Interessant war sein spezielles

Schuhwerk. Stiefel aus hellgelbem Leder, die bis an die Hüften reichten. Sie dienten dem Schutz der Beine beim Reiten durch Unterholz und Gestrüpp und ähnelten den ledernen Überhosen bei Cowboys. Die ganze Erscheinung wurde von einem großen, Sombrero-ähnlichen Hut als Sonnenschutz gekrönt. Zusätzlich war er mit Pistole und Dolch bewaffnet.

Ernst reiste auch auf dieser Reise nicht allein. Neben dem für die damalige Zeit selbstverständlichen schwarzen Dienern war sein Begleiter ein Deutscher aus Hamburg, der mit seiner Familie in Prados, einer kleinen Stadt in Minas Gerais, lebte.

„Herrn Gustav Adolf Reije, ist ein Hamburger und hat bis jetzt von dem ihn sehr schlecht lohnenden Geschäfte eines Projektemachers gelebt. Seine Familie bestehend aus einer Brasilianerin, seiner Frau und 4 Knaben, wovon 2 in Europa sind, lebt in Prados, einem Flecken in der Provinz Minas, wohin wir zuerst unseren Kurs richten. Dort wollte Herr Reije eine Mine auf englischen Aktien bauen, welcher Plan aber aus vielerlei Gründen scheiterte und zunächst nun will er bei seiner Familie ausruhen. Herr Reije ist ein Riese und trefflich zum Flügelmann in einem preußischen Garderegiment. Seine Statur sehr mager, was durch seine der meinen ähnlichen Tracht, namentlich durch eine Jacke, sehr hervorgehoben wurde. Mit langem Halse und kleinem Kopfe, glich er, wenn ihn sein ungeheurer Poncho um die

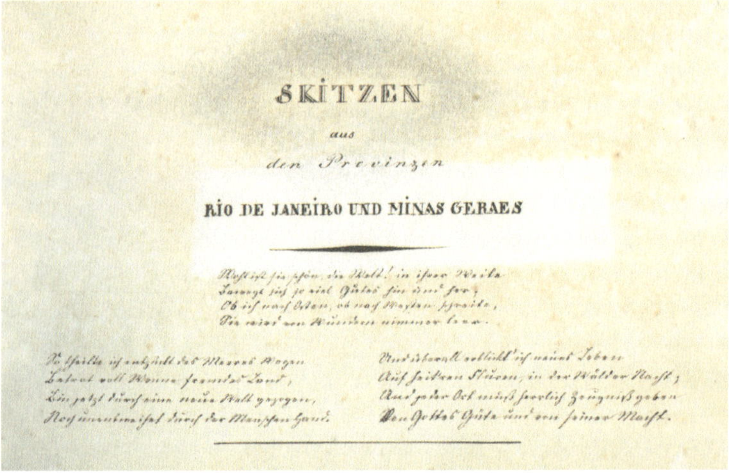
SKITZEN
aus
den Provinzen
RIO DE JANEIRO UND MINAS GERAES

Deckblatt eines Skizzenbuches

Schultern wallte, füglich einer Stange im Erbsenfeld, worauf man zur Vogelscheuche einen Mantel gehängt hat. Ihn trug ein mächtiger Schimmel, aber sein Maultier, was sein Gepäck tragen sollte, war offenbar für dasselbe zu schwach und so musste ich mich leider dem fügen, worauf man, wie ich sage, gerechnet hatte und einen Teil des zahlreichen fremden Gepäcks auf mich, d.h. auf mein Tier nehmen, was viele Umstände und zeitraubende Arrangements verursachte, da Herr Reije viele voluminöse Gegenstände, unter anderem auch zwei Hutschachteln für seine Donna mit sich führte. Ich dachte lebhaft an die „Reise auf gemeinschaftliche Kosten." [86]

Am 31. Juli 1839 abends um 6 Uhr brach der Trupp aus der Rua do Sabado mit einer Gruppe Begleitern, unter denen auch Gottfried Hasenclever war, auf. Nach zwei Wegstunden bezog man ein erstes Nachtquartier. Dort wurde die Gruppe von einem deutschen Wirt „auf gewohnt gute Art" versorgt.

„An Toasten fehlte es sowie an deutschen Liedern nicht. Mancher brachte seine Sprüchlein und seine guten Wünsche für die Reisenden in gereimten und ungereimten Worten an und alle sangen die Schlussworte kräftig mit, bis wir gegen Mitternacht unseren freundlichen Begleiter zur Stadt zurück sandten und Ruhe und Kräfte für den folgenden Tag suchten." [87]

Der nächste Morgen bescherte Ernst gleich ein schwerwiegendes Problem. Sein Packtier lahmte. Nach Längerem hin und her verkaufte ihm der Gastwirt einen jungen Esel als Ersatz. Der war jedoch noch nicht eingeritten und sah partout nicht ein, Gepäck zu tragen.

„Jetzt zeigte sich alsbald die Schwierigkeit, denn mein junges wildes Eselein wollte nichts von der Gangalha [88] *wissen, als wenn er das nachfolgende Gepäck geahnt hätte und machte die wunderbarsten Bocksprünge. Endlich war er etwas durch Auf- und Abführen beruhigt und wir verbanden ihm die Augen, legten das Gepäck auf und wollten losgehen, aber so wie das närrische Tier nur 2 Schritte getan hatte, fing es an, sich zu bäumen, das hohe Gepäck legte sich auf die Seite, schlug dem erschreckten Tiere gegen die Beine und fort ging's im Carriere. Der Neger ließ sich eine Zeitlang schleppen, fiel dann hin und hurtig wie ein Vogel rasselte das Tier vorwärts, warf hier meinen Mantel, dort ein Stück und hier ein Stück hin, schleifte den Rest solange auf dem Boden hin, bis alles zerrissen und er frei wie ein Hirsch in große Sätzen das Weite suchte und uns bald aus den Augen verschwunden*

Karte seiner Reise von Rio de Janeiro nach Minas Gerais 1839

war. Sämtliche Neger jagten ihm nach und etwas weniger fluchend suchte ich meine Siebensachen auf einer Strecke von einer Viertel Meile wieder zusammen.“ [89]

Diese Szene muss sich, wie Ernst schrieb, mehrmals an diesem Morgen wiederholt haben, sodass er endlich zu dem Schluss kam, sich trotz der zusätzlichen Mühe in Rio ein neues Packtier zu besorgen. Sein ernstes Problem löste sich dann jedoch auf einfache Weise. Ein paar andere, einheimische Reisende überließen ihm ein ziemlich klappriges Packpferd für 80 Milreis! Wir erinnern uns an die Kosten für die Schiffspassage vor gut einem Jahr von Rio nach Santos. 40 Milreis betrug der Preis, der von Ernst damals als sehr teuer beschrieben wurde. Schon vor fast 200 Jahren wussten also Einheimische mit „Touristen“ gute Geschäfte zu machen.[90]

Über mehrere Tage bewegte sich die kleine Reisegesellschaft mit wiederholten Pausen und Übernachtungen landeinwärts. Ihr Ziel war Ouro Preto, die alte Hauptstadt der Provinz Minas Gerais. Sie liegt rund 400 km nördlich von Rio de Janeiro auf einer Hochebene.

Am 3. August erreichten sie den Fuß der Berge. Froh, endlich die sumpfige Ebene von Rio, die durch nächtliche Regen an einigen Stellen bodenlos geworden war, verlassen zu können, erstiegen sie auf schlechten Wegen einen ersten Höhenkamm, die Serra von Botaes.

Urwaldzeichnung vom 28. Februar 1838

Um ins Landesinnere vorzudringen, musste Ernst mehrere von Südwest nach Nordost verlaufende Höhenrücken übersteigen. Die Strecke war geprägt von grandiosen Ausblicken und feuchten Tälern, in die sie immer wieder absteigen mussten, nur um den nächsten schlüpfrigen Anstieg vor sich zu haben. Unterwegs waren sie auf die Gastfreundschaft der Landesbewohner angewiesen, die ihnen in kleinen Farmen am Wegesrand immer wieder Unterschlupf gewährten.

„Unsere anfangs nicht besonders aufgenommene Bitte kam ein Regenguss zur Hilfe und man gewährte uns Quartier. Der Aufseher, ein junger mehr wie gewöhnlich gebildeter Portugiese, war sehr gastfrei, nachdem wir einmal in seiner Wohnung waren . Der strömende Regen und dicker Nebel hielt uns im Hause und der Rest des Tages verging ohne besonderes Amüsement.“ [91]

Am 4. August ging es weiter.

„Mit herzlichem Danke verließen wir endlich unsere freundlichen Wirte und drangen wohlgemut auf schlechtem Wege in die Waldungen ein, da die neue Straße noch nicht weiter fertig war. Der Teil aber des Weges wird mir unvergesslich sein. Wir hatten etwa 3 Meilen zu machen, um jenseits der Serra von Botaes die große Straße wieder zu gewinnen. Aber da der Weg der neuen Straße wegen vernachlässigt war, so hatten wir mit unsäglichen

Venda Simao Antonio

Mühen zu kämpfen. Da nur ein Tier Platz hat, tritt immer das folgende, was den Maultieren besonders eigen ist, in die Stapfen des vorangehenden und bilden so tiefe Löcher, die durch kleine Dämme treppenartig getrennt sind. Der viele Regen hatte diese seit langem mit Wasser und Schlamm angefüllt und so weich gemacht, dass die armen Tiere Schritt für Schritt bis an die Brust hineinsanken und oft still stehend Kräfte sammeln mussten, um die Beine zum folgenden Schritte herausziehen zu können. Am übelsten waren unsere Packtiere dran, die mehrmals zusammenbrachen. So bald reitend, bald im Schlamm watend, brachten wir 9 Stunden zwischen 2 Mauern von Wald zu, der so dicht war, dass man buchstäblich oft nicht einen Schritt weit hinein sehen konnte und kamen mit abgehendem Tag müde und mit matten Tieren in dichtem Regen an den Ranjo und der Venda von Simao Antonio an, welche höchst zweckmäßig in dem kleinen Tale liegt, welches die Serra von Botaes und Serra dos Mar bilden.“ [92]

Auch am 6. August waren sie dem ersten Ziel ihrer Reise, der Stadt Prados, nicht viel näher gekommen. Wieder hatten sie Pech mit einem Maultier. Diesmal war es das seines Reisebegleiters Herrn Reijes. Auch er sah sich gezwungen ein neues Tier zu einem völlig überhöhten Preis zu erwerben:

„...ohne viel Zerren verstand sich mein Gefährte dazu, für 80 Milreis ein Maultier zu kaufen, was unter anderen Umständen keine 30 wert gewesen wäre. Aber so fein sind die Brasilianer auch im Inneren, dass sie von der Not eines Fremden zu profitieren verstehen.“ [93]

An diesem Tag erreichten sie gegen Abend das Tal des Rio Preto, der schon damals die Grenze zwischen den Provinzen Rio de Janeiro und Minas Gerais bildete. Am nächsten Tag erwartete bereits eine neue Herausforderung. Es galt eine der höchsten Serras zu erklimmen, die Serra de Rio Preto, deren höchste Kämme 1000 Meter über dem Meeresspiegel liegen. Weiter ging es Richtung Norden über den Rio do Peixe zum letzten Höhenzug der Serra de Mantiqueira und am 8. August schrieb Ernst in sein Tagebuch:

„Schon im Tale des niedlichen Rio do Peixe deuteten viele Spuren auf gänzliche Veränderungen der Landschaft hin. Die Wälder waren öfter und länger von Wiesen unterbrochen und die weniger steile Serra de Mantiqueira war nicht mehr so undurchdringlich dicht mit Urwald bewachsen. So wie

Die Campos mit Buschfeuern

wir aber an der anderen Seite hinab stiegen, fingen schon die Campos an und plötzlich mit denselben trat die Sonne hervor und beleuchtete die neue Erscheinung. Zwar waren die Täler noch von dichten Gruppen Wald besetzt, aber vorherrschend war grüner Rasen, was ungemein lieblichen Eindruck macht, wenn man 8 Tage nichts wie Urwälder durchzogen hat."[94]

Am 9. August beschrieb er einen bemerkenswerten Berg am Rande seines Weges:

„Rechter Hand erhob sich in geringer Entfernung der wunderbar gestaltete Berg, den ich in meinem Leben gesehen habe, der etwa 1000 Fuß hohe Ibitipoca, der bis zur Spitze mit Rasen bekleidet ist und wie ein hoher grüner Kegel über die Campos hinausreicht."

Vermutlich führte ihn sein Weg dabei durch die kleine Stadt Conceição de Ibitipoca, im 18. Jahrhundert während des Goldrausches gegründet und eine der ältesten und wichtigsten Städte von Minas Gerais. Der beschriebene Berg ist heute bekannt für seine Quarzit-Höhlen, die ein seltenes Naturwunder darstellen.

Nicht nur die Landschaft veränderte sich mit dem Übergang in die von Ernst „Campos" genannten Bereiche der Hochebene, auch das Klima wurde anders. In Höhen von über 1000 Metern gab es sogar in Brasilien frostige Nächte.

„Welch´ neues Schauspiel zeigte sich aber am anderen Morgen. Schon eh wir uns entschließen konnten, unsere warmen Betten zu verlassen, spürten wir eine außerordentliche Kälte und glaubte ich mich plötzlich unter einem anderen Himmelsstrich versetzt, wie ich vor die Türe ins Freie trat. Soweit das erstaunte Auge reichte, war alles weiß von dichtestem Reife bedeckt. So sehr mir fror, konnte ich mir den Spaß nicht versagen, auf einem langen Brette den dicken Reif zusammen zu schrabben und meinen Reisegefährten mit einer Art Schneeball zu bewerfen." [95]

Am 10. August erreichten sie das Dorf Berthioga und blieben, da es plötzlichen sehr heiß wurde, den Rest des Tages dort. Ernst beschäftigte sich mit seinem Zeichenbuch und der Beobachtung reitender Landschönheiten:

„Die Weiber ritten in ganz gewöhnlichen Kleidern auf Männerart, was zwar etwas auffallend erscheint, aber ich sah ganz niedliche Landmädchen sich sowohl sehr graziös in den Sattel schwingend als sich auch flink, leicht und anständig bei der Bewegung des Reitens benehmend, so dass ich ihnen weit lieber zu- und nachsah, als mancher stolzen und fein gebildeten Reiterin, die Wunders meinte wie elegant sie sich auf dem Damensattel hängend ausnimmt. Freilich, die Brasilianerin muss auch schön sein oder wenigstens nicht hässlich oder alt, wenn sie in ihrem Kostüm zu Pferde gefallen will." [96]

Der Ort Barroso

Im nächsten Ort, einem Dorf Namens Barroso, trennten sich Ernst und sein Reisebegleiter Herr Reije. Da das erste Ziel dieser Reise – Prados – nur noch drei Meilen entfernt lag, beschloss dieser die kurze Strecke noch am gleichen Nachmittag mit frischem Pferd zurückzulegen, um den Abend bereits bei seiner Familie verbringen zu können. Ernst machte es sich noch ein letztes Mal in einer Venda, einem einfachen Gasthof, bequem. Am 12. August 1839, 13 Tage nach dem Aufbruch in Rio de Janeiro, gelangte auch Ernst Hasenclever in die Stadt Prados, seinem ersten Ziel in der Provinz Minas Gerais. Pro Tag hatte die Reisegesellschaft etwa 20 km zurückgelegt.

„Der Ort gewährt von der Höhe des Berges mit seinen 2 ansehnlichen Kirchen und manchen großen, steinernen, weiß gefärbten Häusern einen sehr hübschen Anblick, der von weitem mehr verspricht wie man nachher findet. Die Straßen, deren etwa zwei oder drei und einige Quergassen sein mögen, sind gepflastert aber unangenehm abhängig. Die Berge, welche das Tal umschließen, sind kahl, nur von kurzem Gras bekleidet und durch viele Goldwäschereien und Bergwerksversuche zerwühlt und zerrissen, was zwar fremdartig aber trist aussieht.“ [97]

Sein Reisebegleiter Reije begrüßte ihn mit der gesamten Familie und bot ihm ein Zimmer in seinem Wohnhaus an.

Prados

„Es begreift sich, dass mir ein gutes Diner in netter Gesellschaft, reinliche Stube und in frischen Kleidern außerordentlich wohl tat. Einige Gläser schönen Portwein nach englischer Sitte nach Tisch schlürfend, versetzten mich und meinen liebenswürdigen Wirt in eine sehr behagliche Stimmung. Wir erzählten unserer Senhora von unserer Reise, gedachten unserer Abenteuer und schlechten Quartiere, tranken darauf eins, plauderten viel von dem schlechten Weine, den wir sooft unterwegs getrunken hatten und tranken abermals eins; darauf sprach Herr Reije und ich trank sehr, sodann fing ich meine Rede an und Herr Reije trank noch mehr sehr. So redeten und tranken wir vergnügt voran und dehnten unsere Sitzung, die um 6.00 Uhr begonnen hatte so allmählich bis zu dem Zeitpunkte aus, wo die freundliche Wirtin uns zur Ruhe ermahnte.“ [98]

Auch Prados war ein kleiner Ort, der seine Gründung im Jahr 1704 dem brasilianischen Goldrausch verdankte. Die Ausbeutung der reichen Goldvorkommen erfolgte vor allen durch Sklavenarbeit. Die Arbeitsbedingungen der Sklaven in den Goldgebieten waren besonders hart, denn das Goldwaschen in kalten Flüssen oder die Arbeit in staubigen Bergwerken bargen große gesundheitliche Gefahren. Nachdem die Goldvorräte vor allem in südlichen Minas Gerais schnell erschöpft waren, bildete dieser Teil der Provinz das landwirtschaftliche Versorgungszentrum für die Abbauzonen. Der Export von Viehprodukten entwickelte sich zu einem wichtigen Wirtschaftszweig.[99]

Die besten Tage dieses Ortes waren aber bei der Ankunft von Ernst bereits lange vergangen, Versuche, neue Bergwerke zu gründen, misslungen. Auch Ernsts Reisebegleiter Reije war der ehemalige Leiter einer Bergwerksgesellschaft, die noch bis vor kurzen in Prados nach Gold gesucht hatte und dem erst kürzlich die Neugründung einer Gesellschaft mit englischem Kapital misslungen war.[100] Natürlich schlug das Gold auch den jungen Ernst Hasenclever in seinen Bann. Als er beobachtete, wie mehrere „Neger“ in den umliegenden Bächen Gold wuschen, hielt es auch ihn nicht mehr und er beteiligte sich an dem Unterfangen.

„Das war genug, um schnell dorthin zu eilen. Bald hatte ich mich mit den Arbeitern verständigt. Sie ließen mich teilnehmen und ich kaufte ihnen im Voraus den Gewinn ab. Wir zwängten den etwa einen halben Fuß tiefen Bach durch einen Damm ein, den wir quer durchbauten und gaben dem Wasser nur durch eine schmale Öffnung Raum, fortzufließen. Der durch

die größere Strömung von Wasser fortgeführte feine Sand wird aufgehalten und durch große Schaufeln ans Ufer geworfen. Das treibt man mehrere Tage fort, bis man glaubt den Tagelohn erbeutet zu haben.

Nun fängt man an, den Sand nach und nach zu waschen, die Steine und Steinchen immer mehr auszusäubern bis er endlich ziemlich fein geworden ist und nun sorgfältig mit sehr zierlichen Schwankungen auf einem flachen hölzernen Teller (Platea) solange auf und ab gespült wird, bis sich das reine feine Gold in Körnchen oder zuletzt auch der feinste Goldstaub eben wieder durch einen gewöhnlichen Magnet die Eisenteile entzogen werden bis das reine Metall gewonnen ist. Dieses Gold ist an verschiedenen Orten auch von verschiedenem Gehalte, selten aber schlechter wie 23-Karatiges. Dieses Waschen im Freien ist sehr mühsam und nur Negerarbeit, die in der Woche kaum ein paar Milreis verdienen. Den 4. Tag brachte mein Associe etwa ein und einhalbe Octave heraus, die ich zum laufenden Preise von 3200 Reis kaufte. Das Gold war aber außerordentlich schön. Ich vermehrte meinen Schatz an einer anderen Stelle und brachte etwa für 7 Milreis zusammen, woraus ich mir in Rio bei einem zuverlässigen deutschen Goldschmied einen Uhrschlüssel habe anfertigen lassen, den ich zu ewigem Andenken mit: „Minas Geraes 1839" bezeichnet, mit mir herumtrage." [101]

Er beschrieb auch andere Goldwäschereien der Gegend. Ein Hauptproblem bei der Gewinnung von Gold war das Vorhandensein großer Wassermengen. Die sonst bei der modernen Goldgewinnung nötigen, großen Erdbewegungen waren damals wegen fehlender Maschinen und Pumpen nicht so ohne weiteres möglich. Das zu waschende Erdreich wurde damals durch Spülungen mit Oberflächenwasser gewonnen. Ein höhergelegener natürlicher Bachlauf wurde über weite Wege auf einen Berghang umgeleitet. Das frei abwärts fließende Wasser spülte durch Arbeitskräfte gelöstes Erdreich in Waschanlagen zum Tal. Hier erfolgte das Auswaschen des Goldes aus dem Sand mit Hilfe von Pfannen. Eine sehr mühsame und nicht besonders effektive Arbeitsweise. Ernst schätzte den Gewinn dieser Goldwäscherei auf etwa 6000 Milréis jährlich, welches er für einen „netten" Gewinn hielt. Weitere Treffen zeigen ihm allerdings das ganze Ausmaß des wirtschaftlichen Niedergangs dieser Region. Zwei Deutsche und ein englischer Herr aus der Nachbarstadt São João del Rei, die dort ein nun Bankrott gegangenes Bergwerksunternehmen geleitet hatten, besuchten ihn am dritten Abend in Prados. Der ehemalige Direktor war wegen der geschäftlichen Misere der Trunksucht verfallen.

„Herr Milward zeigt noch, dass er ein sehr unterrichteter und feiner Mann gewesen sein muss, obschon er ganz dem Trunke ergeben ist und gewiss noch im Elend umkommen wird. Das sich leider so oft wiederholende Schicksal der Fremden und was in diesem heißen Lande so schnell und furchtbare Folgen nach sich zieht!
Eben jener geschilderten Eigenschaften wegen ward unser Abend etwas lauter und unsere Tafel länger als weder den Hausleuten noch mir eben angenehm war." [102]

Als unruhiger und reiselustiger Geist hielt es der junge Ernst nicht lange in dem kleinen Prados aus und begab sich am 15. August auf eine kurze Reise in die Nachbarstadt São João del Rei. Ähnlich wie das viel kleinere Prados, war auch diese Stadt mit der Geschichte der Region Minas Gerais und dem brasilianischen Goldrausch eng verbunden. Am Übergang über den Rio das Mortes gelegen, beschrieb sie Ernst als eine der vornehmsten Städte im Innern des Kaiserreiches. Für brasilianische Verhältnisse eher ungewöhnlich, häufen sich in dieser Stadt und der umliegenden Gegend auf engstem Raum Prachtbeispiele barocker Kolonialarchitektur, die an eine glänzende Vergangenheit erinnern. So bemerkte auch Ernst die drei Kirchen, die noch heute die höchsten Punkte der Stadt krönen.

São João del Rei

„Alle ausgezeichneten Punkte der Stadt sind mit schönen Kirchen geziert, deren drei jede 2 hohe Türme haben und viel zur Verschönerung des Ortes beitragen. Die Straßen sind meist breit aber schlecht gepflastert. Ein heiteres Ansehen gibt der Stadt, dass die meisten Häuser von Stein und weiß mit grünen Jalousien bekleidet sind. Auf mehreren Bergen um die Stadt herum liegen ganz oben kleine Kapellen, meist von einem Palmenhain umgeben, was dann dem Fremden glücklicherweise das tropische Klima ins Gedächtnis zurück ruft, woran außer großer Hitze auch nichts erinnert.

Als Hauptstapelplatz für das Innere des Landes ist San Joao fortwährend lebendig, durch Käufer und zahlreiche Läden. Alle Straßen wimmeln von Maultieren und Ochsenkarren und erregen ein außerordentlich erfreuliches Leben bei Tage; am Abend aber ist wie in Sao Paulo früh Stille auf den Straßen und selten wird man um 9 Uhr noch ordentlichen Bürgern begegnen. Das Volk ist wohl meist farbig und die Anzahl der Schwarzen den Weißen bei Weitem überlegen. Die Tracht der Männer ist auch mehr dem Innern eines heißen Landes angemessen wie in Rio, bezeichnend aber ist, dass sowohl Männer wie Weiber fast immer einen dunklen kurzen Mantel auf mannigfache Art mit sich herumführen.“ [103]

Er logierte in einem Gasthaus, in dem die Zimmer aus um den Hauptraum verteilten Nischen ohne Fenster bestanden und lediglich durch einen Vorhang vom Gastraum getrennt waren. Er beschwerte sich im Stillen über den mangelnden Komfort. Tags darauf machte er den Gegenbesuch bei den ehemaligen Minenbesitzern und besichtigte das aufgegebene Bergwerk. Nachdem er einen weiteren Tag in São João del Rei zugebracht hatte, um Zeichnungen der Stadt anzufertigen, begab er sich am 18. August auf dem Rücken seines Maultieres auf den Rückweg nach Prados. Dort angekommen, erfuhr er, dass sich ein Begleiter für seine Weiterreise nach Ouro Preto gefunden hatte. Ein junger Deutscher, Benjamin Solms, früherer Minenarbeiter, bot sich an, ihn gegen freie Kost und 480 Reis pro Tag als Diener zu begleiten. Vor dem Aufbruch vertrieb sich Ernst noch ein wenig die Zeit und suchte im Abraum der verlassenen Gruben nach Gold. Zu seiner Überraschung entdeckte er sogar ein seltenes Goldkorn in kristalliner Form. Es wurde der Grundstock für eine kleine Mineraliensammlung, die er im Laufe seiner Reisen durch Brasilien zusammentrug.

12. Auf dem Weg nach Ouro Preto

Die Reise zum Zielort begann wiederum mit einem Missgeschick, welches ihm auf seinen Reisen schon öfter wiederfahren war und ihm auch noch weitere Male wiederfahren sollte. Pack- und Reittiere gingen durch!

„In einem kleinen Walde war ich abgestiegen und mein Bedienter hielt zu Fuß neben den drei Tieren, als diese durch ein Vogel aufgescheucht plötzlich in vollem Laufe davon und in die Gebüsche hinein jagten. Wir nach, aber ein Tier trieb in seiner Angst die anderen immer mehr an und so durch hohes und niedriges Gebüsch immer fort. Mein Packpferd riss an einem Baum seine Gurte los und schleuderte in vollen Karriere dort ein Stück und dort ein anderes hin, sodass es großes Mühe kostete, als wir endlich von Schweiß triefend unsere Tiere einfingen, nur noch das Gepäck zusammen zu suchen. So lächerlich auch unsere Jagd, unsere Sprünge, unser Schreien und Lärmen war, es war ein bitterer Zeitverlust und die Ermüdung und Erhitzung unserer Tiere, die noch weit laufen sollten, wie der Brasilianer sagt, ganz „a tor“.[104]

Dreieinhalb Tage benötigten die beiden Reiter mit ihrem Packpferd für die 110 km lange Strecke von Prados nach Ouro Preto. Bei gutem Wetter verlief die Reise ziemlich ereignislos. Übernachtet wurde in den einfachen Gasthäusern am Wegesrand. Die Mahlzeiten bestanden aus Huhn und Reis, manchmal auch nur aus gekochten schwarzen Bohnen. Die durchreisten Orte wirkten ärmlich. In einem Ort konnte der Wirt den ihm zur Bezahlung von Ernst angebotenen 5000 Réis-Schein nicht wechseln und musste erst im ganzen Dorf Wechselgeld zusammentragen.

Am 23. August gegen 11 Uhr lag die „Imperial Cidade“- die Kaiserliche Stadt - von Ouro Preto vor ihnen.

„Es mag wohl wenige Städte von dieser im Ganzen unbedeutenden Größe in der Welt geben, die einen so imponierenden Eindruck beim ersten Anblick hervorbringen. In diesem Gewirre von Häusern erheben sich viele Türme, aus dem Tale hervorragend und von den Bergen stolz umherschauend. Ich zählte fünf Kirchen von zwei Türmen und zehn mit einem Turme. Außerdem trägt das Palais einen Wachturm und das Rathaus steht mit seinem Glockenturm hinter keiner Kirche zurück. Da nun alle ausgezeichneten Punkte der Stadt mit den schönsten Kirchen geziert sind, die vornehmsten

Ouro Preto 1839

Gebäude, das Palais, Rathaus usw. in den oberen Stadtteilen liegen, so kann man denken, welch glänzenden Anblick so viele weiß leuchtende schöne Gebäude dem Wanderer gewähren, dem in der Ferne der niedrige Stadtteil zwischen den Bergen verborgen ist, besonders dazu diesen schönen und lebendigen Gemälde, die schwarze Serra von Ouro Preto mit ihren Spitzen und Felsenzacken, einen dunkleren Hintergrund bilden. Auf dem höchsten Punkte der Stadt liegt eine schlanke zierliche Kirche „O alto da Cruz", die den fern stehenden Beschauer besonders in die Augen fällt und zu der eine lange, steinerne Treppe hinaufführt. Übrigens bestimmte mich der überraschende Anblick der Stadt, dass ich beschloss gleich aus der Ferne prima vista eine Skizze aufzunehmen. Ich schickte also meinen Diener mit den Tieren zur Stadt nachdem ich schnell die schweren Reitstiefel mit gewöhnlichen „Dittos" vertauscht hatte. Mit meiner Mappe und einer Blechflasche voll Wasser um den Hals, den Schirm aufgespannt in der Hand, erstieg ich den mir am passendsten scheinenden Berg etwa eine Stunde vor der Stadt gelegen und brachte mehrere Stunden mit Zeichnen hin." [105]

Ouro Preto, mit früherem Namen Vila Rica – die reiche Stadt – , war bis 1897 die Hauptstadt von Minas Gerais. Im 17. und 18. Jahrhundert lag hier das Zentrum des brasilianischen Goldrausches. „Schwarzes Gold" bedeutet der Name auf Deutsch, weil das Edelmetall hier mit Eisenoxid versetzt aus den Minen kam. Der Legende nach fand ein Mulatte beim Wasserholen in einem kleinen Flüsschen ein paar schwarze Steine, die er mitnahm und die sich später als mit Gold durchsetzt herausstellten. Bekannt war zunächst nur, dass die Steine in der Nähe einer auffälligen Felsformation gefunden worden waren, die die Eingeborenen „Itacolomi" nannten. Aus diesem Grund trägt das seltene Quarzitgestein, in dem später Minas Gerais bedeutende Goldvorkommen gefunden wurden, auch den Namen Itakolumit.

Erst Jahre später wurde die Felsformation wiederentdeckt und die Ausbeutung der reichen Lagerstätten begann. Die aus vielen Landesteilen zusammenströmenden Goldsucher gründeten verstreute Siedlungen, die dann 1711 durch den Gouverneur Antonio de Albuquerque Coelho de Carvalho zur Stadt erhoben wurden. Der Großteil der Goldproduktion ging an die portugiesische Kolonialmacht, was zu wiederholten Aufständen und Streitigkeiten führte. 1720 wurde Ouro Preto zur Hauptstadt der Provinz bestimmt. In der Hochzeit der Goldförderung zwischen 1730 und 1760 betrug die jährliche Goldförderung etwa 11 Tonnen. Der ungeheure Reichtum der Stadt fand seinen Niederschlag in einer bis heute bestehenden Vielzahl von barocken Kirchen und Profanbauten. Die portugiesischen Baumeister entwickelten dabei einen eigenen Stil, den Barroco Mineiro. Der

Ouro Preto heute

bekannteste Meister dieses Stiles war der 1738 geborene Antonio Francisco Lisboa genannt Aleijadinho, das „Krüppelchen“, da er an einer lepraähnlichen Krankheit litt. Neben vielen Skulpturen, die heute in verschiedenen Orten der Region zu finden sind, schuf er in Ouro Preto vor allem die Kirche „Igreja São Francisco de Assis“. Der Reichtum war so groß, dass man sich 1701 für die Kathedrale der Stadt eine Arp-Schnitger-Orgel aus Deutschland leistete. 964 Orgelpfeifen und Register wurden mit einer Maultierkarawane von der Küste ins Gebirge geschafft. Seit 1980 ist die barocke Altstadt UNESCO-Weltkulturerbe.

Während seiner Spaziergänge durch die Stadt entdeckte Ernst in den nächsten Tagen einige dieser prachtvollen Bauten:

„Das andere öffentliche Gebäude, worin außer der Provinzialkammer auch die „Cadea“ sich befindet, ist das schönste Gebäude, das ich in Brasilien gesehen habe. Es erinnerte mich lebhaft an das Rathaus der Stadt Bonn, nur das der Turm viel höher ist und sich um das Dach herum eine schöne freie Galerie zieht, die nach außen mit einem zierlichen steinernem Geländer versehen ist, was dem Ganzen ein stattliches Ansehen gewährt . Das kostspielige Gebäude des „Theauro“ was wohl mehr Geld gekostet hat als darin aufbewahrt worden; die Kasernen mit wenigen, aber gut gekleideten Militärs und dann die älteste Kirche von São Francisco de Assis, deren äußere Stuckaturwerke und architektonische Schönheiten in der Tat alles übertraf, was ich derartiges in Brasilien zu sehen erwartet hätte.“ [106]

Trotz der ganzen barocken Pracht schien ihn die Stadt nicht besonders beeindruckt zu haben, denn Handel war hier, wie er bemerkte, nicht zu finden. So reiste er bereits zwei Tage später, am 25. August, weiter Richtung Norden, zunächst durch die nahe gelegene kleine Stadt Mariana, dann zu einer Farm in der Nähe von Bento Rodrigues. Ein „dringendes“ Empfehlungsschreiben an die Besitzer, eine Familie Peixoto, hatte ihn zu der Reise veranlasst. Vermutlich war nicht die Familie selbst der Grund für die Empfehlung, sondern die Gegend, in der die Farm lag.

„Diese ganze Gegend ist berühmt wegen ihres ungeheuren Reichtums von Eisen. Durch Gebüsch, freies Land, über Hügel und reißende Bäche während sechs Meilen, fand ich mich fast fortwährend auf dem reichhaltigsten

Eisensteine. Der ganze Boden ist fast immer roter, harter Felsen und kaum eine Spur des Weges bemerkbar. Zu verschiedenen Malen ging ich zu Fuß, um mein Tier auf dem harten Wege zu schonen und hob viele Steine auf, wovon ich eine kleine Probe behalten habe. Dieselben sind im Bruche fast wie reines Eisen und in netto 89%-haltig. Steine wie ein Menschenkopf groß, vermochte ich nur mit Mühe zu heben und werden jeden meine Muster von der Außerordentlichkeit des Eisenreichtums überzeugen. Solche eine Strecke in Deutschland, vielmehr in Remscheid, so wären unsere Fabrikate die billigsten der Welt." [107]

Nach seinen Angaben war das vorhandene Erz zur Verarbeitung aufgrund mangelnder Qualität nicht geeignet.

„So ist es vor allen Dingen zu bedauern, dass zahlreiche Versuche gelehrt haben, dass die Qualität des Eisens sich nicht zu den Hämmern, Stangen und Pochwerken der Minen eignen, sondern zu spröde ist,... [108]

Dies verwundert doch sehr, da sich Ernst in einem Gebiet bewegte, in dem noch heute die reichsten und besten Eisenerzvorkommen des ganzen südamerikanischen Kontinents lagern. Bei einem Blick auf die Reserven Lateinamerikas wird deutlich, dass 83 Prozent der Eisenerzlagerstätten in Brasilien liegen. In Brasilien wird heute der Großteil der Eisenerze im Südosten des Landes, in eben dieser Provinz Minas Gerais und im Umland ihrer modernen Provinzhauptstadt Belo Horizonte, abgebaut. Der Ort Bento Rodriguez, in dessen Nähe Ernst übernachtete, liegt nur etwa 50 Kilometer südöstlich von Belo Horizonte. Allein in dieser Region lagern ca. 40 Prozent der brasilianischen Eisenerzreserven. 70% der heutigen jährlichen Eisenerzproduktion Brasiliens entstammen diesem Landesteil. Man nennt deshalb diesen Bezirk heute, auch aufgrund seiner ausgesprochen hohen und qualitativ guten Eisenerze, „Iron Quadrangle". Die Qualität des Eisenerzes ist wegen des hohen Anteils an Stückerzen vergleichsweise besser als in anderen Regionen. Stückerze sind poröse, kleine, aber sehr leichte Eisenerzstücke, die einen frühen Schmelzpunkt haben und so ohne große Vorprozesse leicht schmelzbar sind. [109]

Doch die Erzlagerstätten waren nicht sein eigentliches Reiseziel, denn zügig bewegte er sich weiter Richtung Norden über Catas Altas nach Santa Barbara. Am 27. August erreichte er hier die Minenregion von Gongo Soco.

„Bald passierten wir das wundervoll gelegene schöne Dort „San João do Morro Grande", wo ein breites, reißendes Bergwasser, das die Maschinen in Gongo in Bewegung gesetzt hat, in den „Rio de Santa Barbara" fällt und betrat wenige Minuten darauf durch ein hölzernes Tor das Gebiet der englischen Kompagnie. Dieses Gebiet ist außerordentlich weitläufig und umfasst mehrere Quadratmeilen mit seinen Wäldern und Wiesen. Gongo Soco, diese erste von allen Goldminen Brasiliens, das Hauptziel meiner Wanderschaft" [110]

Gongo Soco war eine der berühmtesten Gold- und Eisenerzminen Brasiliens. Hier produzierte die Kaiserliche Brasilianische Minengesellschaft zwischen 1826 und 1856 etwas mehr als zwei Drittel der Goldproduktion des Landes. Das Goldvorkommen war so reich und trat oft in gediegener oder kristalliner Form in Gängen und Taschen auf, so dass es mit Händen ausgelesen werden konnte und oft in wenigen Tagen eine sonst übliche Monatsproduktion zu Tage gefördert werden konnte. Eine Besonderheit dieser Mine war die Verbindung

Gongo Soco

des dort gefundenen Goldes mit dem seltenen Edelmetall Palladium, das erst 1803 von dem Geologen William Hyde Wollaston als neues Element entdeckt worden war. Eine zu seinen Ehren gestiftete Medaille für bedeutende Geologen wurde 1845 komplett aus dem in der Mine von Gongo Soco gewonnenem Palladium gemünzt. Nach der Schließung der Mine Ende 1856 wurde ein Großteil der Anlage durch Grundwasser überflutet und die alten Schächte und Gänge brachen ein. Die oberirdischen Gebäude und Installationen verfielen. Heute besteht in der Nähe der alten Mine ein großer Eisenerztagebau des international agierenden brasilianischen Rohstoffkonzerns Vale S.A..

Doch bevor sich Ernst auf das Gebiet der Minengesellschaft begeben konnte, passierte ihm noch ein kleines „Missgeschick". Bei Absteigen vom Pferd zerriss er seine Hose, sodass er mitten auf der Landstraße seine Kleidung wechseln musste. Mit heruntergelassener Hose durchwühlte er in aller Eile sein Gepäck nach einer Ersatzhose in ständiger Angst,

„...dass vielleicht plötzlich Herren oder noch besser Damen kommen möchten, die das herrliche Wetter zum Spazieren gehen in den Wald gelockt haben könnte." [111]

Kurz darauf, nun wieder ganz oben auf, beschrieb Ernst seinen Einzug in die tief im brasilianischen Hinterland liegende Siedlung der Minengesellschaft. Ganz im Gegensatz zu den von ihm bisher besuchten Orten, befand sich dieser nach seinen Worten in einem ausgezeichneten Zustand und hob sich deutlich von den *„schmutzigen Dörfern des armen Inneren des Landes"* ab.

„Zwischen ziemlich hohen Bergen, ganz in die Ecke hineingedrückt, eines breiten und langen Tales, liegt das Dorf von Wiesen umgeben auf einer länglichen Ebene. In der Mitte führt eine schöne breite Straße durch den Ort hindurch bis zu dem Bergwerk, welches eine halbe Stunde davon entfernt ist. Zum größten Teil längst dieses Weges, fließt das große Wasser, welches von den Minen hervorgeholt und von den Bergen zur Betreibung der Maschinen zusammengeleitet worden. An beiden Seiten der Straße reihen sich die zierlichen Häuser, die auf englische Art gebaut meist einstöckig und aufs reinlichste Weiß und Grün bemalt sind, was mit den roten Ziegeldächern und den einzelnen Baumgruppen oder dichten Bananengebüschen

Minenanlagen in Gongo Soco

einen guten Effekt hervorbringt. Der Privathäuser mögen etwa 100 sich so aneinander reihen, doch auf den nächsten Anhöhen liegen noch mehr auf gleich freundliche Art gebaute Wohnungen, für die Offiziere der Compagnie, die durch heiteres Aussehen viel zur Lieblichkeit der Gegend beitragen. Mitten im Orte ist ein freier reinlicher Platz gelassen, von weiß eingezäunten schattigen englischen Gartenanlagen umgeben und symmetrisch mit schönen Palmen besetzt. Von diesen für jeden Europäer immer merkwürdigen tropischen Bäumen beschattet, liegt die Kirche des Dorfes, die mit einem schlanken Turme geziert dem ganzen seine Vollendung zu geben scheint und die wie ein Hirte die Häuser des freundlichen Ortes bewachen. Etwas seitwärts vom Eingang des Dorfes liegen zwei große kasernenartige Gebäude, das Hospital und die Stallungen und fern am Berge hinauf sieht man das Tor und einzelne Gebäude des Minenhofes über den ein ewiger Rauch dort geschäftiges Treiben verkündet.

In der Nähe der Kirche, etwas getrennt von den übrigen Gebäuden, liegt das Hauptgebäude von Gongo, die sogenannte „Casa Grande". In diesem, in der Tat großem Hause, wohnte der Direktor Herr Duval mit seiner Frau, der erste Kommissär, Herr Morgan und Familie und außerdem ist noch das Office Magazin dort. Das Gebäude ist lang und mit einem Flügel versehen, zwei Stock hoch und nur im Hauptteil mit einem dritten Geschosse versehen. Schön angewachsene Gärten bilden einen reizenden Park um das in hell gelber Farbe freundlich aus dem Grün hervorschimmernden Gebäude und verbergen zu gleicher Zeit die weniger schönen Nebengebäude." [112]

Dank eines Empfehlungsschreibens, das er vom Direktor des Bergwerkes, Herrn Duval, in Rio de Janeiro erhalten hatte, wurde er herzlich von der Dame des Hauses begrüßt und im Hause des abwesenden Direktors nach seinen Worten fürstlich untergebracht: *„und bekam das komfortabelste Zimmer, was ich in meinem Leben bewohnt habe."*

Hatte sich Ernst während seiner ganzen bisherigen Reise in aller Regel recht abfällig über Land und Leute geäußert, war er nun offenbar auf das Angenehmste überrascht, hier so zuvorkommend begrüßt und bewirtet zu werden:

„Ich war aufs wohltätigste von dem Luxus und dem soliden Reichtum des prächtigen Hauses angesprochen und suchte mein Äußeres damit etwas in Einklang zu bringen." [113]

Noch am gleichen Tag begann Ernst mit seiner Erkundung der Anlage, wobei ihn ein Neffe des Direktors unterstützte und ihm bereitwillig Auskunft über das Unternehmen gab. Alle erhaltenen Informationen über die Mine schrieb er aufs Genaueste in seinem Reisebericht nieder:

„Dieselbe ist auf Aktien errichtet die meist in England untergebracht worden sind. Jede Aktie 50 Pfund Sterling. Von allem Golde, was gewonnen wird, werden 20 % an die brasilianische Regierung bezahlt, während alle anderen fremden Kompagnien nur 5-10% zahlen. Jetzt aber will Gongo auch 10% Erlass haben, da die Ausbeute allerdings geringer, die Unkosten aber womöglich immer größer geworden sind."

Ein Direktor steht an der Spitze mit 3500 Pfund Sterling Gehalt, dann 4 Kapitäne und 8 Offiziere. 80 englische Bergleute werden von 650 eigenen Sklaven der Kompagnie unterstützt. Große Haziendas und Viehzucht liefern einen großen Teil der Unterhaltung dieser Menschenmassen, aber dennoch wird für reinen Portwein, Rheinwein und unzählige andere Genüsse noch manches Pfund ausgegeben. Täglich hat man in Gongo frisches Brot, Butter und Fleisch. Reiche Gehege liefern alle Arten von Geflügel und die Wälder ihr Wild.

Jeder Bergmann verdient des Jahres 80 Pfund, die noch nach einem Durchschnittkurs monatlich bezahlt werden. Die vielen Scharen bewohnen ein eigenes Dorf und bauen Bohnen, Mais und Bananen, erhalten aber auch Fleisch. Sämtliche Bevölkerung steht unter brasilianischen Gesetzen, *aber nur wenn die Kompagnie ihren Konsens gibt, kann ein Engländer bestraft werden; ebenso steht der Kompagnie frei, durch gerichtliche Gewalt ihre Untergebenen züchtigen zu lassen oder zum Deportieren nach England zu verurteilen.*

Die Kompagnie muss einen Prediger und einen eigenen Arzt halten. Die Unkosten, welche die gesamte Unterhaltung und Betreibung von Gongo erfordern, tragen 4 Pfund reines Gold täglich oder etwa 2 Contos Réis [114]. *Noch vor Kurzem hat die Kompagnie wegen Mangel an Holzstämmen, obschon alle Berge bewachsen sind, einen 6 Meilen entfernten Wald, für 60 Contos erhandelt und dazu noch erst einen Weg bauen müssen. Jeder Stamm von 6 Metern Höhe, der im Bergwerk zum Stützen dient, kalkuliert sich auf 80 Milréis und ganze Wälder habe ich gesehen im Innern der Erde!*

In Gongos brillantester Zeit hat man einmal an einem Tag 142 Pfund Gold gewonnen und ein anderes Mal an 3 Tagen zusammen 400 Pfund. An einzelnen Stellen von 100 Metern Länge hat man 3000 Pfund Gold gefunden und wieder an anderen Orten gar nichts.

Die Kompagnie von Gongo Soco schlug die erste Mine im Jahre 1823 und hat bis Juli 1839 26.000 Pfund reines Gold gewonnen und seine Aktien bis auf 5 abbezahlt. Von diesen 26.000 Pfund Gold flossen also netto 5.200 Pfund in die Gouvernemtskasse als Abgaben.

Schade ist es, dass gegenwärtig kein theoretisch gebildeter Bergmann das herrliche Werk von Gongo leitet, sondern die Arbeiten im Innern nur von unstudierten Mineurs geleitet werden und dadurch nicht nur großer Nachteil entsteht, sondern auch nach und nach das Wichtige und wie es scheint unerschöpfliche Bergwerk ganz verbaut werden kann.“ [115]

13. Gongo Soco – im Schlund der Erde

Nachdem ihm die wirtschaftlichen Grundlagen der Bergwerksgesellschaft verdeutlicht worden waren, drängte es Ernst zur Besichtigung der Mine. Von Abenteurerlust gepackt, zogen ihn am nächsten Tag die Schächte der Mine magisch an. Rasch erhielt Ernst vom stellvertretenden Direktor Mister Morgan die Genehmigung zur Einfahrt. Eine zusätzliche Aufforderung an das Personal, den Gast besonders zuvorkommend zu behandeln, verschaffte ihm die gebührende Aufmerksamkeit. Die ihm daraufhin entgegenschlagende Freundlichkeit nutzte Ernst für eine spitze Bemerkung gegen die Briten im Allgemeinen:

„Der Engländer kann höflich sein, aber er will wissen, wen er vor sich hat.“[116]

Zunächst sah er sich ausführlich im Übertagebereich des Bergwerks um. Die Minengesellschaft nutzte sowohl die Wasserkraft als auch die Dampfkraft zum Betrieb des Bergwerkes. Das Hauptwasserrad besaß nach seinen Angaben einen Durchmesser von 36 m und wurde oberschlächtig betrieben – das Wasser strömte von oben über das Rad. Neben der Größe des Hauptwasserrades war, in Anbetracht der abgelegenen Lage, die Nutzung der Dampfkraft besonders ungewöhnlich. Trotz zahlreicher früherer Nutzungen setzte sich die Dampfmaschine in Deutschland erst in der Mitte des 19. Jahrhunderts als gängige Antriebskraft durch. Die Verwendung in Gongo Soco zeigte vielleicht die Bedeutung und die hohen Ertragserwartungen der britischen Gesellschaft bei der Ausbeutung des Vorkommens. Andernfalls hätte man sicher nicht die Mühe auf sich genommen, eine Dampfmaschine in das brasilianische Hochland zu transportieren.

Die grundsätzliche Gewinnung des Goldes aus dem abgebauten Gestein gelang durch Auswaschen. Die Trennung des Goldes vom tauben Gestein erfolgte durch das höhere spezifische Gewicht des Edelmetalls im Gegensatz zum umgebenden Material. Zur Zerkleinerung des Golderzes verwendete man insgesamt 9 Pochwerke, wie Ernst feststellte:

„Die Maschinerie und der Zweck des Pochwerkes sind sehr einfach. Eine hölzerne starke Walze ist mit sogenannten Hebern zahlreich bespickt und hebt, indem sie sich dreht, 12–24 schwere Stempel auf und lässt sie reihenweise wieder sinken. Diese Stempel sind von Holz, aber unten mit eisernen

Kolben versehen und durchschnittlich 3–4 Zentner schwer. Sie fallen auf eine eiserne Sohle, vor welcher schräg liegende Kasten angebracht sind, in die man die Erde oder Steine, mit einem Wort, den rohen Stoff, aus der Mine hineinschüttet In kurzer Zeit zerstampfen die Stempel alles zum feinsten Staube. Dieser feine Staub wird durch ziemlich schnell strömendes Wasser, welches vom Rade aus durch die Stempel durch, auf die Sohle fließt, aufgelöst und fortgeführt." [117]

Nach der Zerkleinerung begann das Schlämmen des Materials in langen, treppenförmigen Rinnen mit vielen Absetzbereichen. Dabei verringerte sich die Fließgeschwindigkeit des Wassers ständig, sodass sich immer feinere Goldteile absetzten. Die Ausbeute konnte erhöht werden, wenn im Strömungsbereich Textilien oder andere Faserstoffe zum Einsatz kamen, in denen sich der Goldstaub zusätzlich verfing.

„Dicht unterhalb des Pochwerkes nun, zerteilt sich dieses dort gesättigte Wasser in viele flache, hölzerne Rinnen, welche mit grobem Filztuche belegt sind. Das wegen vielfacher Zerteilung sanft fließende Wasser, lässt auf den langen Tüchern allen schweren Goldstaub zurück und hat höchstens noch die Kraft, die leichtere Erde mit sich zu führen.
Durch viele Negerrinnen werden diese Tücher von Zeit zu Zeit mit anderen vertauscht und dann in großen, verschließbaren Kübeln gewaschen." [118]

Auch heute geschieht die Gewinnung, zumindest noch in den ersten Schritten nach den Methoden, wie sie Ernst Hasenclever für die Gongo Soco Mine bereits 1839 beschrieb.

Ein großes Problem aller Bergwerke war die Entwässerung. Das mehr oder weniger vorhandene Grundwasser hätte innerhalb kürzester Zeit zum Volllaufen der Schächte und Strecken geführt. Es musste also abgepumpt werden. Je nach Tiefe der Schächte zur damaligen Zeit ein schwieriges Unterfangen. Die dazu benötigten Pumpen wurden mit Hilfe der Wasserkraft betrieben.

„Jetzt zur Besichtigung der höchst merkwürdigen Pumpe. Der große Pumpenschacht der Mine liegt etwa 100 Schritt von dem großen Rade entfernt und ist daher der mächtige Hebel, durch viele aneinander gehängte Balken mit dem Rade verbunden. Dieser Balken ruht in vielen Gestalten auf 200 hölzernen kleinen Rädern und wird so leicht hin und her geschoben, um

den kolossalen Pumpenschwengel auf und nieder zu heben, der die Pumpen bis zur Tiefe der Mine in Bewegung setzt und alles Wasser in verschiedenen Abstufungen auf die Oberfläche der Erde aus einer Tiefe von genau 330 Metern bringt. An der Menge des Wassers kann man die Kraft der Maschine ermessen und geschickter Weise dient dieses Wasser wieder, um das Rad der Pumpe treiben zu helfen. Der Pumpenheber, der bis zum Boden der Mine hinabgeht, besteht auch aus vielen Balken, die wenigstens einen halben Fuß im Quadrat sind. Um diese einzelnen Balken zu verhindern, dass sie nicht gleich los haken oder brechend in die Tiefe hinabstürzen, sind sie mit dicken Querhölzern versehen und müssten aus den einzelnen Stockwerken des schön ausgebauten Minenschachtes hängen bleiben.“ [119]

In einem weiteren Teil des Geländes entdeckte Ernst das Holzlager. Die nutzbaren Bäume im weiten Umkreis um das Bergwerk waren zur Gewinnung von Grubenholz für den Streckenverbau längst abgeholzt worden. Das Holz musste nun mit erheblichem zusätzlichem Kostenaufwand herangeschafft werden. Zur Verarbeitung besaß die Grube ein eigenes Sägewerk. In diesem Bereich befand sich auch ein Ofen zur Herstellung von Holzkohle, die in den Schmiedefeuern der Werkzeugwerkstatt Verwendung fand. Höher am Hang stand ein großes Magazingebäude zur Lagerung der Vorräte. Hier befanden sich zugleich die Wohnungen der Arbeiter. Dabei handelte es sich sicher um die Häuser der 80 englischen Bergarbeiter. Wo die 650 Sklaven untergebracht waren, die den Hauptteil der Arbeit leisteten, erwähnte Ernst nicht. Der wichtigste und am besten gesicherte Teil der Goldmine war das Waschhaus. Dort wurde das in den oben beschriebenen Schwemmanlagen gewonnene Gold-Sandgemisch mit den typischen Goldwaschpfannen – hier allerdings aus Holz – ausgewaschen. Ihn durfte man nur mit ausdrücklicher Erlaubnis betreten oder verlassen denn hier sammelte sich das reine Gold der gesamten Anlage.

„In einem weiten, mit Steinen belegten Raume, stehen in langen Reihen viele reinlich gekleidete Negerinnen, und waschen den Sand aus den Kübeln, die man vom Pochwerke hergeführt hat. Die Art des Waschens ist genau wie schon früher in Prados beschrieben, auf hölzernen Tellern, nur dass die Negerinnen dies noch zierlicher und geschickter machen. So gehet unaufhörlich der Sand aus einer Hand in die andere bis zuletzt der Direktor ihn für reines Gold erklärt und sorgfältig gewogen, in bestimmte

eiserne Kasten schütten lässt. Dieser wichtige Saal ist immer verschlossen und niemand darf ihn betreten oder verlassen, der nicht um Erlaubnis gebeten hat.“ [120]

Nach diesem Ausflug in die oberirdischen Teile des Bergwerkes bereitete sich Ernst auf seinen Abstieg in die Mine vor. Dazu wechselte er die Kleidung, wie es auch heute noch jeder Bergmann tut.

„Alle Kleider wurden abgelegt und anstatt dessen ein grob-flanellenes Hemd, leinene, stark geteerte Hosen und Schuhe angelegt. Ein Riemen und den Leib hält alles zusammen und den Kopf bedeckt eine leinene Mütze, worauf der bombenfeste runde blaue Hut den Mineur vollendet. An einem Knopf des Hemdes hängt man drei bis vier Kerzen und eine davon ganz in fetten Ton gefüllt, um sie überall an den Wänden, auf dem Hute etc. fest kleben zu können, trägt man in der Hand. So ausstaffiert brachte man mir einen Spiegel und nach alter Sitte rief ich mich selbst grüßend in meiner Tracht „Glück auf“. [121]

Die Ausrüstung und die benutzte Beleuchtung in Form einfacher, offener Kerzen erscheint aus heutiger Sicht etwas abenteuerlich, entsprach aber zumindest zu seiner Zeit dem „Stand der Technik“. Begleitet von zwei Steigern begann Ernst den gefährlichen Abstieg. Bei dem Bergwerk von Gongo Soco handelte es sich um eine Mischform. Der Zugang zu den Erzlagern erfolgte sowohl in Form von waagerecht in den Berg vorgetriebenen Stollen als auch durch senkrecht abgeteufte Schächte. Innerhalb des Berges waren diese beiden Systeme mit Quergängen und Stollen verbunden, die den jeweiligen Erzadern folgten. In zwei nahe beieinander liegenden Schächten arbeitete ein Fördereimersystem, welches mit Hilfe der einzigen Dampfmaschine betrieben wurde. Es diente sowohl dem Transport von Baumaterial für den Stollenausbau in die Tiefe als auch dem Transport des gewonnenen Erzes ans Tageslicht. Ob dieses Transportsystem auch für Bergleute verwendet wurde, war aus seinen Aufzeichnungen nicht ersichtlich. Über Bewetterungsanlagen zur Zufuhr von Frischluft in das Bergwerk gab er keine Informationen. Ernst sprach von weiteren Schächten, die im größeren Umkreis um die Mine verteilt seien. Der größte Abstand zwischen zwei äußeren

Schächten betrage eine viertel Stunde und gab nach seiner Aussage ein Bild von der Größe der unterirdischen Anlagen.

„Die Capitains[122] berieten sich genau über den Weg, den wir in der Tiefe machen sollten und so zündeten wir um ½ 11 des Morgens unsere ersten Lichter an und traten in den ebenen schönen östliche Gang in den Berg hinein.

So hoch sind die Gänge trocken, reinlich und mehr wie 6 Meter hoch. Auf der Erde liefen zwei Bahnen von Eisen, auf denen die Karren etwa 200 Schritte eben bis zu einem Schacht fortlaufen, der in diese, entfernteren Teil der Mine hinabgeht um durch eine einfache Winde den Stoff in Kübeln heraufliefert. Zwei Wagen, durch einen Neger geschoben, rollen mit Leichtigkeit hin und her und donnerartig ist das Getöse, welches die nahenden oder gehenden Wagen in den finsteren Gängen verursachen. An diesem ersten Schachte hatten wir meinem Taschenkompasse nach, schon stark nach Norden abgebogen und waren in dichter Finsternis. Nun stiegen wir sorgfältig etwa 30 Meter? Tief, auf Leitern ins 2. Stockwerk der Mine hinab. In diesem sowohl wie in dem Folgenden, wohin wir allmählich gelangten, war der Boden noch trocken. Viele Kreuz- und Quergänge führten nach allen Seiten hin einzelnen Adern nachfolgend und alle auf die sogenannten Weitungen ausmünden.

Wenn auch die Gänge der Mine ohne Wasser waren, sind die Wände immer feucht genug und die graue Erde rein mit Eisen durchwachsen und furchtbar schmutzig. Der Stoff aus dieser Mine führt den Namen Jacotinga, einem grauen Vogel nach. In einer weiteren Kammer, die schräg hinablief, machten wir Halt und zeigten mir die Capitains eine Stelle von etwa 20 Quadratmeter, wo sie 3000 Pfund reines Gold herausgenommen hatten und wo dann aber auch jede Spur von einer ferneren Ader verschwunden war. Man hatte hier gediegene Goldklumpen von mehr wie 17 Pfund Schwere weggenommen und solche Stellen machen auch das Glück der ganzen Mine aus, da die regelmäßigen Gewinne aus all den Pochwerken nicht zur halben Deckung der Unkosten reichen würden.

Diese Weitungen nun zeigen recht die Kunst des Bergmanns, da sie ihrer Größe wegen auch in trockener Erde gezimmert werden müssen. Durch einen Wald von fußdicken Baustämmen windet man sich auf dem abschüssigen schlüpfrigen Boden fort, immer von einem Stamme mit offenen Armen einen anderen umfassend, und dies geht oft eine Viertelstunde voran. Ich erstaunte ungeheuer über die erschreckenden Maße der Stützen, nicht zu reden von den meilenlangen gezimmerten Gängen im Wasserdepartment. Welche Kräfte, welche Zeit und welche Lasten sind erforderlich, um solche Kammern zu graben und zu erbauen, da man rechnet, dass jeder Stamm etwa 80 Milréis bis zu seiner Stelle kostet. Da darf man sich denn auch nicht wundern, wenn Gongo seine Wälder schon geplündert hat und für andere solche Summe ausgegeben hat.

Noch in den trockenen Regionen trafen wir genug Bergleute an, um einzelne zu besuchen, den Erfolg ihrer Arbeit zu sehen und mit großer Freude erblickte ich die erste feine Goldader in der feuchten grauen Erde. Nun aber ward ich durch einen herzhaften Schluck Branntweins gestärkt, denn die englischen Bergleute gehören keineswegs zur Temperance society [123] *und auf wahren Angstwegen glitschend laufend, auf Bauch und bei einer plötzlichen Bewegung schnell auf den Rücken kriechend, näherten wir uns auf nassen Leitern und an feuchten schmutzigen Bäumen hinabgleitend, allmählich den finsteren Wasserregionen. Ein Capitain war immer kommandierend voraus und sein Licht leuchtete mir vor, während der Folgende mir dann und wann Anweisungen zurief, um nicht eine Schritt zu tun. Oft fühlte ich plötzlich meinen Fuß ergriffen und von dem ersten Capitain auf die sichere Staffel gesetzt, aber mein eigenes Licht, meine Lust über das herrliche Neue und vor allem meine Turnkunst taten solche vortrefflichen Dienste, dass ich öfter selbst von den schweigsamen Engländern Lob über meine Geschicklichkeit erntete. Mit einiger Gewandtheit und Mut ist es dann aber auch keine Hexerei, nur rate ich niemand ohne obige Qualitäten die Gongo-Mine zu befahren, denn ein Fehltritt ist unberechenbar in seinen Folgen. So durcheilten wir Stockwerke und Weitungen und zogen gebückt halbe Stunde lang in den Gängen umher, wo ein ewig kalter Strom daher braust. Zuerst reicht das Wasser nur an den Knöchel in einer Tiefe von 200 Metern aber bis weit über die Knie. Leicht marschiert sich mit dem Strom, aber sehr beschwerlich ist es, demselben entgegen zu wandern. Hier und da waren etwas höhere Stellen angebracht, wo man sich ausruhen und namentlich den schmerzenden Rücken strecken konntet. Eigentümlich war die Erscheinung von Bergleuten, die in den langen Nebengängen arbeiteten und deren Lichter wie Sterne über das dunkle Wasser daher leuchteten. Oder wenn wir an einem Schachte vorbeikamen, wo die gefüllten Eimer plötzlich wie Gespenster vorüberflogen oder mit Gepolter Holz beladen hinabfuhren. Da heißt es aber nicht vorwitzig zu sein und etwa zu solch einem Schach-*

te hinaufzusehen, da oft gefüllt Eimer losreißen oder schwere Balken mit Krach hinabstürzen. Unbeschreiblich erhaben klingt es nun schauerlich, wenn man mit einem schnellen Bach niedergestiegen ist und der Gang sich hebend, das Wasser zwingt durch eigene Kanäle als tobende Wasserfülle in die Tiefe hinabzustürzen, wo sich die Wasser all wieder vereinigen um entweder ans Tageslicht gepumpt zu werden oder sich eigene Wege ins Innere der Erde suchen. An solchen wirbelnden Strudeln vorbei muss man wohl vorsichtig sein, und nur durch einen Strick mit meinen erfahrenen Führern verbunden, ließ man mich an solchen Stellen vorbei, denn wen das Wasser erfasst, der ist verloren. Und nun wieder geht es lange in feierlicher Grabesstille voran, immer gebückt, ohne Laut passiert man schlechtere Stellen und nur melodisch klingende Wassertropfen oder das Plätschern im Wasser stört die vollkommene Ruhe. Vorwärts setzt man langsam und vorsichtig seinen Fuß und sorgt, das das tropfende Wasser das leitende Licht nicht erlöscht. Bis zu dieser Tiefe von 200 Metern sind schon manche Fremde gekommen, zuletzt noch der Prinz Juoinville, weiter aber keiner mehr, der nicht Bergmann war. Ich beharrte auf meinem Wunsche bis zum Boden der Mine vorzudringen. Sie gaben mir Beifall und hinab ging s, aber auf schmählichen Leitern, die oft so hingen, dass man sich mit Händen und Füßen halten musste und mit dem Rücken über der Tiefe schwebte. In einer solchen Lage verlor ich meine Kerze aus der Hand. Ich befestigte also eine neue auf meinem Hute, was mir zwar beide Hände frei gab, dagegen aber die Sorge auflegte, zu verhüten, dass mir nicht Talglicht ins Gesicht fiel. Bei diesem letzten, etwas halsbrecherischem Klettern habe ich die Zweckmäßigkeit und Stärke des kleinen runden Hutes bewundert, denn wie viel hundert Mal stieß ich mit dem Kopfe an Balken Bekleidung so klein ich auch bin.

In einer Tiefe von etwa 280 Metern fühlte ich bei einer langen Wanderung in dem hier heftigen Strom der eiskalt bis zum Magen reicht, doch einige Ermüdung. Besonders da ich über einen Stein stolperte und mich an einem Knöchel zwar unbedeutend, verwundet hatte. Ich war froh, als mir zugleich etwas Ruhe und Überraschung ward. Ein Capitain klopfte signalmäßig an einer Stelle an und schrie dann mächtig auf. Nach einer Minute erfolgte durch ein dumpfes Klopfen Antwort und wie ein fremdes Echo vernahm ich einen dumpfen Klang. Sehr zufrieden lehrte man mir, wie man sich überzeugt habe, dass ein neu angelegter Gang in der richtigen Höhe auskäme.

In der Tiefe, worin wir wanderten, trafen wir nur selten Arbeiter an, da das Wasser zu stark ist um zum Fortschaffen von viel Stoff genug Raum zu lassen. Endlich, nach vielem anstrengendem Gehen stiegen wir die letzte Leiter hinab und waren nun 330 Meter tief unter dem Tore, durch welches wir eingegangen waren. Hier war der Gang schon fast überall mit doppeltem Gezimmer gestützt, da das Wasser ungeheuer mächtig von allen Seiten nach dem freien Punkte eindringt und doch sah ich in diesem tobenden Elemente noch Frösche und Kröten, welche wahrscheinlich durch den Strom herbeigeführt. Grauenhaft rauschen hier alle Ströme von den verschiedenen Seiten zusammen, und eines kleinen Schauders konnte ich mich nicht erwehren, als endlich der Capitain mit den Worten: Hier ist der Boden der Mine bis an die Achsen ins finstere trübe und doch rasch fließende Wasser hinabsprang. Einen Moment! Und ich war schon ganz untergetaucht und hielt hoch in meiner linken einen Eisenstein vom Boden der großen Gongo-Mine.

Nur waren wir auch bald am Ziele unserer Wanderung und näherten uns vorsichtig durch die drängende Flut immer an den Balken zur Seite anklammernd, dem Rande des großen Pumpenbassins. Diese kolossale Maschine bewegte sich bald vor unseren Augen und mächtig seufzend zog das dicke Rohr die schmutzigen Fluten ein, um sie in 28 Metern Höhe in einen neuen Behälter ausströmen zu lassen, aus dem mit derselben Hebelkraft eine zweite Pumpe in gleicher Zeit gleiche Quantitäten zu höheren Regionen gebracht hat und es somit wieder neuen Kräften überlässt, die Wassermasse so allmählich aus einer Tiefe von 330 Metern an die Oberfläche der Erde zu bringen, wo sie selbst wieder den Dienste der Menschen untertan, die feindliche Macht unterstützen muss, welche sie selbst dem friedlichen und kühlen Schoss der Erde entrissen hat.

Deutlich und klar verstand ich das großartige Pumpenwerk, als wir nun senkrecht zur Oberfläche durch den großen Schacht hin anstiegen. Wohl schaute ich nach dem Himmel aus so großer Tiefe, aber wegen Gewirre von Leitern war nichts zu erblicken und dichte Finsternis langsam mit schmerzenden Armen das Licht auf den Hüten, kletterten wir von Leiter zu Leiter, beinah 200 Sprossen empor, dann und wann Atem holend und ausruhen.

Endlich vermählte sich ein fremdes Licht mit dem Schein unserer Kerzen. Eine Morgendämmerung nahm immer zu und zischend flog meine Kerze hinab in die Tiefe als Tageslicht den Sieg über die Macht der Erde davontrug. Mutiger griffen die matten Hände in die Speichen der Leiter, rascher arbeiteten die schlüpfrigen Füße und mit lautem Jubel betrat nach 4 Stunden ich froh die sonnige Erde. Mauerschwalben gleich krochen wir aus der Tiefe hervor, aber niemand glücklicher als ich." [124]

Nach einer gründlichen Reinigung von all dem Schmutz und Staub der Mine, die *„eine dazu bestimmte Negerin"* vorgenommen hatte, beendete er diesen aufregenden Tag mit einem Abendessen im Hause des Bergwerksdirektors. Die nächsten Tage verbrachte Ernst noch in dem kleinen Ort Gongo in der Gesellschaft der Bewohner und einiger anderer Gäste, vornehmlich Briten. Er zeichnete, machte Spaziergänge und flirtete mit einer jungen Schottin, Tochter eines Capitain, die erst kürzlich in Brasilien angekommen war und deshalb nach seiner Meinung *„noch alle europäische Frische in ihrer hübschen Erscheinung zur Schau trug."* [125]

Am 30. August verabschiedete er sich von der Frau des Bergwerksdirektors, um am nächsten Morgen in aller Frühe aufzubrechen.

Sein neues Ziel war Sabará. Ebenso wie seine früheren Ziele Prados, São João del Rei und Ouro Preto – entstanden während der Zeit des brasilianischen Goldrausches im 17. und 18. Jahrhundert – lebte diese Stadt vor allem von ihrem ehemaligen Ruhm und dem zum Teil immer noch vorhandenen Goldbergbau.

Reimverse auf die verschiedenen Minen der Region

In der Stadt, die mit ihren zehn- bis zwölftausend Bewohnern schon recht groß war, hatte Ernst offenbar im Auftrag einiger Exporthäuser aus Rio Geschäfte zu erledigen. Der Weg dorthin wurde allerdings recht lang, denn sein Diener, der hoch und heilig geschworen hatte, den Weg auch mit verbundenen Augen zu finden, verlief sich bald im Wald. Nur aufgrund eines glücklichen Zufalls trafen sie einige Einheimische, die ihnen den Weg wiesen. Ganz nebenbei hatte Ernst, wie schon so oft, wieder Ärger mit seinem Reittier. Erst lahmte es plötzlich, dann rannte es unter Abwerfen sämtlichen Gepäcks wie von der Tarantel gestochen in den Busch. Nur unter vielen Mühen gelang es seinem Diener, das Tier wieder einzufangen und das Gepäck einzusammeln, was Ernst als gerechte Strafe für die falsche Wahl des Weges betrachtete. Erst gegen Abend gelangten sie an ihre Herberge, die auch diesmal seinen Unmut erregte:

„Diese Herberge war zwar auf brasilianische Art schlecht genug, aber konnte was Zimmer und Essen betraf, sich gerne mit denen in San João und Ouro Preto messen." [126]

Am nächsten Tag, dem 1. September 1839 – er war nun bereits einen ganzen Monat unterwegs –, erledigte er die ihm aufgetragenen Geschäfte und versuchte sich ein neues Reittier zu besorgen. Nachdem ein potentieller Käufer die Lahmheit seines Maultieres erkannt hatte, gestalteten sich die Verkaufsverhandlungen schwierig. Am Ende einigte man sich auf den Tausch zweier Tiere und Ernst legte noch 50 Milréis drauf. Dass es ihm gelungen war, sein lahmes Tier so „günstig" einzutauschen, schrieb er seinen guten Verhandlungskünsten zu:

„Wie sehr bewunderte ich daher meine Beredsamkeit, als wir nach langen Debatten mit 50 Milréis Herausgabe des Handels einig wurden" [127]

Allerdings zahlte er nicht sofort, da er zunächst noch mit Hilfe eines Kreditbriefes in der nächsten Stadt Bargeld besorgen musste, überließ aber sein Tier dem Käufer. Sein neues Tier wollte jener ihm sogleich in den Gasthof bringen. Nach stundenlangem Warten auf glühenden Kohlen, erschien ein Schwarzer mit seinem lahmen Maultier und erklärte das Geschäft sei nichtig. Da saß Ernst mit seinen Verhandlungskünsten und seinem lahmen Maultier. Sein Gastwirt erkannte die Verlegenheit, in die er gekommen war, und gab ihm einen guten

Rat: Er solle zusehen und dem Käufer das Bargeld bringen lassen. Hier seien alle „scharf auf Bargeld“ und das wäre die beste Gelegenheit sein lahmes Tier loszuwerden. Er würde ihm auch das Geld leihen. Gesagt, getan. Mit lahmem Tier und 80 Milréis machte sich sein Diener auf den Weg. Wieder banges Warten. Und dann die große Überraschung. Sein Diener brachte nicht nur das neue Tier, sondern hatte auch nur 60 Milréis bezahlt. So war er doch noch glücklich zu einem neuen Reittier gekommen.

„Ich lobte den Wirt seiner Schlauheit, den Diener seiner Geschicklichkeit und meine neue Mula ihrer Schönheit wegen und gab eine Flasche guten Wein zum Besten.“ [128]

Während seines kurzen Aufenthaltes in Sabará berichtete Ernst zum ersten Mal über Unruhen, die aus politischen Schwierigkeiten des jungen brasilianischen Staates erwachsen waren. In Sabará wurde die Nationalgarde des Bezirkes zusammengerufen, um sie erneut auf den Kaiser einzuschwören. Seit dem Rücktritt Pedros I. 1831 zugunsten seines minderjährigen Sohnes regierten verschiedene politische Fraktionen im Namen und für den jungen Thronfolger. Widerstreitende Interessen in verschiedenen Regionen des Landes führten zu wiederholten Aufständen, die von der Zentralregierung

Sabara

meist blutig unterdrückt wurden. Immer wieder gab es Versuche, das Kaiserreich aufzulösen und eine republikanische Verfassung einzuführen. Politische Gewalt prägte das junge Kaiserreich. Der Druck steigerte sich Ende des Jahres 1839 so weit, das 1840 Teile des Parlamentes für eine vorzeitige Erklärung der Volljährigkeit des vierzehnjährigen Pedro II. stimmten, um damit wieder ein legitimes Oberhaupt an der Spitze des Staates zu haben.[129] Möglicherweise steht diese Einberufung der Nationalgarde bereits mit der zu erwartenden Thronbesteigung des jungen Kaisers im Zusammenhang.

14. Die Skeletthöhlen von Lagoa Santa

Ein Ausflug von Sabará in die kleine Stadt Lagoa Santa führte Ernst zum nördlichsten Punkt seiner Reise. Auf dem Weg dorthin streifte er den Flecken Santa Luzia, heute ein Außenbezirk der Millionenstadt Belo Horizonte. Schon damals bezeichnete er das kleine Städtchen als einen wichtigen Handels- und Stapelplatz für Waren aus den westlicher gelegenen Regionen auf dem Weg in den Osten Brasiliens.

Peter Wilhelm Lund

In Lagoa Santa, der Stadt an der „heiligen Lagune", die er ganz gezielt und wiederum mit einem Empfehlungsschreiben aufsuchte, traf er mit einem Mann zusammen, der hier schon seit fünf Jahren ansässig war und sich als Naturforscher betätigte. Doktor Lund, mit vollem Namen Peter Wilhelm Lund (1801–1880), war ein dänischer Zoologe und Paläontologe, der sich hier mit dem norwegischen Zeichner Peter Andreas Brand (1791–1862) mit der Erkundung der Tropfsteinhöhlen der Region und den darin befindlichen Versteinerungen beschäftigte. Lund gilt heute als Vater der brasilianischen Paläontologie. Brand zeichnete die von ihnen entdeckten Objekte. Neben vielen Fossilien ausgestorbener Tiere, von denen auch Ernst berichtete, fand Lund vor allem menschliche Skelettreste, die heute mit der Besiedelung des

Santa Luzia

Lagoa Santa

südamerikanischen Kontinentes in Verbindung gebracht werden. Die von ihm auf die Zeit um 11.000 v. Chr. datierten Funde sind leider nicht erhalten. Skelettfunde aus der gleichen Region in den 1970er Jahren bestätigten aber die früheren Datierungen von Dr. Lund.

„Glieder und Körperteile von Geschöpfen sind zum Vorschein gekommen, die 20- bis 40-mal so groß sind als die jetzig lebenden. Ein Kopf eines Brüllaffen jener Zeit zeigt, dass diese Tiere 10 bis 12 Fuß hoch gewesen sind, die jetzt 3, höchstens 4 haben. Außer den 20 bis 30 Kisten versteinerter Lurchen aller Art, hatte ich noch die reichste Sammlung von Skeletten, Fellen, Schlangen und Insekten aus dieser Zeit zu bewundern und mit jeder Stunde zollte ich mehr Verehrung dem Manne, der so wichtiges geleistet und den seinerzeit alle mit Achtung nennen werden, die seine von so reichem Erfolge gekrönten Arbeiten verstehen und zu schätzen vermögen.“ [130]

Der Besuch bei Dr. Lund wirft ein interessantes Schlaglicht auf die Reise von Ernst Hasenclever und seine Interessen an Forschung und Entdeckung. Er war Zeitgenosse wichtiger Persönlichkeiten, wie Alexander von Humboldt oder Charles Darwin, die in der ersten Hälfte des 19. Jahrhunderts die Naturwissenschaft vorantrieben. Ernst muss sich bereits vor seiner Reise nach Brasilien mit derartigen Studien beschäftigt haben, sonst wäre er wohl kaum auf die Idee gekommen, einen kleinen Ort fast am Ende der Welt aufzusuchen, um dort den zur damaligen Zeit nur einem begrenzten Kreis bekannten Naturforscher zu besuchen. Über die schulische Ausbildung von Ernst ist leider nur sehr wenig bekannt, aber sie muss gemeinsam mit der Erziehung im Elternhaus zumindest Interesse für Wissensbereiche außerhalb seines unmittelbaren Lebens- und Arbeitsumfeldes geweckt haben.

Während seines Besuches in Lagos Santos erkrankte Ernst, sodass er seine Reise zunächst nicht fortsetzen konnte. Grund war vermutlich eine Verletzung, die er sich bei seiner Besichtigungstour des Bergwerkes in Gongo Soco am Knöchel zugezogen hatte und über die er im Verlaufe seiner Reise nach Sabará und Lagos Santos mehrfach geklagt hatte. Unter den schlechten hygienischen Bedingungen der Reise hatte sich die Wunde entzündet. Vier Tage blieb er im Bett und wurde von dem norwegischen Diener seines Gastgebers gepflegt. Nach einem kurzen Ausflug mit dem Boot auf den nahe gelegenen See erlitt er einen Rückfall, sodass er weitere Tage im Hause von Dr. Lund zubrachte. Man unterhielt sich mit Diskussionen und Ernst gab zur Freude der Dorfbewohner ein paar Lieder zu Besten.

„Es unterhielt meine Wirte sehr, wenn ich abends aus allerhand Opern und sonst Liedern sang oder pfiff und diese herrlich Musik pflegte die Jugend des Dorfes vor meinen Fenstern zu versammeln. Bald nannte man mich allgemein „O Senor Assobiador“ [131] *und einige angesehene Einwohner verfehlten nicht ihre Krankenvisiten zu machen, wodurch sie teils ihre Neugierde befriedigten, teils die Ehre hatten, mich sehr zu amüsieren.“* [132]

Am 18. September war er noch immer nicht richtig gesund und begann sich langsam Sorgen um die Verzögerung seiner Reise zu machen. Gewitter kündigten eine Umstellung der Wetterlage an. Die Regenzeit mit ihren gewaltigen Sturzbächen drohte die Wege auf lange Zeit unpassierbar zu machen.

Am 20. September entschied er sich zum Aufbruch. Er verabschiedete sich von seinem Gastgeber Dr. Lund, dessen Kollege Peter Brand begleitete ihn noch ein Stück des Weges Richtung Sabará und nachmittags um drei Uhr erreichte er seine alte Herberge am Rande von Sabará. Gleich am nächsten Tage setzte er seine Reise Richtung Süden fort. Ernst wählte dieses Mal den direkten Weg entlang der Westseite der

Serra do Espinhaço und folgte dem Oberlauf des Rio das Velhas. In Congonhas de Sabará traf er auf eine weitere von Briten betriebene Goldmine, die er als die drittgrößte im Lande bezeichnete. Die Minengesellschaft war dieselbe, die auch das Bergwerk von Gongo Soco betrieb. Morro Velho, so der Name dieser Mine, wurde im Jahr 1835 eröffnet und ist noch heute in Betrieb. Sie ist damit die am längsten kontinuierlich betriebene Goldmine der Welt.

Auch in diesem Fall war Ernst im Besitz von Empfehlungsschreiben an den Direktor, verzichtete aber auf einen längeren Aufenthalt und besichtigte lediglich die oberirdischen Anlagen. Immer in Eile setzte er seinen Weg Richtung Süden fort. Kurz bevor sich ein gewaltiges Gewitter entlud, fand er eine der üblichen, schlechten Unterkünfte für die Nacht.

„Es kostete viele gute Worte, ein schlechtes Zimmerchen ohne alle Möbel zu erhalten, aber es war nicht weiter zu kommen, da sich in dem Flußtale ein heftiges Gewitter zusammengezogen hatte, welches anfing, sich gewaltig zu entladen." [133]

Auch sein Reittier bereitete ihm, wie schon so oft, Probleme. An der Stelle, an der der Sattel saß, bildete sich ein dickes Geschwür, das das Maultier für die Weiterreise unbrauchbar machte. Auf Anraten einiger Maultiertreiber unterzog er das Tier einer Radikalkur.

„Mein armes Tier hatte auf dem Rücken eine starke Geschwulst, das mit jedem Augenblick zunahm. Meine Lage war bedenklich, da ich nicht wusste, was das geben sollte und oft Tiere auf diese Art ganz unbrauchbar werden. Auf den Rat einiger Troperos, die nach mir eingekehrt waren, bereitete ich eine scharfe Soße von Branntwein, Essig und Tabak und wusch damit die geschwollene Stelle offen. Wie sie recht nass war, legten wir brennendes Stroh darauf und brannten den Branntwein förmlich als ein Freudenfeuer auf dem Rücken meiner Mula ab." [134]

Am nächsten Tag, die Radikalkur vom Abend schien dem armen Tier nicht besonders geholfen zu haben, versuchte er trotzdem zu reiten, musste aber bald einsehen, dass er auf diese Art und Weise sein Reittier ganz zuschanden geritten hätte. So blieb ihm nichts anderes übrig, als zu Fuß zu gehen und das Tier zu führen. Zu allem

Unglück litt er immer noch unter Fußbeschwerden. Möglicherweise litt er an einer Entzündung, die unter dem Begriff „Graben-Fuß" in vielen Kriegen bekannt war. Die moderne Medizin nennt es „Imersions-Fuß". Eine Krankheit, die häufig bei Soldaten im Einsatz vorkommt. Stecken Füße ständig in feuchten Stiefeln und hat die Haut keine Möglichkeit richtig abzutrocknen und zu regenerieren, besteht die Gefahr von Entzündungen. Das kann sehr schmerzhaft sein und zum Absterben von Gewebe führen. Im Extremfall müssen betroffene Gliedmaßen amputiert werden.

So bewegte sich Ernst zu Fuß und auf Pantoffeln durch die Landschaft und wurde dabei zum Gespött vorbeikommender Passanten.

„Ich möchte wohl, ihr freundlichen Leser, hättet mich da stehen sehen, im flatternden nassen Mantel, halb durchnässt, mit Pantoffeln und Strümpfen, die vor einigen Tagen einmal weiß gewesen waren, meine triefende Mula an der Hand, mein Packtier mit hängenden Ohren und mein Diener, wie er der schönen Aussicht aber auch dem Wind und Regen den Rücken zuwandte- oh, es müsste für euch ein wahrer Spaß gewesen sein!" [135]

Nachdem er den Rio das Velhas unter großen Gefahren – der starke Regen hatte zu Hochwasser geführt – an einer Furt glücklich überquert hatte, marschierte er mit seinem Diener weiter durch die tropfnasse Landschaft. Vorbei an einer Eisengießerei und Schmiede, die für die umliegenden Bergwerke arbeitete. Immer wieder mussten sie nach dem Weg fragen. Manchmal versuchten sie sich auch mit dem Kompass zu orientieren, was im Wald und der hügeligen Landschaft aber mehr schlecht als recht gelang. Am Abend gegen acht Uhr erreichten sie endlich ihr Tagesziel, die kleine Stadt Itabira do Campo.[136] Ganz in der Nähe lag der Pico de Itabira, ein knapp 1500 Meter hoher Berg, der wenige Jahre zuvor von dem deutschen Geologen Wilhelm Ludwig von Eschwege untersucht worden war, der hier reiche Eisenerzvorkommen entdeckt hatte. Nahezu der gesamte Berg bestand aus Hämatit, einem roten Eisenerz, das typisch für die Eisenerze dieser Region ist. Auch für einen Bewohner dieser Gegend besaß Ernst ein Empfehlungsschreiben. Dr. med. Stefan, ein deutscher Arzt, lebte westlich von Itabira im Umland des Pico de Itabira. Nach den Aufzeichnungen von Ernst war dieser Dr. Stefan der ehemalige Leibarzt der brasilianischen Kaiserin

Amélie von Leuchtenberg (1812–1873). Die junge Adelige mit deutschen und französischen Wurzeln war 1829 durch die Heirat mit dem brasilianischen Kaiser Pedro I. zur Kaiserin von Brasilien aufgestiegen. Nach der Abdankung Pedro I. im Jahre 1831 verließ sie gemeinsam mit ihrem Mann das Land und lebte im Exil in verschiedenen europäischen Staaten.[137]

Der sympathische Arzt lud ihn auch sogleich in sein Haus ein und es entstanden interessante Gespräche.

„Herr Doktor Stefan, ein sehr stattlicher Mann, hat ein so einnehmendes Wesen und ist so heiteren Temperaments, dass unsere Bekanntschaft schnell gemacht war und wir gleich in ein trauliches Verhältnis zueinander traten." [138]

Der Grund für den Besuch in dieser Region war sicher nicht der nette Doktor, sondern die Neugierde. Der Geologe Wilhelm Ludwig von Eschwege hatte einen Großteil seiner Reisen und Ergebnisse aus Brasiliens in den 1820er und frühen 1830er Jahren veröffentlicht und Ernst hatte diese Berichte in der Heimat gelesen. [139] Schließlich handelte seine Familie mit Eisenprodukten. Da konnte es nicht schaden, reiche Fundstätten in Augenschein zu nehmen und zu sehen, ob sich vielleicht Geschäfte machen ließen. Er verbrachte mehrere Tage im Haus des Doktors, dem er auch seine schmerzenden

Der besondere Berg - Pico de Itabira

Morro das Almas

Füße präsentierte. Dessen Rat, sich möglichst wenig zu bewegen und die Füße zu schonen, folgte er aber nicht, sondern erkundete die Gegend, besichtigte Bergbauanlagen und zeichnete die Landschaft.

„Der Spaziergang im Regen hatte aber sehr nachteilig auf meinen Fuß gewirkt. Dr. Stefan war sehr unzufrieden und befahl mir ernstlich, 3 Tage lang nicht vom Sofa zu gehen, da er mir einiges zum Einreiben etc. verschreiben wolle.“ [140]

Zu seiner Überraschung kamen die Bergleute dieser Gegend nicht, wie so oft in Brasilien, aus England, Schottland oder Irland, sondern aus dem Harz und aus Tirol.

„Die ebenfalls englische Compganie von Morro das Almas ist die einzige, die von Tiroler und Harzer Bergleuten bearbeitet wird. Herr Hochheder, ebenfalls ein Tiroler, ist der Direktor. Er ist ein Gelehrter, tüchtiger Bergmann, der mehrere Jahre lang in Gongo Soco Leiter der Minenarbeiter war.“ [141]

Ende September fühlte er sich besser und gemeinsam mit Direktor Herrn Hochheder nahm er dessen Bergwerk genauer in Augenschein. Neben den Wasserbauanlagen, die denen in Gongo Soco ähnelten, und die auch hier das Gestein in Pochwerken zerkleinerten und das

Gold durch Waschanlagen weiter konzentrierten, entdeckte er dann aber eine andere Methode den feinen Goldstaub aus dem Sand der Waschanlagen zu entfernen.

„Der in den Pochwerken auf den Fliesen gewonnene Staub wird nun nicht gewaschen, sondern das Gold durch Amalgamation mit Quecksilber gewonnen. In einer von Wasser getriebenen Maschine geht dieser Prozess fortwährend vor sich. Das Amalgam wird später gekocht, wobei der Merkur verfliegt und das Gold rein übrig bleibt oder in einem feinen Hirschleder gepresst wird, wobei der Rest des feinen Quecksilbers durch die Poren ausdringt." [142]

Das hier beschriebene Verfahren wird auch heute noch angewendet, um Gold zu gewinnen, ist aufgrund des Gebrauch von sehr giftigem Quecksilber sehr umstritten. Wie man aus Ernsts Beschreibung des Vorgangs ersehen kann, wird die Trennung des Quecksilbers vom Gold durch Verdampfen bewirkt. Diese Quecksilberdämpfe sind für die Arbeiter, die mit dieser Aufgabe beschäftigt sind, hochgiftig. Das verdampfte Quecksilber schlägt sich in der Umgebung des Arbeitsplatzes nieder und führt zur Vergiftung der Umwelt. In der ersten Hälfte des 19. Jahrhundert spielte Arbeits- und Umweltschutz natürlich keine Rolle. Und so wunderte Ernst sich darüber, dass dieser Verfahren nicht öfter eingesetzt wurde, da es die Ausbeute deutlich erhöhen könnte.

Cata Branca

Dem Reiz, auch diese Mine unter Tage zu besichtigen, konnte Ernst nicht widerstehen, und so ging es ein zweites Mal in die Tiefe.

„Die Schwierigkeiten, die ich hier vorfand, waren lächerlich gering gegen die der Gongo-Mine. In 12–14 Meter hohen trockenen Gängen gingen wir mehrere 100 Schritte weiter in den Berg hinein. Die feuchten, schneeweißen Quarzwände glänzen wie lauter Silber und überraschen sehr. Bis zur Stelle, wo wir in die Tiefe stiegen, liefen Eisenbahnen für die Karren und über unseren Köpfen in starken Gliedern der ungeheure Pumpenhebel, der außer(halb) der Mine durch das 36 Meter hohe Wasserrad in Bewegung gesetzt wird. An dem finsteren Hauptschachte kletterten wir nun allmählich auf 20–30 Leitern in die Tiefe hinab bis zum Boden der Mine." [143]

Am nächsten Tag besuchte er eine weitere Mine der Region, Cata Branca, die ihn vor allem wegen eines gewaltigen Wasserrades besonders beeindruckte. Da das Gestein aufgrund seines hohen Eisengehaltes hier besonders hart war, benötigte man große Kräfte für das Pochwerk zur Zerkleinerung des Gesteins.

„Das Rad ist aus dem harten Holze Jacaranda gebaut, 52 Meter hoch und 2 ½ Meter breit und mit herrlichen Figuren und Schnitzereien geschmückt. An beiden Seiten liegen 2 marmorne Treppen, welche bis zur Achse führen, die 6 Meter Durchmesser hat. An jeder Seite gehen 25 schwere Stempel von dem schönen Vignaticoholze auf und nieder, die, so wie alles Holzwerk poliert sind, und beim Zerschlagen der Steine ein donnerähnliches Getöse machen, die Kanäle sind ebenfalls aus weißen Marmor gemacht, alles mit glatten Tafeln belegt und eine solche Eleganz und Solidität des kolossalen Werkes setzt den Beschauer in großes Entzücken." [144]

In Cata Branca erlebte er auch zum ersten Mal eine Sprengung im Bergwerk:

„Nun aber wird meine Feder zu schwach, um den furchtbaren Effekt zu schildern, der uns zittern machte. 12 Schüsse krachten langsam hintereinander los. Noch donnerte das Echo des ersten als der letzte losbrannte. Jeder Knall war vom Gepolter der zersprengten Felsen begleitet. Lange noch bebte die Luft und so ungeheuer war die Wirkung auf jeden Anwesenden, dass selbst die gewöhnten Bergleute keinen Laut von sich gaben, sondern

still und leise verteilten sich die Lichter wieder in den weiten Raum; das ruhige Geräusch begann allmählich wieder und auch wir hatten Zeit, den Wirkungen der Explosion nachzuspüren." [145]

Am 3. Oktober 1839 verließ Ernst die Minenregion und begab sich auf den langen Rückweg nach Rio de Janeiro. Die fortgeschrittene Jahreszeit bescherte ihm immer wieder schwere Gewitter und Regenfälle, die Wege wurden immer schlechter. Noch kam er gut voran und erreichte am Abend Congonhas. So wie die meisten Städte dieser Region, verdankte sie ihren Aufstieg den Goldfunden von Minas Gerais. Die noch heute berühmte Wallfahrtskirche „Bom Jesus de Matozinhos" entstand 1758 im Stil des „Barroco Mineiro".

„Die Hauptkirche ist berühmt und bildet einen Monat im Jahr den vornehmsten Wallfahrtsort in Brasilien. Vor dieser Kirche stehen einzeln, ziemlich gut arrangiert, die 12 Apostel in Stein, mehr wie lebensgroß behauen, und zwar so schön, dass man es zu einer Merkwürdigkeit in Brasilien erheben kann, zumal sie von einem Brasilianer verfertigt sind. Es ist aber ein wahres Vergnügen zu hören, mit welchem Stolz die Bürger von ihrem Schatz reden!" [146]

Die von Ernst erwähnten Apostelfiguren waren Werke von Aleijadinho (Antônio Francisco Lisboa).

Mit kranken Tieren ging es am nächsten Tag weiter. Am 5. Oktober kam Prados in Sicht und er befand sich nun wieder in bekannter Landschaft. In Prados ankommen, erhielt Ernst das erste Mal seit über zwei Monaten Nachrichten aus Rio in Form eines Briefes, der hier auf ihn wartete. Man war bereits in Unruhe, denn die Reise hatte wegen seiner Fußprobleme viel länger gedauert als geplant.

„Ich nahm mit großen Behagen mein altes Zimmer wieder ein und wenn ich auch noch einen tüchtigen Marsch bis zur Hauptstadt hatte, die Hauptsache war beendet und ich fühlte eine ungemeine Behaglichkeit, als ich wieder am wohl besetzten Tische unter befreundeten Menschen saß und in Seelenruhe von vergangenen Leiden und Freuden eine Menge erheblicher Berichte abstatten konnte. Herrn Reije vortrefflicher Portwein vermehrte noch diese angenehme Stimmung und versprach mir eine wohl geruhsame Nacht!" [147]

Sein Diener Benjamin, der ihn die ganze Zeit begleitet hatte, bekam 23 Englische Pfund als Lohn und wurde aus den Diensten entlassen. Den letzten Teil der Rückreise legte Ernst alleine zurück. Doch zunächst erholte er sich einige Tage in Prados, pflegte Tiere und Ausrüstung, um am 9. Oktober das letzte Stück des Weges nach Rio de Janeiro anzutreten.

Hinter der Stadt Barbacena erreichte er die Waldgebiete der Serras, kam jedoch gut voran und klagte nur über Wolkenbrüche und bisweilen schlechte Unterkünfte.

„Ich war nass und nicht weniger als hungrig, musste aber natürlich gleich mit zu Tische gehen und gute Miene zu schlechtem Kohle und Bohnen machen. Von Fleisch war wenig die Rede. Ich aß auf gut Glück einiges und musste mich dabei mit albernen Fragen oder langweilig gelehrten politischen Auseinandersetzungen quälen lassen. Man hat keinen Begriff davon, wie wichtig ein solcher Hacendeiro, wenn er sich und seine Kenntnisse vor einem Fremden geltend machen will. Während dem das ganze Haus ihren Herrn mit offenem Munde andächtig bewundert, kommen Ungereimtheiten zustande, deren sich bei uns ein 12-jähriges Mädchen schämen würden, die Ansprüche auf Bildung macht. Als nun endlich die Tafel aufgehoben war, wusste ich in der Tat nicht, wo ich mich lassen sollte.“ [148]

Die nächsten Tage verliefen relativ ereignislos. Trotz ständiger Regenfälle konnte Ernst eine gute Strecke zurücklegen. Je näher er Rio kam, desto besser wurden Wege und Straßen. Am Übergang des Rio Parayba entstand unter der Leitung eines deutschen Ingenieurs eine neue, steinerne Brücke. Verschiedentlich war Wegegeld zu bezahlen. Und dann, am 18. Oktober 1839, nach fast 80 Tagen, tauchte die Stadt Rio de Janeiro auf.

„Da lag es vor mir, das Ziel meiner Reise. In der leuchtenden Sonne breitete sich die Bay von Rio mit ihren Inseln vor mir aus. Langsam strömten die vielen kleinen Flüsse dem großen Wasser zu. Mit glänzenden Segeln zogen zahlreiche Barken der Hauptstadt zu, die in fernerem Dunste ihre Türme und Häusermassen ausbreitete. Deutlich erkannte mein Auge den Mastenwald der Schiffe im Hafen und mit unbeschreiblichem Entzücken schweifte der freie Blick über die teuren, bekannten Berge meiner zweiten Heimat hinaus auf die Weite des Weltmeeres. O wie groß, wie herrlich war

diese Stunde! Wie begeisternd und erhaben ist der Anblick des unendlichen Meeres, da ja auch dem entferntesten eine offene Straße zur Heimat ist und die fernste Küste mit den Gestaden des Vaterlandes verbindet.“ [149]

Die letzte Strecke des Weges legte er von Norden kommend über die Bucht von Rio mit einem Boot zurück.

„Ich kehrte heim reich an erworbenen Schätzen. Verschiedene Goldstufen und einige Naturalien beweisen, was ich gesehen habe, eine Probe schönen Goldes hatte ich selbst der Erde abgewonnen. Mein Skizzenbuch rief mir die herrlichsten Punkte ins Gedächtnis zurück und mein Tagebuch ließ mich jene Strecken schnell und geordnet noch immer durchziehen. Aber vor allem reich war ich an Erfahrungen, an Kenntnis des herrlichen Landes geworden, dass von allen Zonen so reich und verschwenderisch von der Natur ist ausgestattet worden, das viele tausend Schönheiten und Wunder dem Wanderer offenbaret und so viel tausend in seinem Schoße verschließt. Wohl kann auch ich sagen: nicht weiß ich, was ein Königreich gilt, aber nicht nur viele Schätze möchte ich vertauschen, was ich als Beute meiner Reise gewonnen habe.[150]

So beendete Ernst die Beschreibung seiner zweiten großen Reise durch Brasilien und das Bergland von Minas Gerais.

15. Nova Friburgo – ein Schweizer Städtchen in Brasilien

Brasilien war seit dem 17. Jahrhundert ein Einwandererland. Zunächst kamen Abenteurer, die hofften, fern der Heimat ihr Glück und vor allem Gold zu finden. Politische und aus anderen Gründen verfolgte Personen erwartete ein leichteres Leben abseits der reglementierten Existenz in Europa. In immer neuen Einwanderungswellen kamen die Menschen zwar aus verschiedenen Regionen, oft aber aus den gleichen Gründen. Am Anfang des 19. Jahrhunderts war dies vor allem die einsetzende Industrialisierung. Kleine Handwerker verloren ihre Selbstständigkeit und ihr Einkommen und schufen ein Heer von oft schlecht bezahlten Industriearbeitern. Auch in der Landwirtschaft wurden durch die Einführung neuer Produktionsmethoden viele Arbeitskräfte überflüssig. Diese suchten als Industriearbeiter ihr Glück in den wachsenden Städten. Zu den wirtschaftlichen Veränderungen kamen die politischen Wirren der Zeit. Die französische Revolution und die nachfolgende napoleonische Ära hatten die politischen Systeme und die Staatenlandschaft Europas grundlegend verändert. Oft fanden sich Teile der Bevölkerung unter den geänderten Bedingungen nicht mehr zurecht und suchten ihr Heil in der Auswanderung.

Nova Friburgo

Typischerweise wollte man den Kontakt zur alten, gewohnten Lebensweise nicht völlig aufgeben, sodass sich Auswanderergruppen mit ähnlichem ethnischem Hintergrund in den neuen Ländern zusammentaten und gemeinsam siedelten. So entstanden auch in Brasilien mehrere Zentren mitteleuropäischer Auswanderer.

Auch wurden Auswanderer immer wieder von Kolonialmächten oder den unabhängigen Nachfolgestaaten mit Privilegien und Landzuteilungen gelockt, um die Wirtschaft des Landes zu stabilisieren und zu fördern. In Brasilien erließ man z. B. ab 1820 den Einwanderern befristet die Steuerabgaben und den Militärdienst. Diese neuen Siedler sollten nach dem Verbot der Sklaverei deren Arbeitskraft ersetzen.[151]

Brücke in Nova Friburgo

Die Stadt Nova Friburgo nördlich von Rio de Janeiro, die Ernst während seiner dritten „Entdeckungsreise" durch Brasilien besuchte, war die Gründung schweizerischer und deutscher Auswanderer.[152] 1818 hatte der portugiesische König Dom João VI., der seit 1808, nach der Flucht vor Napoleon, mit seinem Hofstaat in Brasilien residierte, Schweizer Immigranten die Einreise nach

Brasilien gestattet. Sie erhielten das in Aussicht gestellte Land ca. 100 km nord-östlich von Rio de Janeiro in der Nähe der Fazenda [153] do Morro Queimado [154] und gaben dem neuen Ort den Namen ihrer Schweizer Heimatstadt Freiburg. Die Siedlungsregion lag in einer Höhe von ca. 850 m ü. NN und bot so ähnliche klimatische und landwirtschaftliche Bedingungen wie die Heimatregion. Zunächst entwickelten sich getrennte Siedlungskerne an den Ufern des Flusses Rio Bengalas. Auf dem Ostufer entstand der Verwaltungsbereich mit dem Hauptgebäude für den Direktor. Am Westufer wuchs die eigentliche Kolonie mit drei separaten Wohnbereichen. In der Nähe des Flüsschens Rio Santo Antônio lagen 14 Häuser um einen Platz angeordnet. Über eine kleine Brücke an der Straße Richtung Norden schlossen sich 48 Häuser – im Rechteck gruppiert – an. In einem dritten Areal standen weitere 38 Häuser. Mitte März 1820 existierten ca. 100 Häuser für etwa 260 Familien mit 1600 Personen. Bereits am 17. April 1820 erhielt die Siedlung aufgrund ihrer Größe offiziell das Stadtrecht. Trotz der bewussten Auswahl des Siedlungsplatzes entwickelten sich die Lebensbedingungen der Neusiedler prekär. Die Siedlung war für ihre Größe von Beginn an überbevölkert. Statt der geplanten 100 Familien waren über 260 Familien zugewandert. Aufgrund der vielen Fluss- und Bachläufe erwies sich das Gelände als sehr sumpfig und bot damit zunächst weder gute Bedingungen für die Viehzucht noch für die Landwirtschaft. Sehr schnell erkrankte eine große Zahl von Siedlern vermutlich an Gelbfieber oder Malaria, sodass der behandelnde Arzt, ein Dr. Bazet, 1820 über 600 Personen betreuen musste und 40 Tote beklagte. Mangelnde Kenntnisse der Umweltbedingungen brachten zusätzliche Misserfolge in der Landwirtschaft. Die angepflanzten Bohnen und der Mais verfaulten mit der im Oktober beginnenden kalten Regenzeit. 1821 waren die Siedler beinahe soweit, aufzugeben. Ein neu eingestellter Direktor begann 1822 mit der Reorganisation der Siedlung. Spenden aus der alten Schweizer Heimat halfen über Schwierigkeiten hinweg. Mit der Anpflanzung von Alfalfa, einer Luzerne, wurde der Boden verbessert. Eine Schleiferei und ein Sägewerk sorgten für zusätzliches Einkommen. Auf Wiesen mit gezüchtetem europäischem Gras entstand eine Weidewirtschaft.

Sägewerk

1824 erreichte eine zweite deutsche Auswanderungswelle unter dem evangelischen Pfarrer Friedrich Oswald Sauerbronn die Siedlung. Sie zogen in die Häuser der verstorbenen Schweizer und verhalfen der Siedlung zu ihrem endgültigen Durchbruch. In der bisher von Katholiken bewohnten Siedlung gründete Sauerbronn die erste lutherische Kirchengemeinde in Brasilien, sogar Lateinamerikas.

16. Erholung im Hochland der Provinz von Rio de Janeiro

Im August 1840, ein knappes Jahr nach der Rückkehr aus Minas Gerais, verspürte Ernst Hasenclever erneut *„mächtige Reiselust"*.

Zur Entschuldigung für seine geplante Abwesenheit vom Arbeitsplatz führte er an, dass ihm auch sein Arzt eine Luftveränderung empfohlen hätte, um sich ganz von einer *„kleinen, aber hartnäckigen Krankheit"* zu heilen. Diese Empfehlung sei,

„...die Hauptveranlassung zu meinem gegenwärtigen Ausfluge, der mir einige Wochen lang frische, kältere Luft und gesunde Bewegung verschaffen soll. Man entschuldige daher meine Faulenzerei während einiger Wochen und gönne mir, mich mit Lesen, Schreiben, Zeichnen, Nichtstun und etwas Langweile aufs Angenehmste zu beschäftigen." [155]

Im Übrigen gab er sich jetzt gelangweilt, da er ja nun schon so viel gesehen und erlebt hätte, könne wohl nicht mehr viel Interessantes auf ihn warten. Seit drei Jahren lebte und arbeitete Ernst nun in Brasilien. Während in den ersten Reisebeschreibungen noch eine fast kindliche zu nennende Unbekümmertheit und Abenteuerlust durchschien, zeigte sich nunmehr die gelangweilte Suche nach Abwechslung vom Leben im großstädtischen Rio, dessen Attraktionen er bereits seit Jahren zur Genüge genossen hatte. Eine gewisse Großspurigkeit und Überheblichkeit gegenüber seiner Umgebung, die auch schon früher immer wieder aufblitzte, trat nun deutlicher zu Tage.

„Ich verspreche mir des Neuen aber nicht viel, da ich, um mich einer guten Redensart zu bedienen, größere Majestäten gesehen habe" [156]

Auch dieses Mal nutzte er sein Maultier, um voran zu kommen und einen Führer mit Namen Rossmann aus der Kolonie, der ihm den richtigen Weg zeigen sollte. Doch zunächst überquerte er mit einem Dampfboot die Bucht von Rio zum gegenüberliegenden Praja Grande und dem Ort Niteroi, damals die Hauptstadt der Provinz Rio de Janeiro.

Am Morgen des 19. August 1840 ging es bei schlechtem Wetter die Küste der Baia de Guanabara entlang in Richtung Norden. Nach einem Ritt in den sumpfigen und überschwemmten Niederungen der Baia erreichten sie am Nachmittag die kleine Hafenstadt Porto das Caixas, ihr erstes Tagesziel.

„...der Verkehr zwischen der Stadt (Rio) und Porto das Caixas ist so lebhaft, dass einige Speditionshäuser reich geworden sind, wenn sie nebenher einen Holzhandel mit dem vielen, den Fluss hinab kommenden Bauholze getrieben haben. Ferner ist der Porto sehr gelegen, um kleine, aus dem Inneren kommende Partien Kaffee oft billig aufzukaufen und mit Vorteil wieder in Rio abzusetzen und meine Überzeugung ist, dass sich noch manches dort verdienen lässt, wenn man nur die Brasilianer zu behandeln und ihnen Vertrauen einflößen weiß. Aber die Gegend, obschon fruchtbar, ist so sumpfig und fieberhaft, dass eine vortreffliche Konstitution dazu gehört, das Klima ertragen zu können." [157]

Herr Rossmann hatte hier Bekannte, bei denen sie, sehr zum Unbehagen von Ernst, unterkamen.

„So freundliche und gastfreie Aufnahme wie wir auch bei Freunden meines Begleiters fanden, so unbehaglich fühlte ich mich wie immer an Orten, wo man als Gast sich genieren muss, und wo man nicht für sein Geld auch befehlen kann." [158]

Der nächste Tag brachte weiteren Regen und die schlechten Straßen waren oft überflutet. Der Gastgeber ihres nächsten Quartiers war ein Deutscher aus Leipzig, der sein Medizinstudium aus familiären Gründen abgebrochen hatte und nun bereits seit vier Jahren in Brasilien lebte. Bei ihm fand Ernst zu seiner Überraschung eine Bibliothek mit griechischen und römischen Klassikern, in denen er nach dem Abendessen schmökerte.

Am 21. August verließ Ernst mit seinem Begleiter die Tiefebene und stieß in die Serra vor. Hier begegneten ihnen erste Siedlerhöfe.

„So wie wir in die Berge einritten, lagen schon rechts und links kleine, hübsche Gehöfte von einzelnen Kolonisten, denn schon fing der Distrikt an, welchen Dom Joao VI. den Kolonisten angewiesen hatte, obschon wir auch noch 8 Stunden von Neu Freiburg entfernt waren." [159]

Mehr als zwanzig Jahre nach der Gründung der Kolonie waren die Anfangsschwierigkeiten überwunden und ein Großteil des zugewiesenen Landes wurde bewirtschaftet. Auf schlechten Wegen entlang der Talseiten des Rio Macacu überschritten sie Serra do Mar. Am höchsten Punkt des Weges angekommen wurde Ernst poetisch:

„Oh welche herrliche Luft weht auf den Bergen und wie leicht und frisch atmet es sich in dieser Höhe. Wie fröhlich singen die Vögel der Wälder, wie munter schreitet aufs Neue das müde Tier, verschwunden sind Grillen und Sorgen und Beschwerden der Reise! Jeder Wind, der die Augen erfrischt, jede Kühle, die die heiße Wange anfächelt, jede leichte Wolke, die schmeichelnd über die nahen Felsengipfeln dahin zieht – alles ruft dir die heitere Höhe der Berge vor Augen und erfreut dich mit dem Gedanken der überwundenen Arbeit. Jetzt geht's immer fort auf wellenförmigem Wege, leise sich senkend, wenig steigend und rasch eilest du auf trockenem Wege dem unfernen Ziel entgegen . Es ist etwas Schönes und fröhliches in diesen Bergen. Überall Beginn der Kultur und an jedem schönen Orte auch gewiss ein Ansiedler und was den regen Geist ausmacht in diesen Bergen, was den europäischen Reisenden sich so einheimisch fühlen macht auf diesen Bergen, was ist? Arbeitssame Europäer, Deutsche und Schweizer, herrschen auf diesem Boden und vor allem Energie und Arbeitslust, dem gezwungenen Fleiß der Silaren. Es ist wahr! Reich werden diese Ansiedler nie, sie leben aber fröhlich und gut, nur von Hand zum Mund und genießen ihr Leben, sind gesund im herrlichen Klima, haben blühende Kinder und leben so frei und ungehindert ein glückliches Leben voll Arbeit und einfachen Freuden.“ [160]

Und kurz darauf, nach der Ankunft in den ersten Höfen der Siedler im Tal von Nova Friburgo chauvinistisch:

„Erinnere ich mich dagegen, den weiten Strecken, welche ich schon im Inneren von Brasilien durchzogen habe, wo nur ein schlaffes, ungebildetes Volk ein träges Leben in der reichen Natur fort lebt; wo mit einigen Silaren, die sie sich aufgezogen haben und einigem Vieh, fast ohne Arbeit, reichlicher Unterhalt erwerben lässt; wo kein Trieb zur Verbesserung der Lage des Besitzers den Bewohner inne wohnt und wo der Sohn gemächlich in der schlechten Hütte sein Leben beschließt, worin er geboren wurde und sich durch dieselben Löcher die heiße Sonne auf den Kopf brennen lässt, wodurch es seinen Eltern seinerzeit in die Kammer geregnet hat. Wenn ich mich daran erinnere, dann freue ich mich des regeren Treibens unter meinen Landsleuten und bejammere nur jene reichen unbenutzten Länder und bedaure innigst, dass man in der Meinung, der Deutsche und Schweizer müsse hohe Berge haben, denselben einen so schlechten Boden angewiesen hat. Nur 4 Meilen weiter wächst der beste Kaffee und während in Canta Gallo jeder reich wird, plagt „der fleißige Kolonist“ sich zu diesem Zwecke vergebens.“ [161]

Der Weg von Rio nach Nova Friburgo war erheblich kürzer, als die Wege seiner bisherigen Reisen. Auch war diese Gegend Brasiliens schon in den Tagen von Ernst Hasenclever wesentlich dichter besiedelt. Der Weg durch das obere Tal des Rio Macacu war die natürliche Verbindung aus der Ebene von Rio in das brasilianische Hochland. Diesen hatten auch die ersten Siedler genommen. Viele Jahrzehnte später baute hier die brasilianische Eisenbahngesellschaft Leopoldina eine Bahnlinie für den Transport von Kaffee aus dem Hochland nach Rio de Janeiro. Auch Ernst sprach in seinem Reisebericht von den Möglichkeiten des Kaffeehandels, der zu seiner Zeit in den Bergen noch mit Eselkarawanen und auf dem unteren Rio Macacu mit Schiffen Richtung des Hafens Porto das Caixas stattfand. Von dort ging es weiter über die Baia de Guanabara nach Rio de Janeiro.

Seine Unterkunft bezog er im Haus eines befreundeten Paares, Madam und Monsieur Salusse. Er schwärmte vom guten Essen, vor allem von der guten Butter. Die Kost sei etwas eintönig, da es im Winter an frischem Gemüse mangelte. Dafür gab es viel frisches Fleisch und Kartoffeln, die mit Butter genossen „ein wahrer Schmaus" seien. Ein Billardtisch, ziemlich ramponiert, sorgte trotzdem für Abwechslung. Während Ernst auf seinen beiden ersten Reisen fast ständig unterwegs war, richtete er sich in Nova Friburgo häuslich ein. Er hatte sich sogar einen „Mantelsack" mit weiterer Kleidung vorausschicken lassen, die ihm nun einen angenehmeren Aufenthalt ermöglichte. Nicht Abenteuer, wie während seiner ersten Reisen, war sein Ziel, sondern Erholung und Entspannung. Das Wetter war schlecht und so widmete er sich nach dem langen Ritt zunächst seiner Pflege und der seines Maultieres.

Nachdem sich das Wetter gebessert hatte, begab er sich am 23. August auf einen ersten Spaziergang durch die Stadt. Seine Beschreibungen stimmen mit den heute bekannten Details während der Gründerzeit der Kolonie überein. In einem ersten Ortsteil von ca. 100 Häusern lebten nach seinen Angaben vorwiegend frankophone Schweizer sowie einige wenig Deutsche und Brasilianer. Sie betrieben Gartenbau und Viehzucht. Eine weitere, nicht unwichtige Einnahmequelle war damals schon die Beherbergung von Gästen. Es hatte sich ein frühe Form von Tourismus entwickelt. Während der heißen Jahres-

Ein Haus im Stil eines europäischen Bauernhofes

zeit nutzten die Bewohner der feuchten Küstenregionen um Rio de Janeiro das kühlere und frischere Hochlandklima zur Erholung. Die Beschreibungen der täglichen Zusammenkünfte zu den Mahlzeiten der Hausgäste erinnern zuweilen an das typische Leben der Bäderreisenden im Europa des 19. Jahrhundert. Gesellschaftliches Leben am Rande der brasilianischen Wildnis.

Ein zweiter Siedlungskern weiter südlich mit ca. 30 Häusern hatte mehrheitlich deutsche Bewohner. Dieser wirkte auf ihn deutlich ärmlicher als die erste Siedlung. Nicht nur der Wohlstand unterschied die beiden Wohngebiete, sondern auch die Konfession. Während die Schweizer katholisch waren, bildeten die Deutschen eine eigenständige, evangelische Gemeinde, die immer noch von Pfarrer Friedrich Sauerbronn geleitet wurde, der knapp 20 Jahre zuvor die deutschen Neusiedler hierher gebracht hatte. Alles in allem schätzte Ernst Hasenclever die Zahl der Bewohner des Hochtales auf insgesamt 2.500 Personen. Neugierig wie immer, nahm er Kontakt auf.

„Es freute mich sehr, mit den Leuten mich zu unterhalten, obwohl sie meist ein verzweifeltes Deutsch reden. Ein Vergnügen ist es, die hübschen Kinder und gesunden jungen Leute zu sehen, die sonderbar gegen die blassen Einwohner von Rio abstechen. Man findet besonders unter den Weibern und Mädchen allerliebste Gesichter und Figuren.“ [162]

Deutsches Dorf in der Provinz von Rio de Janeiro

Einigen französischen Bekannten aus Rio, die er ebenfalls traf, widmete er in seinem Tagebuch weniger freundliche Kommentare:

„So sind nun die meisten dieser sonderbaren Franzosen. Voll Dünkel und eingenommen für ihr Land, verschmähen sie es, Fremdes zu lernen und sich anzueignen und führt sie dann das Schicksal einmal aus ihrem Neste hinaus, finden sie andere Sitten, andere Leute, andere Sprachen, dann geht alles verkehrt und sie bereiten sich ein unglückliches Leben." [163]

An den folgenden Tagen war das Wetter so kalt und ungemütlich, dass er kaum das Haus verließ. In dem für Brasilien ungewöhnlich rauen Klima waren Wintertemperaturen von wenigen Grad über Null nicht ungewöhnlich. Häufig versammelte sich die ganze Hausgemeinschaft um den einzigen Kamin und wärmte sich. Ernst nutzte die Zeit, um sich seiner mitgebrachten Literatur zu widmen: „Dichtung und Wahrheit" von Goethe. Nach Wetterbesserung unternahm er gelegentliche Spaziergänge und Ausritte in die Umgebung. Dabei besuchte er auch das von ihm so genannte „Deutsche Dorf". Hier traf Ernst mehrfach mit Pastor Sauerbronn zusammen und schien sich in seiner Gesellschaft wohl zu fühlen.

„...und hielt endlich vor dem dürftigen Hause des Pastors. Hier stieg ich ab, ging zu ihm ins Haus und fand einen hohen kräftigen Mann von 60 oder mehr Jahren. Er nahm mich äußerst artig mit Manieren auf, die etwas veraltet höflich, zwischen treuherzig gemeinter und angebildeter Manier schwebten. Der unbemittelte Mann hat mit 2 Frauen 18 Kinder, wovon 15 leben, von denen bereits 2 Töchter verheiratet sind und einige Söhne sich auch schon auf Kolonistenart eigene Herde gebaut haben; mehrere sind aber noch Kinder und das jüngste erst 2 Jahre alt. Obschon der Mann bessere Tage gesehen hat und sich seiner Zeit auch auf Universitäten herum getrieben, so hat er doch aufs Beste sich ins seine Lage und Verhältnisse zu schicken und seinen Kindern eine reelle, für ihr Leben passende Erziehung zu geben gewusst, was ihm gerne von männiglich nachgerühmt wird und ihm meiner Meinung nach hoch anzurechnen ist. Eine etwas lebhafte Neigung zum Trunke, welche ihm früher sehr seinem Ansehen schadete, hat er aufs Ernsthafteste und Gelungenste bekämpft. Übrigens ist er lebhaft und von glücklicher, selbst gewandter Sprache, so dass mir bei dem guten Eindruck, den er auf mich machte, nicht fehlen konnte, ein unterhaltendes Gespräch während mehrerer Stunden in lebendigem Gange zu erhalten. Gaben uns doch seine langjährigen, meine neueren Erfahrungen in Brasilien und dazu unsere früheren Erlebnisse in der Heimat hinreichend Stoff dazu. So schied ich abends sehr vergnügt und mit dem höchsten Willen, öfter wieder zu kehren.“ [164]

Hof Salusse

Wie er es vor seiner Abreise bereits angedeutet hatte, diente diese Reise vor allem seiner Erholung. Und so waren die Tage in Nova Friburgo angefüllt mit gesellschaftlichem Leben. Er machte Besuche bei verschiedenen im Tal lebenden Europäern. Mehrfach fand er sich bei einer Französin ein, Madame Salusse, deren Haus gesellschaftlicher Mittelpunkt der Stadt war. Dort machte er die Bekanntschaft eines jungen Deutschen aus Elberfeld. Nach seinen Angaben ein Neffe der Familie Feldhof, der mit einer Auswanderin verheiratet war.

„Der junge Mann, in reichem Hause von Eltern, die man fälschlich für reich hielt, gut erzogen, ist nach des Vaters Tode mit seinen Verwandten entzweit nach Brasilien gegangen und hat den Bruch durch eine sehr törichte Heirat mit eine Kolonistin unter seinem Stande unendlich erweitert. Ich merkte ihm gleich an, dass er nicht glücklich ist und in ärmlicher Lage ist, konnte aber nichts, als ihn beklagen“ [165]

Ein weiterer Deutscher – Herr Beske – betrieb einen schwunghaften Handel mit Vogelbälgen, deren exotische Federn in Europa sehr begehrt waren. [166] Um an seine Ware zu kommen, versorgte er die Einheimischen mit Schrotflinten, die für ihn auf die Jagd gingen. Besonders begehrt waren Kolibris, von denen er gemeinsam mit seiner Frau wöchentlich hunderte präpariert auf die Reise schickte. Fasziniert von der Tätigkeit beobachtete Ernst immer wieder die Präparation der kleinen Tiere.

Hof Zbenden

Sofern das Wetter es erlaubte, machte er Wanderungen und Ausritte, um zu zeichnen. Bei einer dieser Gelegenheiten begegneten Ernst unterwegs zwei Deutsche, die ihn sogar mit Namen begrüßten. Sie stellten sich als Maurer und Zimmerleute vor, die in Remscheid und Umgebung gearbeitet hatten und ihn deshalb vom Sehen her kannten.

An jedem ersten Sonntag im Monat gab es in der deutschen Gemeinde einen protestantischen Gottesdienst. Diesen nutzte Ernst, um sich mit der Gemeinde näher bekannt zu machen.

Viel Zeit verbrachte er mit einer Deutsch-Schweizer Familie, deren Hof etwas abseits lag und bei der es Ernst vor allem die vielen hübschen Töchter angetan hatten.

„15 lebende Kinder von 16 Jahren abwärts und zwar meist sehr hübsche Mädchen. Auf den ersten Anblick glaubt man lauter Knaben vor sich zu sehen, doch da der Vater seine Töchter Hosen tragen lässt, um sie besser auf dem Felde, auf der Rocka, wie man sagt, benutzen zu können. Die Mädchen waren zum Teil allerliebst aber scheu wie Hasen. Man wundert sich vielleicht über das schnell aufgeblühte Vertrauen zwischen mir und meinen neuen Freunden und möchte andere als gewöhnliche Gründe und Absichten voraussehen, dann hätte man aber wahrlich Unrecht.“ [167]

Am 8. September brach er zu seinem geplanten Besuch des Ortes Cantagalo auf. Das Städtchen Cantagalo hatte, wie so viele Orte in dieser Region Brasiliens, seinen Ursprung in der Goldgräberei. Entstanden um die Mitte des 18. Jahrhundert unter dem Namen Sertões de Macacu, war es zunächst ein illegaler Schürfplatz. Während der Kolonialherrschaft besaß der portugiesische Vizekönig von Brasilien das Monopol für die Goldsuche. Seine Truppen waren ständig auf der Suche nach illegalen Goldsucherlagern, konnten Sertões de Macacu jedoch nicht finden. Bis ihnen der Zufall zu Hilfe kam. Ein heimkehrender Soldatentrupp vernahm mitten im Busch den Schrei eines Hahnes, der ja nur in der Nähe einer menschlichen Behausung leben konnte. So wurde die Siedlung dann schließlich doch entdeckt. Und nach dieser Geschichte erhielt der Ort 1786 seinen neuen, offiziellen Namen „Cantagalo“ – Hahnenschrei.

Nachdem Ernst, wie schon so oft auf seinen Reisen, wieder einmal Schwierigkeiten mit seinem Reittier hatte und zusätzlich auch noch

Cantagallo

den richtigen Weg verpasste, erreichte er am 9. September auf dem Weg die Kaffee-Plantage eines befreundeten Pflanzers, die etwa auf halben Weg nach Cantagalo lag. Am darauffolgenden Tag führte ihn der Besitzer Herr De Luce über seinen Besitz.

„Vor allem ward heute die Fazenda genauer in Augenschein genommen. Sie erreicht nun mehr oder weniger eine halbe Meile im Quadrat und besitzt den schönsten Wald und gute, nicht zu hohe, für den Kaffee geeignete Hügel. Die Berge dem Hause zunächst sind alle mit Kaffeebäumen bepflanzt, die entfernteren, urbar gemachten Strecken werden zu Mais und Bohnen benutzt. Jetzt macht die Fazenda etwa 1400 Sack Kaffee; Herr de Luce hat aber schon 68.000 Bäume gepflanzt, so dass in 4 bis 5 Jahren seine 12 Contos[168] *Revenuen erwartet werden können. Die Hazienda hat bis jetzt nur 36 Neger, was aber bis zu 60 wenigstens vermehrt werden müsste. Das Wohnhaus ist klein, ebenso die nächsten Gebäude, Stallungen und Negerhaus alt, dagegen 2 Magazine, die Terreiros, große terrassenförmig angelegte Tennen, zum Trocknen der Kaffeekirschen, groß und zweckmäßig.“* [169]

Nachdem Ernst hörte, dass in der Nähe häufiger Gold gefunden worden war, versuchte auch er wiederum sein Glück.

„Dies ließ mir keine Ruhe. Ich nahm mir einige Stunden Zeit und begann zu waschen, wie ich es in Minas gesehen hatte, doch Sonne und Moskitos zwangen mich nachdem für heute aufzuhören und morgen meine Arbeit fortzusetzen.“

Zwei Tage später hatte er tatsächlich Glück:

„...war ich fleißig wieder beim Goldwaschen und endlich auch so glücklich, einige zu finden, welche ich sorgfältig aufbewahren werde. Ferner fand ich einen hübschen Hyazinth[170] von halber Linsengröße und schöner dunkelroter Farbe.“ [171]

Auch auf der Farm seines Freundes setzte Ernst sein gesellschaftliches Leben fort. Einladung folgte auf Einladung. Mehrere Europäer hatten sich in der Gegend niedergelassen, die alle der Reihe nach besucht sein wollten: ein Arzt aus Deutschland, Dr. Dennewitz, der in den Befreiungskriegen als Chirurg an mehreren Feldzügen teilgenommen hatte, ein holländischer Farmer, Jakob van Erven, und ein weiterer Arzt, Dr. Nägeli aus Baden.

Schon bald holte ihn sein Pech mit Reittieren wieder ein. Der Hufschmied gab ihm zu verstehen, dass sein Maultier 10 – 12 Tage Ruhe brauche, um einen verletzten Huf zu heilen. Ihm blieb nichts

Farm De Luce

anderes übrig als zu bleiben. Dies warf seine Reisepläne gehörig durcheinander. Ursprünglich hatte er nur 2–3 Tage bleiben wollen, denn das Klima dort sagte ihm gar nicht zu. Die Fazenda lag wesentlich tiefer als Nova Friburgo und deshalb war es heiß und stickig.

Nach einigen Tagen der Wartezeit überkam ihn dann doch die Ungeduld. Um schneller weiter zu kommen, kaufte er seinem Freund ein Pferd ab und gab ihm zusätzlich noch das lahme Maultier in Zahlung. Auf dem Weg nach Cantagalo besichtigte er eine weitere Kaffee-Plantage, die von drei Schweizern mit großem Erfolg bewirtschaftet wurde. Sein Interesse galt also den Möglichkeiten im Kaffee-Export. Dies schien auch der einzige Grund für seinen hektischen Abstecher nach Cantagalo gewesen zu sein. Am 16. September erreichte er die Stadt.

„An mehreren Fazendas vorbei reitend, erreichten wir bald die Villa von Cantagalo. Dieses kleine Städtchen liegt in einem langen Bergkessel zusammengepresst, der seine Ausdehnung mächtige und unangenehme Schranken setzt. Die Häuser sind meist einstöckig, doch zeichnen sich einige zweistöckige freundlich aus. Türme sind nicht vorhanden und die Straßen ungepflastert. Alle Berge ringsumher sind mit Kaffee bepflanzt, welches zwar freundlich grün aber zu einförmig ist, um einen Gegend zu zieren.“ [172]

Er logierte bei einem Franzosen, *„der reich und vortrefflich eingerichtet“* war. Noch am Abend der Ankunft traf er im Haus auf mehrere Bekannte. Cantagalo war das Zentrum der Kaffeezüchter der Region. Diese suchten hier nicht nur die Gelegenheiten für Geschäfte, sondern auch Vergnügen. Ernst ließ sich nicht lange bitten und so veranstaltete die Gesellschaft einen „Herrenabend“. Bis 3 Uhr in der früh verbrachten sie mit Gesang, Billard, Zigarren und Wein.

Nach diesem feucht-fröhlichen Abend begab er sich schon am nächsten Tag wieder auf den Rückweg nach Nova Friburgo, das er am 18. September 1840 erreichte. Zuvor hatte er noch Gelegenheit ‚seinen Kater zu bekämpfen. Sein neues Reittier, ein ungebärdiger Hengst, hatte sich selbstständig gemacht und Ernst benötigte etliche Zeit, um das durchgegangene Tier einzufangen.

In Nova Friburgo erwarteten ihn zu seiner großen Freude schon einige Briefe. Sein Vetter Gottfried aus Rio schickte gute Nachrichten über den Geschäftsgang. Und nach langer Zeit waren auch einige Briefe der Familie aus Deutschland angekommen. Schnell nahm er sein tägliches Leben wieder auf. Diners bei Bekannten und Freunden, eine wilde brasilianische Hochzeit, Ausflüge zum Zeichnen und zu der befreundeten Schweizer Familie mit den vielen Töchtern, ein leichtes Leben. Eine der Töchter schien es ihm besonders angetan zu haben. Ihr Name war Antoinette. Leider schweigt er sich über weitere Details aus. Doch es gab wohl einige gemeinsame Ausritte in die Wälder.

Am 8. Oktober, nach weiteren unbeschwerten Wochen mit vielerlei Festivitäten, bereitete er sich auf die Rückreise nach Rio de Janeiro vor. Einige letzte Treffen mit neu gewonnenen Freunden, sogar ein Theaterbesuch bei einer aus Rio eingetroffenen Wanderbühne, schlossen seinen Ausflug in die Berge ab. Auch erhielt er zur Rückreise sein altes Maultier zurück. Der Hengst, den er auf der Kaffee-Plantage seines Freundes De Luce eingetauscht hatte, war ihm mehrfach durchgegangen. Und so bat er darum, den Tausch rückgängig zu machen.

Am 12. Oktober waren er und eine ihn begleitende Reisegesellschaft mit weiteren Europäern, die nach Rio zurückkehren wollten, bereit.

„Bis 09.00 Uhr ward wenig Leben in dem Haus verspürt, dann ward es für die Schläfer erst Tag und nach und nach versammelte sich der Kreis, zu dem kolossalen Frühstück, welches auf eine äußerst zweckmäßige Weise aus den Resten unserer gestrigen Schwelgereien zusammengesetzt war. Wir Reisenden sahen es auch als ein Mittagsmahl an, da wir Schlag 01.00 Uhr zu Pferde steigen wollten. Nun regnete es Briefe, Kommissionen und vor allem frische Butter, die wir nach Rio bringen sollten, dass es kein Ende nehmen wollte. Wir konnten uns dem nun gut unterziehen, da Herr Reije einen Packesel mithatte, ich selbst nahm eine Blechdose voll Butter als Geschenk für Madame Andrié.“ [173]

Das Wetter war schlecht, als man sich endlich auf den Weg machte durch die Serra in das Tal des oberen Rio Macacu.

„Unter heftigem Regen brachen wir auf und ritten schweigend in unsere Mäntel gehüllt, eine Zigarre dampfend, durch die wolkenbelagerte Serra, immer tiefer, auf immer schlechterem Weg.“ [174]

Erst am nächsten Tag in Porto das Caixas, am Rande der Ebene, besserte sich das Wetter. Am 15. Oktober erreichten sie Bucht von Rio de Janeiro.

„Merkwürdig war es zu sehen, wie die ermüdeten Tiere anzogen, sobald sie die Seeluft witterten und frisch ging es nun voran, zwischen Gärten und Häusern hindurch, bis wir um 12.00 Uhr Rio gegenüber an der Bay anlangten. Nach kurzem Aufenthalte schifften wir unsere Tiere in 2 Faluas ein, wobei sich mein Maultier wieder sehr vernünftig benahm, umso törichter aber das von Madame Ambroise, welches uns fast eine halbe Stunde aufhielt.

Ein günstiger Wind trieb uns in einer kleinen Stunde ans andere Ufer, wir landeten an der Praya do Manuel und gleich umgab uns wieder das Lieben und Treiben einer großen bevölkerten Stadt. Ich zog nach meiner Straße zum freundlichen Willkommen und sagte dem schönen friedlichen Landleben und seinen stillen Freuden ein Jahr lang ein herzliches Lebewohl." [175]

17. Kaiserkrönung 1841

Mit der Abdankung des ersten brasilianischen Kaisers Pedro I. zugunsten seines Sohnes Dom Pedro de Alcântara begann 1831 für das junge Land eine Phase der politischen Wirren und Unruhen. Da der zukünftige Kaiser bei seinem Amtsantritt erst fünf Jahre alt war, übernahm ein gewählter Regentschaftsrat in seinem Namen die Staatsgeschäfte. Dieser Regentschaftsrat besaß aufgrund der brasilianischen Verfassung relative geringe Macht, sodass durch widerstreitende Interessen verschiedener politischer Machtgruppierungen das Land in eine Phase des politischen Chaos und ständiger Rebellion geriet. Aufstände in einzelnen Provinzen drohten das Land zu zerreißen. In Pará begann 1835 eine Sozialrevolte gegen die reichen Landbesitzer, die bis 1840 andauerte. In Rio Grande do Sul erschütterte fast gleichzeitig ein weiterer Landarbeiteraufstand das Staatengebilde. Versuche, den Staat mit einer republikanischen Verfassung umzugestalten und ihm damit eine demokratische Basis zu geben, scheiterten genauso wie verschiedene Vorhaben, den Regenten mit diktatorischen Vollmachten auszustatten.

Das Ausmaß der Staatskrise war unübersehbar. Die verschiedenen politischen Gruppierungen erkannten die Notwendigkeit einer einenden und moderierenden Zentralfigur, die sie nun in der Person des minderjährigen Monarchen zu finden glaubten. Der Kaiser schien notwendig, um das Überleben eines unabhängigen Gesamtstaates sicherzustellen. Ein Warten bis zur offiziellen Volljährigkeit des Kaisers im Jahr 1843 war nicht mehr möglich. Nach entsprechendem politischem Druck erklärte das Parlament 1840 den erst vierzehnjährigen Pedro II. für vorzeitig volljährig.[176]

Von all diesen politischen Unruhen und Querelen findet man in den Reisebeschreibungen von Ernst Hasenclever keinerlei Hinweise. Einzig beim Start seiner Reise nach Nova Friburgo bemerkte er unter dem 18. August:

„Einige Tage vorher war der junge Kaiser zu einem TeDeum (wegen seiner Majoritätserklärung) und zwar zum ersten Male nach Niteroi gekommen und trug der Ort noch viele Spuren der Festlichkeiten, welche stattgefunden hatten an sich." [177]

Ein knappes Jahr später fand die offizielle Krönung des jungen Kaisers in Rio de Janeiro statt. Ein Ereignis, das sich Ernst natürlich nicht entgehen ließ. Und so fertigte er ihm Anschluss an die Feierlichkeiten eine Beschreibung für seine Familie daheim in Deutschland an. Am Beginn dieser Beschreibung kann er sich eine kurze politische Bemerkung zu den Zuständen in Brasilien dann doch nicht verkneifen, obwohl er eigentlich keinen Kommentar dazu abgeben wollte:

„Aus diesem Grunde enthalte ich mich auch aller politischen Andeutungen, obschon es für den Eingeweihten wohl interessant war, zu beobachten, wie der durch die höfische Förmlichkeiten hervorschimmernde Hass die in einem Raum versammelte glänzende Gesellschaft in zwei Hauptparteien teilte, in die eine, welche dem verhassten vor Jahresfrist regierenden Ministerium der Andrade und Cavaleanti huldigte und in die andere, welche den neuen Ministern anhängen und welche, wie wir gerne glauben, die loyalsten Gesinnungen für das Vaterland und ihren jungen Monarchen hegen. Entblödete sich doch die erstere Partei nicht nach dem Sturze der Minister schon angefangene Ehrenburgen auf öffentlicher Straße abbrechen und stolz im Aufstreich verkaufen zu lassen und bewies dadurch, dass sie durch schöne Gerüste und rauschende Musik nur ihre Macht und Glanz nicht aber das kaiserliche Fest verherrlichen wollten.“ [178]

Aufgrund dieser politischen Querelen hatten die Vorbereitungen der Zeremonie auch länger gedauert und der Termin musste vom 23. Mai auf den 18. Juli 1841 verschoben werden.

Die ganze Stadt war für dieses bedeutende Ereignis heraus geputzt worden.

Ernst sprach in seinem Bericht von zwei Straßen, die für das Ereignis besonders geschmückt worden waren:

„...alle Straßen, besonders aber die Ruas do San Pedro schmückten sich mit Kränzen und Teppichen feenhaft. 1000 Flaggen wehten über die Kreuzwege gespannt und alle Ehrenbögen ließen unter Freuden schießen ihre Hüllen fallen. Der Atterrado, ein Viertelstunden langer Weg durch die Sümpfe zwischen der Stadt und der kaiserlichen Quinta Sankt Christofo, war eng an beiden Seiten mit Palmenbäumen bepflanzt, welche man fortwährend durch Begießen frisch erhielt und mit bunten Fahnen reich verziert hatte, sodass die sonst sonnige und halbstaubige Straße sich in eine wunderbare

Palmenallee verwandelt hatte. Der Platz, der das Entree zur Stadt bildete, war fast in einen Garten verwandelt, kurz alles atmete Freude und Festlichkeit und das vorbereitende Geräusch tönte die ganze klare Nacht hindurch von allen Ecken und Enden.“ [79]

Die Ruas do San Pedro und der sich anschließende Atterrado, ebenfalls ein Straßenzug, führten damals in grader Linie nach Westen aus der Stadt in Richtung der kaiserlichen Residenz, dem Palast Quinta Sankt Christofo. Die beiden Straßen existieren heute nicht mehr. Lediglich in alten Stadtplänen von Rio sind sie zu finden. Das moderne Straßensystem der Stadt orientiert sich noch an den alten Vorgaben, sodass die Straße im Bereich der heutigen Avenia Presidente Vargas gelegen haben muss. Der Platz, von dem Ernst sprach, und der damals das Eingangstor zur Stadt bildete, existiert noch heute. Es ist der Praça da Republica oder Campo Santana, wie er in alten Plänen genannt wurde.

Der Kaiserliche Palast, in dem schon Pedro I. residiert hatte und in dem der neue Kaiser Pedro II. geboren und aufgezogen worden war, beherbergt heute das brasilianische Nationalmuseum und liegt unweit des weltberühmten Maracanã-Stadions.

Auch die von Ernst beschriebenen Hauptschauplätze der Krönung sind heute noch auffindbar.

Kaiserlicher Palast vor den Toren von Rio, der Imperial de São Cristóvão

„Auf dem Palais-Platz erhob sich in glänzender Pracht neben dem neu aufgeputzten Palais eine große offene Veranda, die einen würdigen Verbindungsgang des Thronsaales mit der kaiserlichen Kapelle bildete, worin die heilige Handlung stattfinden sollte.“ [180]

Bei dem von ihm als Palais bezeichneten Gebäude handelte es sich um die Stadtresidenz der brasilianischen Kaiser. Das Paço Imperial genannte Gebäude wurde bereit 1738 als Sitz des damaligen Gouverneur von Rio de Janeiro, Gomes Freire de Andrade, erbaut und diente zwischenzeitlich auch als Palast des Vizekönigs.

Nach der Unabhängigkeit Brasiliens im Jahr 1822 lag hier das Verwaltungszentrum des neuen Kaiserreiches. Die nahe gelegene Kapelle war eine alte Karmeliterkirche, die seit 1808 als Kathedrale von Rio diente und 1822 zur kaiserlichen Kapelle wurde, in der als wichtigste Ereignisse die beiden Krönungen der brasilianischen Kaiser vollzogen wurden.

Insgesamt dauerten die Feierlichkeiten zur Krönung neun Tage, in denen die Stadt besonders beleuchtet war und immer wieder Feuerwerke abgebrannt wurden. Beim Aufbau des größten Feuerwerkes kam es am 23. Juli zu einem schweren Explosionsunglück. In einem auf dem Campo Santa Ana extra zu dieser Gelegenheit errichteten

Lithographie des Palastes aus den 1830er Jahren

Gebäude war das Feuerwerksmaterial gelagert worden. Dieses hatte sich entzündet und im großen Umkreis Verwüstungen verursacht.

Ernst schrieb dazu:

„Ich eilte mit dem Menschenstrom nach dem Campo, aber welch ein trauriger Anblick empfing uns. Nur noch zwei Fensterbögen standen von dem ganzen Gebäude und soweit man sah, war der ganze Platz von Ziegeln, Steinen, Schutt und Papierschnitzeln bedeckt. Obschon man im Innern der Stadt wenig von der Explosion vernommen hatte, waren doch nach einer Richtung hin bis auf 20 Minuten weit die Fenster aller Häuser gesprungen. Sieben Menschen waren ums Leben gekommen und unter anderem der Sohn der Oberfeuerwerkers, der zuerst seinen Vater zum Fenster hinausgelassen hatte und beim Nachspringen von der stürzenden, gewaltigen Mauer bedeckt worden war. Noch war ich Zeuge wie ein Arbeiter lebend und nur am Arme verletzt aus dem Schutte ausgegraben wurde." [181]

Der Zutritt zu den offiziellen Feierlichkeiten war streng reglementiert und Ernst ließ seine Beziehungen spielen, um in den Genuss einer Einladung zu kommen. Er besaß Kontakte zum preußischen Konsul in Rio, der ihm den Zutritt verschaffte.

„Durch die Güte und das Bemühen des Konsuls Leo Theremin, gelang es, mir eine Eintrittskarte in das Palais zu verschaffen. Nicht ohne Schwierigkeiten gelang es aber und der freundlichen Minister des Auswärtigen Aureliano, ließ zweimal meine Karte holen und erkundigte sich genau nach den Verhältnissen meiner Familie und doch währte es noch mehrere Tage, bis ich in Begleitung folgenden Briefes eine Karte erhielt, worauf stand: ein Billet für Ernesto Hasenclever. Hierdurch war ich denn nun auf einmal hoffähig geworden und hatte aber alle Hände voll zu tun, mir einen Hofanzug zu verschaffen." [182]

Bei der Durchführung der weiteren Vorbereitungen zeigte Ernst die sparsame Kaufmannsseite. Nicht ohne Stolz berichtete er, dass er bei der Herstellung seiner Fest-Garderobe eine gewaltige Summe gespart hatte, weil er dafür Stoff und Samt aus dem eigenen Lager genommen hatte.

„Trotz der ungeheuren Preise kostete mein Kleid und Zubehör nicht über 250 Milreis, während andere fast allein für den Samt so viel haben bezahlen müssen." [183]

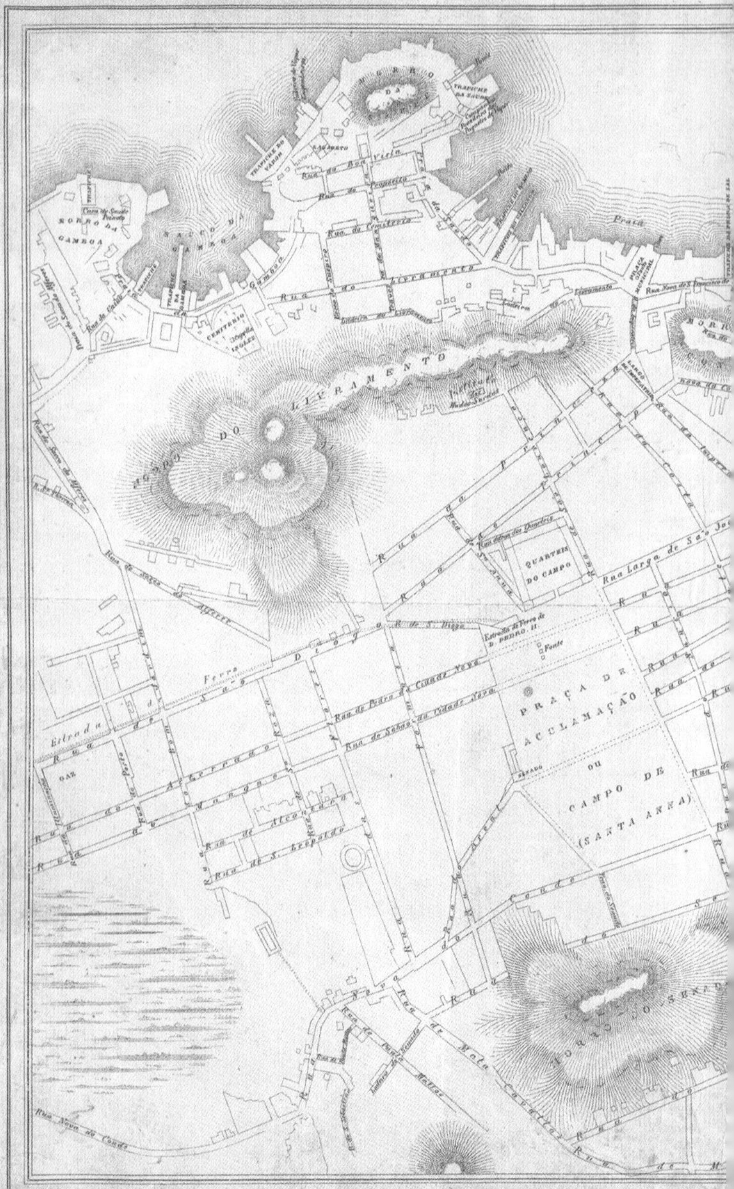
MORRO DA GAMBOA
SACCO DA GAMBOA
TRAPICHE DO VAPOR
TRAPICHE DA SAUDE
MORRO DA SAUDE
Rua da Boa Vista
Rua do Cemiterio
Rua do Livramento
CEMITERIO INGLEZ
MORRO DO LIVRAMENTO
QUARTEL DO CAMPO
Rua Larga de São Jo
Estrada de Ferro de D. PEDRO II
Fonte
PRAÇA DE ACCLAMAÇÃO
OU
CAMPO DE
(SANTA ANNA)
Rua de S. Diogo
Rua de Pedro da Cidade Nova
Rua de Sabão da Cidade Nova
Rua de Alcantara
Rua de S. Leopoldo
GAZ
Estrada de Ferro
Rua Nova do Conde

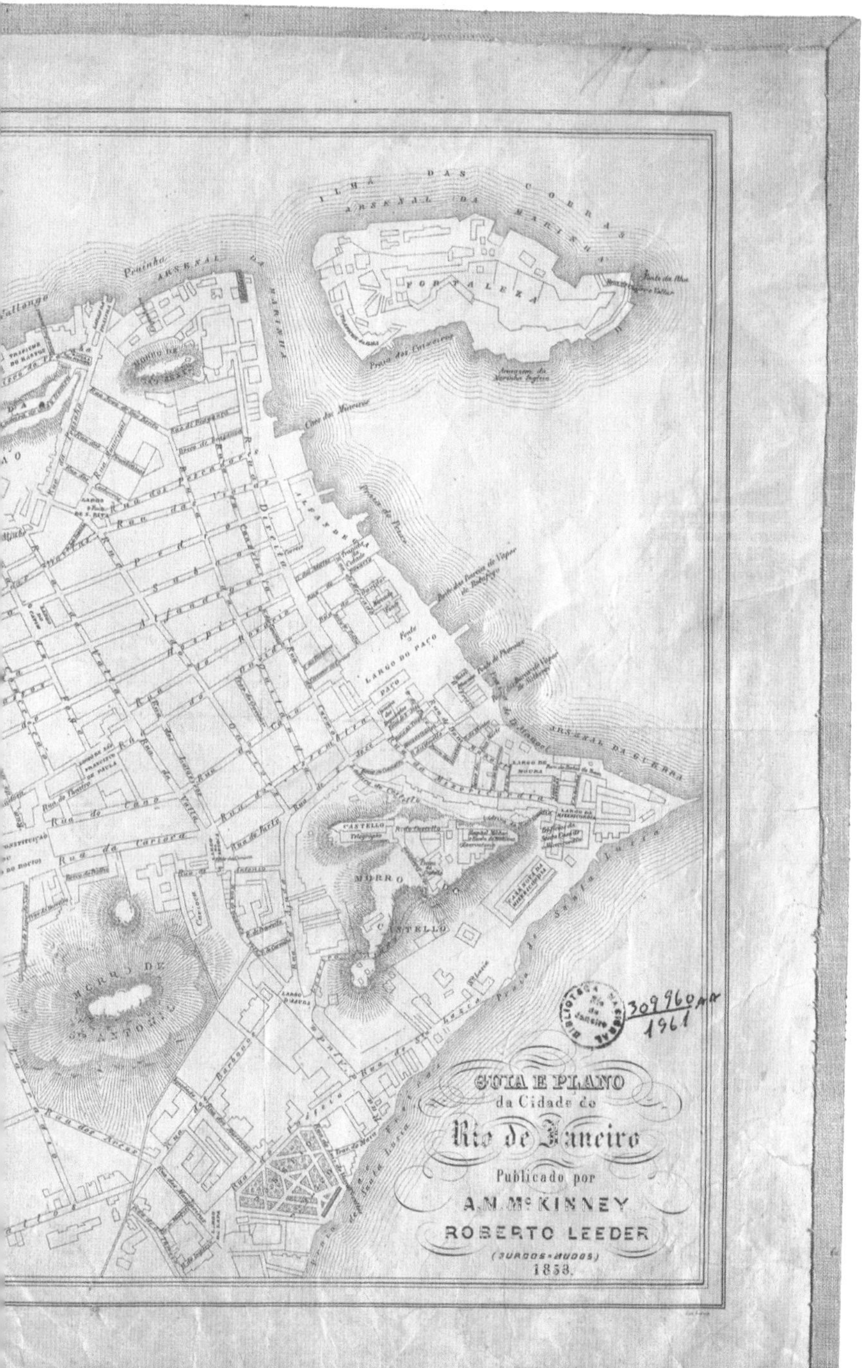

Karte von Rio de Janeiro von 1858

„Der Anzug war ganz a lá Francais, der Rock mit weißem Atlas verbrämt, langen breiten Schößen, lange in zwei Quasten auslaufende Westen, Spitzenbrause, ein batistenes, eng anschließendes Halstuch, Spitzenmanschetten, weiße seidene Strümpfe und Schuhe von Glanzleder mit Schnallen und ebenso Schnallen an den Knien. Ein Claque-Hut mit weißer Feder und an einem weiß seidenen Gehänge ein Galanteriedegen mit weiß lackierter Scheide. Auf dem Hute prangte die preußische Kokarde. Mein Anzug war geschmackvoll und saß vortrefflich und es fehlte nur eine lange weiße Perücke, um mich an den Hof von Louis XIV zu versetzen.“ [184]

Auch bei dem notwendigen Transport zu den Veranstaltungen gelang ihm, sehr zu seiner Freude, ein Schnäppchen.

„Und was die Hauptsache war, ich hatte nicht nötig, einen Wagen zu mieten. Für den 18. Juli hatte ich einen ganz neuen Wagen, Kutscher und zwei Bediente ganz umsonst, da der Eigentümer ein Freund von mir durch den Tod seines Bruders verhindert war Gebrauch davon zu machen und zum Balle am 24. war ich von meinem Konsul in seinen Wagen eingeladen, welchen er nur für drei Tage 500 Milreis hatte geben müssen. So war ich aufs Beste eingerichtet und konnte den festlichen Tagen mit Freude und Erwartung entgegen sehen.“ [185]

Nun konnte auch für Ernst das Fest beginnen. Am Freitag, den 16. Juli begannen die mehrtägigen Krönungsfeierlichkeiten mit dem Besuch einer Heiligen Messe durch den Thronfolger. Diese fand in der Kathedrale statt.

„So brach der schönste Tag, der Freitag an, einer jener herrlichen unbeschreiblich reinen Sonnentag, womit die Tropenländer in den kühleren Monaten so oft begünstigt sind und donnernd weckten die Kanonen der Forts und der zahlreichen Kriegsschiffe im Hafen die Einwohner von der geschmückten Hauptstadt. Die Polizei hatte ihre vortrefflichen Maßregeln schon Tage vorher bekannt gemacht und kein Wagen, kein Reiter beunruhigte die wogende Menge in den beiden oben genannten Straßen durch welche sich die feierliche Prozession der Wagen des Einzugs bewegen sollte.“ [186]

Neben der notwendigen Verkehrsregelung hatte die Obrigkeit auch noch auf andere Weise für ein „sauberes und ungestörtes“ Fest gesorgt, über die sich Ernst keinen weiteren Gedanken machte, denn es fügte sich auch in sein Bild der Welt.

„Eine Hauptmaßregel erhielt den lautesten Beifall, nämlich kein Neger und kein Farbiger durfte in lumpigem Anzuge oder ohne Schuhe sich in diesen Straßen blicken lassen und sah man nur festliche Kleider und geputzte Menschen und alle Farben in frohem Gedränge“ [187]

Doch dies war nichts Besonderes für ein Land, in dem trotz offiziellen Verbots noch immer die Sklaverei herrschte.

„Bis gegen 02.00 Uhr ließ man der Menge Zeit, in der brennenden Sonne sich herumzutreiben und fing schon Ungeduld an, sich mächtig zu regen, als Kanonendonner, Glockengeläute und tausend gegen die Sonne heranrasselnde Raketen verkündeten, dass der Zug sich nahte. Alle Forts und Schiffe salutierten, alle Musikchöre ließen die Nationalhymne erschallen. Weihrauch stieg von den Tempeln und ihren Bögen empor, tausendfacher Jubel erbrauste und betäubte, da kamen die ersten Wagen. 198 reiche Equipagen fuhren an unseren Augen vorüber mit unbedeutenden oder wichtigen und interessanten Personen, Ritter in alter Hoftracht, Kammerherren und Pferde, Hellebardiere in Harnischen, alles in schöner, geregelter Ordnung zogen sie vorüber und zuletzt seinen Schwestern folgend, in seinem reichen Staatswagen, von den Insignien seiner Macht umgeben, erschien der junge Kaiser mit ernster Miene und blickte ruhig in das Getümmel vor und neben ihm. Sieben Bischöfe, den alten Erzbischof von Bahia an der Spitze, umgeben von Rittern und Geistlichen, empfing die Personen des Einzuges sowie sie sich der Kapelle näherten und als auch der Kaiser unter dem Menschengedränge in der Kirchentür entschwand und das Te Deum in rauschenden Tönen aus den offenen Pforten hinausströmte, da war für die Zuschauer auf den Straßen nichts mehr zu sehen und die Menge zerstreute sich langsam, um sich bei frohem Mahle und im Schatten der Häuser von der Hitze der Straßen zu erholen und sich Kräfte zu sammeln abends die glänzenden Erleuchtungen in allen Teilen der Stadt zu bewundern.“ [188]

So endete der erste Tag und der folgende Samstag war für die Bewohner der Stadt ein normaler Arbeitstag. Erst für den Sonntag waren die feierliche Krönung und der anschließende Ball angesetzt.

„Wieder erscholl Kanonendonner von allen Orten und im heißen Sonnenschein füllten sich die Straßen schon früh mit zahllosen Scharen geputzter Menschen. Die Nationalgarde mit ihren Pferden, zum Teil guten Musikchören, belebten die ganze weite Stadt.“ [189]

Auch Ernst machte sich in der oben beschriebenen, feierlichen Garderobe und in der „günstig“ übernommenen Kutsche um neun Uhr auf den Weg. Das alles unter den bewundernden Blicken der Nachbarn, wie er nicht ohne Stolz bemerkte. Der Andrang vor dem Portal des Paço Imperial war indes so groß, dass sein Kutscher erst um 11.30 Uhr vorfahren konnte:

„Ein glänzender Hofmarschall empfing die Ankommenden, also auch meine Wenigkeit und führte mich in den ersten Versammlungssaal. Hier wimmelte es nun von Uniformen und Hofkleidern So marschierte ich im feierlichsten Schritt auf anständigste Weise bis ich in den Thronsaal kam. Da näherte sich der Zug und dicht vor meinen Augen vorbei, dass ich alles hätte greifen können, kam von den großen Ordensträgern gefolgt und von

Stadtpalast in Rio, Paco Imperial 1840

kleinen Knaben in grüner Hoftracht auf Samtkissen getragen, die Krone, Mantel, Schwert, Zepter und Reichsinsignien. Die Krone strahlte vor Diamanten und ward sie allein auf 350 Contos geschätzt. Nicht minder reich und kaiserlich waren die übrigen Gegenstände und so langsam und feierlich bewegte sich der Zug vorwärts, dass ich hinlänglich Gelegenheit hatte, alles in Ruhe zu betrachten. Dann erschien von seinem Hofstaat umgeben, der Kaiser ganz in weißem Atlas gekleidet und mit seinem breiten kaiserlichen Ordensband und einem weißen Barett mit wallendem Federbusch. Er sah prächtig und recht wie ein kaiserlicher Herr aus. Seine Gestalt, groß und für sein Alter sehr stark, gewann in dem schönen Anzuge, nur waren seine Minen auffallend blass und angegriffen. Ihm folgten unmittelbar seine reich geschmückten Schwestern, von denen besonders die jüngste, Donna Franziska mit ihrer schönen schlanken Gestalt und hübschen Gesichte, hervor leuchtete. Eine Schar Hofdamen, alle in Weiß mit grünem Samtschleppen, rauschte nach und zwar langsam genug, um trotz der von Diamanten geblendeten Augen, zu bemerken, dass unter allen nur ein schönes, aber auch in der Tat reizendes junges Mädchen war. Zahllose Ritter, Geistliche und Herren bildeten den Schluss des nun weniger geregelten Zuges und auch ich schloss mich an und folgte langsam durch die Reihe der Säle über die Veranda bis zur Türe der Kapelle, wo ich langsam lustwandelnd umkehrte um die mir befreundeten Damen der Konsuln und Diplomaten aufzusuchen und mich ihnen in meinem Putze zu präsentieren.“ [190]

Nachdem der Krönungszug in der Kapelle verschwunden war, nutzte Ernst die Gelegenheit, um durch die die nun deutlich geleerten Räume des Paço Imperial zu wandern und alles ausgiebig zu betrachten. Recht überheblich urteilte er über *„ein paar große Gemälde aus der brasilianischen Geschichte, ziemlich schlecht und grob gemalt“*, um danach die Orden des jungen Kaisers zu betrachten.

Alte Krönungskathedrale in Rio

Zu seinem Bedauern stellte er fest, dass unter den hohen ausländischen Orden des Kaisers der Schwarze Adlerorden Preußens noch fehlte.

Weiter umherschlendernd traf er auf den Direktor der Goldmine von Gongo Soco. Dieser hatte offenbar einen versteckten Weg in die Krönungskapelle gefunden, und bat Ernst,

„...mit ihm auf gut Glück dahin vorzudringen, indem er meinte, man könne uns im schlimmsten Falle doch nur zurückweisen. Ich war natürlich dabei und so schritten wir mit Amtsmienen vorwärts und sahen uns plötzlich auf einer Tribüne in der Emporkirche im dichten Gedränge und zwar dicht bei den Prinzessinnen. Aber da grade der feierliche Moment war, wo unter Pauken- und Trompetenschall der Erzbischof von Bahia dem Kaiser die Krone aufsetzte, so bemerkte uns niemand und wir hatten so das Glück, Zeuge des wichtigsten Augenblicks des Tages zu werden und uns dann still wieder zurückziehen zu können." [191]

So gelang es Ernst, frech wie er war, tatsächlich bis ins Allerheiligste dieser Staatszeremonie vorzudringen und man kann sich förmlich vorstellen, mit welch vor Stolz geschwellter Brust er gerade diesen Abschnitt seines Berichtes verfasste. Kurze Zeit später erschein auch der frisch gekrönte Kaiser vor dem Portal der Kathedrale, um sich zurück in sein Palais zu begeben und dort die Huldigung der Landesbewohner entgegenzunehmen. Auch hier war Ernst wieder interessierter Beobachter vor allem als zum Schluss die Damen der Gesellschaft mit Verbeugung am Kaiser vorbeidefilierten.

„...was mir als nahem Beobachter Gelegenheit zu mancher komischen Bemerkung gab, da es eben nicht allen gelingen wollte, in ihren schweren Schleppen alle Grazien der Tanzkunst zu entfalten." [192]

Damit endete die Krönungszeremonie und der Kaiser zog sich mitsamt seinem Hofstaat in die Privatgemächer zurück. Nun war jeder Gast bemüht, möglichst rasch zu seiner Kutsche zu kommen. Doch dies sollte sich bei der großen Zahl der Gäste als ziemlich schwierig erweisen,

„...jeder beeilte sich, nach dem Thron des Palais vorüber zu drängen, um womöglich seinen Wagen zu erreichen. Die Equipagen hatten bereits begonnen, langsam an den Türen vorüber zu fahren. Jeder Wagen hielt einen

Augenblick und fuhr vorüber, wenn der Besitzer nicht gleich bereit war, um sich dann wieder hinten anzuschließen. Da es nun unmöglich war, die Türe und das Freie gleich zu erreichen, so musste ich denn meinen auch verpasst haben, obschon ich dem Kutscher eine Coeurdame[193] *auf den Hut gesteckt hatte, um ihn gleich zu erkennen und dauerte es bis 08.00 Uhr abends, als ich endlich ziemlich erschöpft meine Haustür erreichte."*[194]

Die Woche im Anschluss an die Krönung war wiederum eine gewöhnliche Arbeitswoche, nur die Abende war angefüllt mit Spaziergängen durch die zu diesem Zweck extra festlich illuminierte Stadt. Für zusätzliches Amüsement sorgten Aufführungen in den Theatern der Metropole, die teilweise zu diesem Anlass geschrieben worden waren. Nicht alle hatten die erwartete Qualität, wie Ernst zu berichten wusste.

„Im großen Theater war eine brillante Festvorstellung veranstaltet worden und bei dem zauberisch dekorierten Hause wurde der erste Akt von der „Italienerin in Algier" gegeben. Aber so abscheulich, so unter aller Würde und Kritik, da man das Personal aus veralteten Kastraten und einigen schlechten Sängerinnen zusammengeflickt hatte, dass selbst Brasilianer und Portugiesen nicht wagten, ihren vielleicht doch empfundenen Beifall laut auszusprechen."[195]

Auch das französische Theater der Stadt bekam sein „Fett weg". Wie so oft, wenn es um das Französische ging, drängte sich preußischer Patriotismus ans Licht.

„Noch unglücklicher aber fiel die Festvorstellung im französischen Theater aus, wo sich der französische Charakter auf die lächerlichste Art zeigte und blamierte. Es war nämlich ein albernes Stück komponiert worden, wo alle Monarchen der neueren Zeit, d. h. die ausgezeichneten „En consil de Roi" hielten und mitsammen in schwülstiger Rede überlegten, wessen Beispiel der junge, gekrönte Monarch folgen sollte und wo Gustav Adolf, Peter der Große, Friedrich der Zweite, Josef der Zweite etc. jeder seine Manier und Tugenden hervorstrich. Da erscheint der Genio do Brasil und sagt, er wollte dem Kaiser sein würdiges Vorbild zeigen und herein tritt Napoleon und hält eine ungemein dumme und schwülstige und langweilige Rede.

Die Sache war so dumm, dass kaum ein Franzose Mut zu klatschen hatte, aber das Schlimmste war, dass man den Kaiser sehr beleidigte, man hatte ihm das Stück vorlegen müssen und er hatte vieles namentlich in Napoleons Rede gestrichen und doch nur mit Mühe seine Einwilligung gegeben. Aber der Direktor nahm von dem Verbot keine Notiz und der Kaiser, sich so verhöhnt sehend, verließ plötzlich das Theater und ist noch nicht wieder zu bewegen gewesen, wie sonst jede Woche, wenigstens einer Vorstellung beizuwohnen. Und somit hat dieses Institut zu Vieler Leidwesen einen besten Haltepunkt verloren.“ [196]

Nach diesen kulturellen Enttäuschungen fieberte Ernst dem letzten Ereignis der Krönungsfeierlichkeiten entgegen, dem großen Abschlussball. Etwa 1500 Personen waren zu diesem Fest geladen. Der Ball begann mit dem Defilee der Kutschen wie am Krönungstag. Eineinhalb Stunden benötigte Ernst im Wagen des Konsul Theremin für den kurzen Weg von seiner Wohnung in der Rua de Sabao zum kaiserlichen Palais, dem Paço Imperial. Endlich angekommen, mischte sich Ernst sogleich unter die Gesellschaft. Mit geübtem Blick schätzte er im Vorbeigehen nicht nur die Qualität der Kleidung und des Schmuckes ab, sondern gleichzeitig auch das Aussehen der jeweiligen Dame.

„Nun ging im Gewühl jeder seinen Weg und zwischen Bekannten und Fremden, Gold, Silber und Samtkleidern, schlich ich mich immer weiter langsam, den strahlenden Damenflor bewundernd und öfter grüßend. Ich darf wohl sagen, strahlend, wenn ich Ernst behaupten darf, auch keine Dame der ungeheuren Gesellschaft ohne Diamanten gesehen habe und sogar aus authentischer Quelle versichern kann, dass manchmal Frauen ein großes Vermögen mit sich herumtrugen. Zeigten mir doch die Frau des Ex-Regenten, eine Dame wegen ihrer Hässlichkeit, ihres Verstandes und Diamant berühmt, dass allerliebste Miniaturbild der jüngsten Prinzessin, an dem die es einfassenden großen Steine auf 120 Contos geschätzt werde und die Frau eines unserer Kunden trug, wie allgemein bekannt war, für 140 Contos Diamanten mit sich herum.“ [197]

Schließlich landete er in der Nähe des Kaisers und seiner Entourage. Sogleich fühlte er sich in seinem Element und vor allem in der für ihn seiner Meinung nach angemessenen Gesellschaft;
Ernst, der Kaiser und die Damen des diplomatischen Korps !

„Ich nahm mir gleich vor, meinen guten Schauplatz zu behaupten…“

Nach kurzem Zögern schritt er zur Tat.

„Als aber hierauf ein herrlicher Straußscher Walzer losbrauste, da hielt ich es auf dem glatten Teppich und in meinen Hoftracht nicht länger aus und benutzte eine Pause, um mit einer tiefen Verbeugung vor seiner Majestät vorüber nach den mir bekannten Damen zu schlüpfen und sah mich schon nach meinen beliebtesten Tänzerinnen um als ich auch schon in Reih und Glied stand, mit meiner Lieblingstänzerin, mit ihrer Schleppe auf dem Arm und nach Herzenslust loswalzte. Von Zeit zu Zeit wagten auch die Prinzessinnen, aber immer nur mit jungen Mädchen, da es gegen die Hofsitte ist, dass Männer ihre Hoheiten um die Taille fassten. Aber so hübsch ihre Contretänze so hässlich sieht ihr Walzer aus, da sie erstens schlecht walzen und zweitens von den Mädchen schlecht geführt wurden. Aber der Hauptvorteil dabei war, dass die Walzer alle fast eine halbe Stunde dauerten. Es begreift sich, dass ich einmal im Zuge nicht vor Ende aufhörte und es vor allem mir zur großen Freude gereichte, in dem Kreise der kaiserlichen Hoheiten zu tanzen, während doch noch 6 oder 7 andere Kreise in den verschiedenen Sälen sich gebildet hatten.“ [198]

Nach Mitternacht wurde zum Souper gebeten. Wegen der enormen Anzahl der Gäste speiste man im Schichtbetrieb, zunächst die Damen, dann die Herren, immer 250 an der Zahl.

Ernst freute sich über den vorzüglichen Rheinwein, der stilgerecht im Römer serviert wurde.

„So verging das schöne und rauschende Fest und verwob sich lieblich in wohl vielen Teilnehmer Morgentraum und als unter dem Geläute der Sonntagsglocken nun im hellen Sonnenstrahl der gekrönte kaiserliche Jüngling seine Hauptstadt wieder verließ und der Trompetenklang und seine vorüberdonnernden Wagen, die noch müden Schläfer weckte, da mögen viele sich mit mir erhoben haben, um diese vergangenen schönen Tage in dem Kalender ihres Lebens mit allen Regenbogenfarben zu unterstreichen.“ [199]

Die Beschreibungen der Krönungsfeierlichkeiten des brasilianischen Kaisers aus dem Sommer des Jahres 1841 waren für die folgenden Jahre des Aufenthaltes in Brasilien die letzten erhaltenen Aufzeichnungen aus der Feder von Ernst Hasenclever.

Da er neben den Reisebeschreibungen gleichzeitig sehr häufig Zeichnungen von besuchten Regionen und Orte anfertigte, kann man aber annehmen, dass er auch in den Jahren 1842 und 1843 die Sommermonate in Nova Friburgo verbrachte. Aus diesen Jahren existieren Zeichnungen von Nova Friburgo. Die Vermutung liegt auch deshalb sehr nah, da ihn mit einigen Bewohnern des Örtchens intensive Freundschaften verbanden und sich Nova Friburgo zu einer Art Sommerfrische für die hitzegeplagte europäische Bürgerschaft von Rio de Janeiros entwickelt hatte.

Neben den Reiseberichten in Form der vorliegenden Hefte existierte weiterhin ein intensiver Briefverkehr zwischen Rio und der Heimat. Dieser Briefverkehr bezog sich zum größten Teil auf die Geschäfte der Firma Hasenclever. Auf diesen Geschäftsbriefen finden sich immer wieder Vermerke, dass auch private Korrespondenz beigelegt wurde. Die Geschäftskorrespondenz ist in großen Teilen erhalten und befindet sich heute im Remscheider Stadtarchiv. Von der privaten Korrespondenz sind bei der Familie in Deutschland nur wenige Exemplare erhalten. Kein Brief stammt aus dem betreffenden Zeitraum. Da sich im Laufe der Jahre mit der wachsenden Handelstätigkeit auch die Häufigkeit des Briefwechsels erhöht hatte und die Postverbindung innerhalb des Landes besser wurde, wird Ernst diese Gegebenheiten genutzt haben, um kürzere Berichte aus seiner Sommerfrische in die Heimat zu schicken.

Auch die Anfänge seiner jeweiligen Berichte änderten sich im Lauf der Jahre und sprechen für diese Interpretation. Die Berichte aus den Jahren 1839 und 1840 erwecken beim Lesen den Eindruck, dass sie aufgeschrieben wurden, um irgendwann später – nach seiner Rückkehr aus Brasilien – gelesen zu werden. Die Anfänge der späteren Aufzeichnungen legen sogar die Vermutung nahe, dass sie bereits vor seiner Rückkehr aus Brasilien an die Familie geschickt wurden, um sie so an seinem Leben teilnehmen zu lassen. Das hing vielleicht auch damit zusammen, dass auch Ernst, ähnlich wie sein Cousin Gottfried, wesentlich länger in Brasilien geblieben war, als ursprünglich geplant.

18. Rückreise nach Deutschland

Salvador de Bahia

Am 24. Januar 1844, sechseinhalb Jahre nach seiner Abreise aus Deutschland, begann für Ernst Hasenclever die Rückreise in die Heimat. Sie sollte wesentlich länger dauern, als er es sich zu Beginn vorgestellt hatte.

Diesmal nahm er nicht den direkten Weg über den Südatlantik, sondern reiste zunächst nordwärts, entlang der südamerikanischen Küste vorbei an der Karibik und weiter in die Vereinigten Staaten von Amerika. Auf dem Weg nach Norden machte er jeweils für mehrere Wochen Station in verschiedenen Städten, in denen seine Firma Beziehungen mit anderen Handelsunternehmen besaß. Sein erster Zwischenstopp war in der alten brasilianischen Stadt Bahia, die heute den Namen Salvador de Bahia trägt. Ähnlich wie Rio de Janeiro lag die Stadt an einer großen Bucht, die einen idealen Hafen darstellte, sodass hier bereits am Anfang des 16. Jahrhunderts eine erste von Europäern bewohnte Siedlung entstanden war. 1549 erfolgte die offizielle Gründung der Stadt durch den von der portugiesischen Krone als Generalgouverneur entsandten Tomé de Sousa, der zum Schutz des Hafens die Festung São Salvador errichtete. Zunächst war Holz das Hauptausfuhrgut. Sehr schnell stellte man fest, dass sich die Böden und das Klima in den brasilianischen Küstenregionen hervorragend zum Zuckeranbau eigneten. Die dazu notwendige Plantagenwirtschaft hatten die Portugiesen bereits auf der Insel Madeira und in Afrika erprobt und übertrugen sie nun in das Hinterland von Salvador. Damit wurde der Zucker seit dem 17. Jahrhundert das Haupthandelsgut. Die zur Plantagenwirtschaft benötigten Arbeitskräfte fand man unter der indigenen Bevölkerung, die zu diesem Zweck versklavt wurde. Hohe Arbeitsbelastungen und eingeschleppte Krankheiten dezimierten die Indianerstämme der Küstenregion in atemberaubender Geschwindigkeit, sodass bald Sklaven aus Afrika eingeführt werden mussten. Damit wurde Salvador de Bahia zu einem der Haupthäfen für die Einfuhr von Sklaven.

Neben dem Zucker exportierte Brasilien im 18. und am Anfang des 19. Jahrhunderts aus Salvador auch Viehprodukte und Tabak. Bis 1763 war die Stadt Regierungssitz der portugiesischen Kolonie Brasilien. Ebenso wie in vielen anderen brasilianischen Hafenstädten hatten sich in Salvador de Bahia Vertreter verschiedenster europäischer Handelsnationen und -häuser niedergelassen, die von dem Boom nach der Unabhängigkeit des Landes profitieren wollten. Architektonisch dominierte auch in Salvador de Bahia der Barock. Die Stadt, so sagt die Legende, besitze 365 Kirchen, eine für jeden Tag im Jahr. Die prachtvollste ist die Kirche São Francisco. Einen Großteil ihrer Innenausstattung besteht aus Azulejos, den blauen portugiesischen Fliesen, die der Künstler Bartolomeu Antunes de Jesus im Jahr 1737 in Portugal gefertigt hat. Nummeriert wurden sie dann über Tausende von Seekilometern nach Bahia transportiert und an die Wände geklebt. Die restaurierte Altstadt ist heute UNESCO Weltkulturerbe.

Nach einer recht kurzen und gut verlaufenden Reise erreichte Ernst Hasenclever am 31. Januar 1844 den Hafen von Salvador de Bahia:

„Um zwei Uhr sahen wir auf der Küste einen etwas höheren Berg, Morro de San Paulo, das Merkmal der Nähe von Bahia und um sechs Uhr sahen wir ferner die Höhen von Bahia und hatten schon längst die große Insel Itaparica zur Seite, welche innerhalb der Baia de Todos os Santos gegenüber Bahia beginnt und sich weit bis ins Meer hinaus dehnt. Diese Insel hält etwa 7 Quadratmeilen, ist teils eben, teils von mäßigen Hügeln durchzogen und hat außer einigen kleinen Städten, namentlich viel Zuckerhaziendas. Bald strahlte uns nun der sehr helle Leuchtturm von Bahia entgegen,

Leuchtturm vor Salvador de Bahia

Santa Maria-Bahia

welcher an der breiten Einfahrt rechts auf einem Hügel schön erbaut ist. Bahia ist sehr ausgedehnt und gewährt vom Wasser aus einen prächtigen Anblick, da in der schmalen Unterstadt am Strande fast alle Häuser fünf Stock hoch und gut gebaut sind. Über diesen hin zieht sich nun am Berge hinaus bis zur Höhe von etwa vier- bis fünfhundert Metern die obere Stadt in den wunderlichsten Gruppen, Formen und seltsamsten Terrassen, welche oft sehr kühn angelegt sind und mit wirklich schönen Gebäuden geschmückt sind. Fast alle hervortretenden Punkte sind mit Kirchen und Klöstern, davon es eine Unzahl gibt, bedeckt. Dazwischen einzelne Gärten und überall stolze Palmen. Alles zusammen macht den Anblick von Bahia zu einem der schönsten den man sehen kann.

Oben auf der Höhe sind nun viele und sehr lange Straßen zwischen Höhen und Tiefen angebaut und meist mit hohen schönen Häusern, welche noch vom früheren Reichtum Bahias zeugen. Die Stadt ist mit einzelnen Gärten, Plätzen und Kirchhöfen malerisch verziert und nimmt deshalb einen bedeutenden Raum ein. Man schätzt die Zahl der Bewohner auf 120.000 bis 140.000, wovon bei Weitem der größte Teil Schwarze und Mulatten sind. Alles was zum Handel gehört wird in der unteren Stadt betrieben. Diese zieht sich zwar sehr in die Länge am Strande hin, hat aber nur wenige enge Straßentiefe. Deshalb hat man auch den Raum möglichst benutzt und sehr hohe Häuser gebaut. In diesen nahm gewöhnlich in den ersten, zweiten und dritten Stock die Kontore und Magazine der fremden Häuser oder überhaupt der Handelshäuser ein. Im vierten und fünften Stock wohnen die niedrigen Klassen der Einwohner und Parterre sind Läden, Vendas etc. Am Nachmittag, 04.00 und 05.00 Uhr schließt man die Kontoires und Schiffs und Commies, alles begibt sich nach der oberen Stadt, die Magazine ohne weitere Wache lassend und hat man doch noch kein Beispiel von gewaltsamen Einbruch.

Diese Lebensweise ist natürlich sehr gesund und dem Klima ganz angemessen, da es unten sehr heiß, oben in der Stadt aber auf dem hoch liegenden Lande aber fast immer frisch und kühl ist. Dadurch hat Bahia schon einen großen Vorzug vor Rio und namentlich für die Commies, welche dort immer in der heißen Stadt wohnen müssen." [200]

Da ihm die Stadt nicht bekannt war, zog er es vor, die Nacht an Bord des Schiffes zu verbringen und sich erst am nächsten Tag auf die Suche nach einem Quartier zu begeben. Sein Nachtlager auf dem leeren Schiff hatte er sich an Deck zurechtgemacht. Hier war die Luft deutlich angenehmer als unten im stickigen Schiffsrumpf. Nachts um zwei überraschte ihn ein kurzer, aber dafür umso heftigerer tropischer Regenschauer. Klatschnass zog er sich mit seinem Bett unter Deck zurück. Am nächsten Tag machte er nach dem Landgang sofort einen Abstecher zu ihm bekannten Handelsvertretern.

„Nachdem ich mich nun einigermaßen erfrischt hatte, stieg ich wieder hinab und machte Herrn August Gülzow, Chef des Hauses Friedrich Gülzow, womit wir in Bahia arbeiten, meine Aufwartungen . Derselbe stellte mich noch demselben Morgen an der Börse verschiedenen Herren vor, wovon ich Herrn Wolters (Erster Hamburger Konsul), Laue und Pretorius erwähne." [201]

So waren die ersten Kontakte geknüpft. Nach dem erwähnten Besuch der Handelsbörse von Salvador de Bahia erledigte er einen offiziellen Auftrag des preußischen Konsuls Theremin aus Rio de Janeiro. Dieser hatte ihm ein Beglaubigungsschreiben für einen neuen preußischen Vertreter in Salvador de Bahia mitgegeben. Handelsvertreter übten oft gleichzeitig die Vertretung ihrer Heimatländer aus. Sie kannten die Situation vor Ort und waren deshalb begehrte Ansprechpartner. Staats- und Handelsbeziehungen gingen oft Hand in Hand und so war es nur logisch, die Vertreter der Handelskompagnien mit staatlichen Aufgaben zu betrauen.

„Hierauf besuchte ich Herrn P. Berndes, Chef des Hauses W. A. Biber & Co., der ein sehr netter Mann ist und überbrachte ihm außer einem Empfehlungsbrief noch seine verschiedenen Patente als preußischer Konsul mit, welche Theremin mir für den selbigen mitgegeben." [202]

Salvador da Bahia ist heute Brasiliens sogenannte schwarze Hauptstadt. Gut zwei Drittel der zweieinhalb Millionen Einwohner sind Afrobrasilianer, Nachkommen der einst hierher verschleppten Sklaven. Die große Anzahl schwarzhäutiger Menschen bemerkte auch Ernst und machte sich sogleich Sorgen über einen möglichen Aufstand. Seine Befürchtungen waren nicht ganz unbegründet, denn vor und während seines Aufenthaltes in Brasilien war es in verschiedenen Landesteilen wiederholt zu Aufständen gekommen. An diesen teilweise sozial begründeten Revolten hatten sich zunehmend geflohene Sklaven und Freigelassene beteiligt. 1835 gab es auch in Salvador de Bahia eine Rebellion afrobrasilianischer, muslimischer Sklaven, die allerdings schnell und brutal unterdrückt wurde.

Die Vorteile der vielen Sklaven wusste Ernst jedoch, trotz seiner Bedenken, durchaus zu nutzen. Wie aus seiner Ortsbeschreibung zu ersehen war, hatte Salvador de Bahia zwei voneinander getrennte Stadtteile. An Bucht und Hafen lagen die Handelshäuser, auf einem Höhenrücken darüber das eigentliche Stadtquartier. Zur bequemen Überwindung des Höhenunterschiedes mietete Ernst eine Sänfte, in der ihn *„zwei Neger in starkem Schritt"* in die Oberstadt trugen.[203] Besonders freute er sich über den geringen Preis dieser Dienstleistung.

Die folgenden Tage waren mit weiteren Besuchen gefüllt, meist in Begleitung von Herrn Gülzow, und so lernte Ernst dabei die vor Ort lebenden Europäer kennen.

„Das gefällt mir überhaupt hier in Bahia sehr, dass die Freunde worunter denn vorzugsweise wieder jede Nation für sich viel sehen und die Abende ganz gemütlich mit Plaudern, Musik und Spielen zusammenzubringen. Da sie alle außerhalb der Stadt und nahezu zusammen wohnen, so macht es sich von selber, dass sich immer einige zusammenfinden und hat Bahia darin einen großen Vorzug vor Rio, wo alles entweder in Stadt oder auf dem Lande zerstreut ist und immer nur wenige zusammenhalten. Auch ich war hier weniger förmlich und kann alle Besuche sogar zu Tisch in weißen

Jacken machen, was in diesem Lande meiner Meinung nach das halbe Vergnügen ist.“ [204]

Ernst war jedoch nicht zu seinem Vergnügen nach Salvador de Bahia gekommen. Hauptzweck dieser Reise war nicht Urlaub, sondern Arbeit. Die Anbahnung und Entwicklung der Geschäfte des Familienunternehmens Johann Bernhard Hasenclever & Sohn, für das er nach Südamerika gegangen war, standen hier eindeutig im Vordergrund. So nutzte er das Kontor ihres Geschäftspartners Gülzow, um sich täglich mit seinen geschäftlichen Beziehungen zu beschäftigen. Leider geht aus seinen Aufzeichnungen nicht ganz klar hervor, ob er bei seiner Reise aus Rio auch Waren mitführte. Er beschwerte sich jedoch mehrfach über die schleppende Abwicklung des Zolls in Bahia, sodass er seine Waren „nicht disponieren“ konnte.

„Ich beschäftigte mich den ganzen Morgen im Zoll und freute mich nachher der guten Einrichtung, dass man fest in seiner Haut sitzt, denn sonst würde ich sicher im Laufe des Morgens hinausgefahren sein.“ [205]

Möglicherweise beabsichtigte er in Bahia ein Lager einzurichten, denn er ging auf die Suche nach Einrichtungsgegenständen, die er teilweise extra anfertigen ließ.

„Ich bin heute den ganzen Tag fleißig gewesen und habe angefangen, für den künftigen Gang hiesiger Geschäfte vielerlei Einrichtungen zu treffen. Zwar ist hier alles billiger wie in Rio, doch muss man immer schwere Summen bezahlen, um nur die kleinste Einrichtung zu treffen. So habe ich erst nach langem Akkordieren einen Tischler gefunden, welcher ein ganz einfaches Gestell für Eisenwaren für 90.000 Reis zu machen übernommen hat.“ [206]

Handelsgüter waren auch hier immer noch die von Hasenclever traditionell vertriebenen Eisenwaren, für die Ernst gleichzeitig nach Abnehmern suchte. Er beschäftigte sich aber nicht nur mit Gütern, die er verkaufen konnte, sondern sah sich auch nach möglichen Waren für den Einkauf um. Einen Teil der Geschäftsgewinne in Brasilien legte das Unternehmen in neuen Waren an, die dann nach Deutschland geschickt wurden. So hoffte man auf doppelten Gewinn, wenn sich das im Ausland erworbene Gut in Deutschland mit weiterem Gewinn absetzen ließ. Im Zuckerland Brasilien, im Zentrum des brasilianischen Zuckeranbaugebietes, bot sich Zucker als Handelsware natürlich an. So beobachtete er die Zuckerverladevorgänge im Hafen.

„Heute sah ich auch mehrere Zucker-Frapichen, d.h. große Magazine am Hafen, wo eine Menge Zuckerkisten aufgestapelt sind und von dort, wo sie für Rechnung der Eigner lagern, in Leichter an Bord der Schiffe verschifft werden, so wie sie von Exporteurs angekauft sind. Diese Kisten sind ca. 1200 Pfund und 100 Milreis durchschnittlich wert. Man muss des großen Gewichts halber beim Verladen sehr vorsichtig sein und obschon es durch Kran geschieht, wurden doch noch vorgestern zwei Neger durch eine fallende Kiste breitgeschlagen. Übrigens muss man die Leichtigkeit bewundern, womit die Schwarzen solche schweren Kisten drehen und rollen, was immerfort nötig ist, da oft 100 Tanzenderos ihre Waren in ein- und demselben Magazin lagern haben und solche also zu sehr verschiedenen Zeiten gekauft, aufgestapelt und verladen werden.“ [207]

Bei seinen Treffen mit anderen Kaufleuten waren der Zucker-Preis und die Börsen-Kurse immer ein wichtiges Gesprächsthema.

Während seines Aufenthaltes in Salvador de Bahia machte Ernst auch Bekanntschaft mit dem brasilianischen Karneval. In ihm hatten sich während der langen, vorwiegend katholisch geprägten Kolonialzeit, Elemente aus indigenen, europäischen und afrikanischen Kulturen gemischt. Vor allem Kirchenfeste hatten sich zu jahrmarktartigen profanen Straßenfesten mit Musik und Tanz entwickelt. Die Prozessionen wurden von unterschiedlichsten afrikanischen und europäischen Instrumenten begleitet. Schon in Rio beschwerte sich Ernst über die „wilden“ Tumulte und die unmelodiöse Musik bei Gottesdiensten. Hier sah er sich nun deutlich raueren Gebräuchen gegenüber, für die er aus seiner „weißen“ und protestantischen Perspektive kein Verständnis aufbrachte.

„Gottlob sind die Karnevalstage vorbei! Nun kann man doch wieder ausgehen. In Rio ist das Wassergießen schon toll genug. Hier aber so wahnsinnig und gemein, dass kein Mensch seine Geschäfte besorgen kann und was die hiesige Stadt vor Rio sehr auszeichnet, das heißt nach der gemeinen Seite hin, ist, dass sich hier die Neger erlauben dürfen, Weiße mit Wasser zu begießen. Auch ist man hier nicht so anständig wie in Rio und gießt gern und oft schmutziges Wasser auf alle vorübergehenden.“ [208]

In diesem Zusammenhang trat auch wieder seine Abneigung gegen die afrobrasilianischen Teile der Bevölkerung zu Tage. Ein Thema, das zu dieser Zeit bei den meisten Europäern in außereuropäischen Ländern immer eine große Rolle spielte. Insofern stellte sein latenter Rassismus keine große Besonderheit dar.

Am wohlsten fühlte sich Ernst unter Seinesgleichen. Er freute sich über jeden gesellschaftlichen Anlass, zu dem er eingeladen wurde. Besonders beeindruckte ihn der legere Umgang mit den sonst so strengen Kleiderregeln. Zu allen Anlässen konnte er in einer leinenen Jacke erscheinen. Eine Anpassung der Europäer an das feuchtheiße Klima.

„Ich weiß nicht, ob ich schon der guten hiesigen Sitte erwähnt habe, dass man hier überall selbst bei Privat-Tanzpartien, in Jacken erscheinen kann, welche daher von feinem Leinen getragen werden. In Rio dagegen, es wird solches nur sehr selten gestattet." [209]

Die Zeit vertrieb man sich mit singen, musizieren, erzählen und einem damals sehr beliebten Kartenspiel, dem Whist. Dieses dem Bridge sehr ähnliche Kartenspiel kam aus England und hatte sich im 19. Jahrhundert mit der britischen Lebensart in den „feineren" Kreisen um den ganzen Erdball verbreitet.

Im Februar erhielt Ernst gleich zweimal Nachrichten von seiner Familie aus Deutschland, die ihn beide fröhlich stimmten. Auch bemerkte er die „kurze" Postlaufzeit.

„Dafür wurde ich am 17. Februar per Paket mit gar erfreulichen Briefen von der Heimat beglückt, darunter mich ein komischer, lieber Brief von Bruder Georg besonders erfreute. Ich war sehr vergnügt, dass meine Idee per Paket schon Antwort auf die Briefe zu erhalten, welche ich im Oktober geschrieben, sich verwirklichte." [210]

Ende Februar hatte er sich in Salvador de Bahia gut eingelebt und lebte nun im Landhaus seines Geschäftspartners Gülzow ein ungezwungenes Junggesellenleben.

„Wir leben in Gülzows Landhaus ganz anmutig, fünf junge Leute zusammen, stehen um sieben Uhr auf, frühstücken um acht Uhr und wandern dann, jetzt in furchtbarer Hitze, zu unteren Stadt, was ¾ Stunden kostet. Um fünf Uhr verlassen wir gewöhnlich das Kontor, man lässt sich den Berg

hinauf für 160 Reis tragen und geht dann langsam nach der Viktoria hinaus, wo wir um sieben Uhr bei Licht unser Mittagsmahl halten. Die Hitze ist sehr groß und muss man oft die Wäsche waschen.

Meine Geschäfte gehen bis hier nicht nach Wunsch, da alles schleppt und unerträglich langsam vonstattengeht. Ich lerne auch in Bahia das größte Wort Brasiliens: Santa paciência – noch einmal von Grund aus kennen, will auch nicht klagen, wenn nur ein erfreuliches Ende bevorsteht!" [211]

Die letzten Tage des Februars und der Anfang des März waren mit viel Arbeit ausgefüllt. Welcher Art, wurde von ihm nicht näher erläutert. Immer wieder sprach er von der Erledigung des Postverkehrs, von Briefen nach Rio und nach Europa, ohne jedoch Hinweise auf deren Inhalt zu geben. Neben der Arbeit führte er auch sein gesellschaftliches Leben weiter. Einladungen zu den verschiedenen Mahlzeiten des Tages bei Freunden und Geschäftspartnern, meist Landsleute. Hin und wieder auch Kontakte zu vor Ort ansässigen Franzosen und Briten, die er oft mit ein paar chauvinistischen Bemerkungen bezüglich der nationalen Eigenschaften kommentierte. Eine neue Freizeitbeschäftigung fand er im Kegelsport, der natürlich von der deutschen Gemeinschaft in Salvador de Bahia eingeführt worden war. Mehrfach traf man sich mit großem Vergnügen bei einer Familie Kleinschmidt, die eine Kegelbahn eingerichtet hatte.

Bei einem längeren Ausritt besuchte Ernst eine bis heute sehr berühmte Kirche, die ebenfalls zu den typischen Kirchen des brasilianischen Barocks zählt. Sie lag etwas außerhalb der Stadt, am Ende einer Halbinsel. Nossa Senhor do Bonfim war auch schon zu Zeiten seines Besuches im Innern mit einem berühmten Deckengemälde dekoriert und ein Zentrum der katholischen Heiligenverehrung mit einem jährlich wiederkehrenden Prozessionsfest. Das farbenfrohe Fest, von dem ihm nur berichtet wurde und das vor allem von afrobrasilianischen Gläubigen besucht wurde, stieß ihn aus diesem Grund ab. Sein Kommentar im Angesicht der Kirche: *„ mittelgroß und von großer Unbedeutendheit."* [212]

Auf demselben Ausritt besuchte er eine neu errichtete Papierfabrik, die in der Nähe der Stadt mit Hilfe der Wasserkraft aus Bananenstämmen und Aloeblättern Papier herstellte, dessen Qualität ihn beeindruckte und von dem er gleich eine Probe mitnahm.

Auch im März erregten Zollprobleme weiter seinen Unmut. Oft musste er tagelang auf die Freigabe seiner Güter warten.

„Es ist mir in meinem Leben noch keine solche Kleinstädterei vorgekommen, wie im hiesigen Zoll und verliere ich dabei meine beste Zeit.“ [213]

An einem der Wochenenden unternahm Ernst mit Freunden einen Spaziergang zum Leuchtturm am Eingang der Bucht von Salvador de Bahia, der innerhalb eines alten portugiesischen Forts lag. Der Leuchtturm war 1835 an der Stelle eines älteren Vorläufers errichtet worden und war ein wichtiges Seezeichen für die Einfahrt aus dem Atlantik in die Baía de Todos os Santos (Allerheiligenbucht). Bei der Besichtigung des aufgelassenen Forts packte ihn und seine Genossen der Übermut. Neben einigen alten Kanonenrohren lagen auch Stapel alter verrosteter Kanonenkugeln

„Wie wir über die hohe Mauer die Felsen hinunter in die See schauen, bemerkte ich, wie schön da eine Kugel hinunter tanzen müsste.“ [214]

Gesagt, getan und so ließen sie, sehr zu ihrem eigenen Vergnügen, einige der alten Kugeln die Klippen hinabspringen. Danach ging es hinunter zu einem Bad im Atlantik. Den Tag beendete die Gruppe in bester Laune bei gutem Essen mit Seeblick und Sonnenuntergang,

„…und sangen ein- und mehrstimmig noch eine Menge altbekannter oder auch neuer Lieder.“ [215]

Ein paar Tage später war er krank, eine Folge des Bades, wie er selber feststellte. Für längere Zeit blieb er zu Hause und hütete das Bett. Am 26. März erreichte ihn ein Brief aus Rio. Er hatte sich bereits mit dem Gedanken beschäftigt, seine Zelte in Salvador de Bahia abzubrechen und nach Pernambuco weiterzureisen. Eine Nachricht in diesem Brief, leider gab er über deren Inhalt keine Auskunft, bestärkte ihn in seinem Beschluss, mit dem nächsten Dampfboot, das aus Rio kam, nach Pernambuco weiterzureisen. Noch etliche Tage bereitete ihm seine Erkältung Schwierigkeiten, bevor er seine regelmäßige Tätigkeit im Kontor wieder aufnahm. Aber langsam begann er seine Zelte abzubrechen, machte Abschiedsbesuche, nur um dann doch noch viel Zeit zu haben, weil das Dampfboot nicht an dem erwarteten Termin auftauchte. Während der Zeit des Wartens erwischte ihn auch in Bahia sein altes

„Glück" mit Reittieren. Nach einem Sturz vom Pferd war er ein weiteres Mal gesundheitlich gehandicapt. Endlich, am 23. April, kam das Boot und er brachte sein umfangreiches Gepäck bei schlechtem Wetter an Bord des Dampfschiffes. Nach letzten Abschiedsbesuchen ging er am Morgen des 24. April 1844 an Bord des Schiffes Richtung Pernambuco.

Recife (Pernambuco)

Nur drei Tage dauerte damals die 270 Seemeilen lange Fahrt von Salvador nach Pernambuco mit dem Dampfschiff die Küste entlang. Vor allem in der Küstenschifffahrt ersetzten Dampfschiffe zunehmend die bis dahin dominierenden Segelschiffe. Ihre Fahrtzeit war berechenbar, da sie unabhängig vom Wind war. Dies war insbesondere bei einem Liniendienst zwischen Hafenstädten wichtig. Leider gab Ernst keine genauere Beschreibung des Schiffes. Aber man kann davon ausgehen, dass es sich dabei noch um einen Raddampfer handelte. Der Schraubenantrieb setzte sich erst um die Mitte des 19. Jahrhunderts durch. Auf dem Weg nach Pernambuco legte das Schiff einen Zwischenstopp im Hafenort Maceió ein, wo Ernst die Gelegenheit zu einem kurzen Landgang nutzte. Auch hier kannte er den Vertreter eines Handelshauses aus Hamburg, der ihn nun auf seiner Weiterfahrt begleitete. Am Nachmittag des 27. April 1844 ging Ernst dort an Land. Das deutsche Hotel, welches man ihm empfohlen hatte, war leider durch die Passagiere eines havarierten, französischen Schiffes belegt, sodass er kurz „in Verlegenheit geriet". In einem ihm ebenfalls bekannten amerikanischen Hotel fand er dann ein passables Zimmer.

Schon kurz nach seiner Ankunft empfing er erste Besuche und Einladungen, die er zunächst ablehnte, um sich erst einmal in Ruhe die Stadt anschauen zu können.

Pernambuco war eigentlich der Name der brasilianischen Provinz in diesem Gebiet. Lange Zeit wurde dieser Name auch für die Hafenstadt in der Mündung der Flüsse Capibaribe und Beberibe genutzt, die heute den Namen Recife trägt. Ein Name, der auch damals schon gebräuchlich war. Die Bezeichnung Recife stammte von den Riffen, die vor der Küste lagen. Auch Ernst benutzte in seinen Beschreibungen beide Namen parallel.

So war Pernambuco/Recife im 19. Jahrhundert eine für den amerikanischen Kontinent alte Stadt, deren Wurzeln bis in die erste Hälfte des 16. Jahrhunderts zurückreichen. Um 1537 entwickelte sich der Ort aus einer Siedlung portugiesischer Fischer und stand in seiner Bedeutung zunächst hinter der wenige Kilometer nördlich gelegenen größeren Ortschaft Olinda zurück. Olinda war zu dieser Zeit der Hauptort der portugiesischen capitania Pernambuco, eines Landstriches, der von der portugiesischen Krone an abenteuerlustige Adelige zur Entwicklung ihrer Kolonie vergeben worden war. Obwohl das Gebiet durch den Vertrag von Tordesillas 1494 den Portugiesen zugesichert worden war, versuchte am Anfang des 17. Jahrhundert die niederländische Westindien-Companie hier Fuß zu fassen. Als Holland die Region 1630 besetzte, entwickelte sich auch Recife schneller: Aus der ehemals kleinen Siedlung im Schatten von Olinda, wurde eine Stadt. Unter dem Namen Mauritsstad (Moritzstadt), nach dem Namen des holländischen Statthalters der Compagnie Johann Moritz von Nassau, war sie zwischen 1630 und 1654 Hauptstützpunkt der Niederländer an der brasilianischen Küste. 1649 bis 1653 gelang es den Portugiesen die Niederländer Schritt für Schritt zurückzudrängen, bis diese sich schließlich 1654 aus ihrem letzten Stützpunkt Mauritsstad zurückzogen. Unter dem Namen Maurícia wuchs die Stadt durch den brasilianischen Zuckerexport zur wichtigsten Hafenstadt im Nordosten des Landes. 1710 erhielt sie dann offiziell den Namen Vila do Recife. 1823 wurde Recife anstelle von Olinda Hauptstadt von Pernambuco.

So beschrieb Ernst die Stadt:

„Pernambuco, die Hauptstadt der gleichnamigen Provinz, hat eine Einwohnerzahl zwischen 7000 bis 9000 Seelen und ist die dritte des Reiches. Die auf dem flachen Ufer erbaute Stadt teilt sich in drei Teile: Recife, San Antonio und Bua Vista, welche durch zwei Flüsse getrennt werden, über die welche zwei lange breite und schöne hölzerne Brücken führen. Recife und San Antonio werden von beiden vereinigten Flüssen getrennt und ist letzteres somit eine Insel. Zwischen San Antonio und Bua Vista dagegen, fließt der größte der beiden Flüsse, Capiberiba. Der andere heißt Beberiba.

Recife liegt am Hafen und ist die Handelsstadt von Pernambuco. Von hier aus geht ein Isthmus Zwischen dem Biberia und dem Meer nach dem hoch gelegenen Olinda, der Sitz der Universität und vieler Klöster und Kirchen.

In San Antonio und Bua Vista, wovon letztere wieder die Neustadt ist, gibt es einige schöne grade und mit hohen Häusern bebaute Straßen und Plätze. Von ersteren bewunderte ich die Rua Nova und Rua do Aterro und von letzteren die Praya de Indepedencia: beide der Hauptort für schöne Läden, also auch meist von Franzosen bewohnt.

Die Recife-Brücke mit guten Bänken versehen, ist abends der Hauptsammelplatz der Spaziergänger und ein ewig frischer kühler Aufenthaltsort. Die Promenade in der Nähe ist zweckmäßig und abends ebenfalls reichlich voll Menschen. Jedoch ist die Aussicht von der Bua Vista-Brücke bei weitem die schönere und war ich ordentlich überrascht. Der Überblick der beiden schönen Kais erinnert mich sogar entfernt an Frankfurt. Obschon nun beide Brücken von Holz sind, so macht doch die Qualität des hiesigen Holzes fast denselben Dienst, wie wenn dieselben von Stein erbaut wären. Ein Teil der Reciffe-Brücke ist auch von Stein und mit einer Art Triumphbogen überbaut, was sämtlich noch von den Holländern herrührt. Die Flüsse sind seicht und nur in der Regenzeit schwellen solche zu einer ansehnlichen Höhe an, auch übt die Ebbe und Flut einen Einfluss von mehreren Fuß auf den Wasserstand.

Vom Hafen habe ich schon gesprochen. So schön und geräumig derselbe auch ist und so wunderbar der natürliche Felsendamm denselben beschirmt, er hat den Übelstand, dass gerade an der Einfahrt innerhalb des Recife eine Sandbank liegt, die den beladenen Schiffen nur bei Neu- und Vollmond

Hafen von Recife

Hafen von Recife

zur Zeit der höchsten Springflut die Ausfahrt erlauben, sodass dieselben nur von 14 zu 14 Tagen den Hafen verlassen können. Die Partie, wo nun vor der Stadt die meisten Landhäuser liegen, ist das reizendste von allen. Die üppigste Vegetation überall von Palmen überragt, schafft alle Bezirke zu schönen Gärten um und die ganze Gegend ist mit Landhäusern bebaut. Diejenige, an den Ufern des Flusses, wo die meisten Fremden wohnen, sind von allen sowohl die hübschesten als auch die schönst gelegenen. Sonst ist das Leben und Treiben ganz auf dieselbe Art wie in Rio de Janeiro und wieder weniger fremdartig als Bahia." [216]

Während er in Salvador de Bahia sehr schnell die Einladung angenommen hatte, aus dem Hotel in ein Privathaus zu ziehen, blieb er in Pernambuco lieber im Hotel. Offensichtlich traute er keinem der vielen Geschäftsleute, die ihm eine Unterkunft in ihren Villen anboten, so recht über den Weg. Vielleicht befürchtete er ausgehorcht zu werden. Zumindest wollte er Niemanden vor den Kopf stoßen, indem er ein Angebot annahm und dafür ein anderes ausschlagen musste.

Sein Aufenthalt in Pernambuco glich seiner Zeit in Salvador. Beim Lesen seines Tagebuches erhält der Leser das Gefühl, dass Ernst die Zeit in der Hauptsache mit Gesellschaften verbrachte. Fast jeden Abend war er bei einem anderen Geschäftsmann zum Abendessen geladen, sodass er Schwierigkeiten hatte überhaupt alle Termine anzunehmen. Die Kleidervorschriften waren sehr zu seiner Freude ebenfalls ähnlich leger wie in Bahia.

„...herrscht hier in Pernambuco der angenehmen und zweckmäßige Gebrauch, so gleich bei Ankunft leichte Sommerröcke von buntem Kattun anzubieten, selbst wenn es ein feierliches Diner ist und man in Schwarz angekommen ist.“ [217]

Nicht nur die Abende waren mit Gesellschaften angefüllt, auch zu anderen Tageszeiten war er mit Vergnügungen beschäftigt. Ausflüge aufs Land und Einladungen zum Frühstück wechselten sich im bunten Reigen ab. Auch in Pernambuco betrieb einer der deutschen Kaufleute wieder eine Kegelbahn.

„Der Morgen jedoch war von einigen, mir befreundeten Junggesellen bei einer deutschen Venda, die eine Stunde weit von der Stadt liegt, eine Segelpartie arrangiert worden und brachen wir um 07.00 Uhr sieben Mann hoch zu Pferd dahin auf. Obschon es etwas heiß war, wurde doch mit aller Lustigkeit und der dabei eigentümlichen Leidenschaftlichkeit flott bis ½ 4.00 Uhr gekegelt. Ein mäßiges Frühstück hatte eine zweckmäßige Unterbrechung gemacht und so ritten wir nicht ermüdet und heiter zur Stadt zurück.“ [218]

Die Gesellschaft, in der er sich aufhielt, war international: Engländer, Franzosen, Schweizer, Amerikaner lebten und arbeiteten in Pernambuco. Nach einiger Zeit bemerkte Ernst recht unbescheiden, wie gewandt er sich bereits gleichzeitig in mehreren Sprachen unterhalten konnte. Er traf aber auch auf Landsleute. Oft Kaufleute aus Bremen und Hamburg. Bei einer der vielen gesellschaftlichen Zusammenkünfte begegnete er einem Herrn Lüttkens aus Solingen, dem die Familie Hasenclever wohlbekannt war, weil sie doch einmal den preußischen König beherbergt hatte. Natürlich fragte er Ernst, ob dieser denn mit dieser berühmten Familie verwandt sei. Man erahnt förmlich, wie er mit stolz geschwellter Brust berichtete.

„Ihr könnt denken, wie ich lachen musste und als ich ihm sagte, das sei meine Heimat, so konnte ich ordentlich bemerken, wir mir solches eine größere Bedeutung wenigstens Ansehen bei meinen Landsleuten gab. Ich musste gestehen, dass ich nicht gedacht hatte, dass jene unserem Hause widerfahrende Ehre noch in Pernambuco nach so langer Zeit einigen Glanz werfen sollte, an dem ich mich neuerdings wieder erfreuen sollte. Herr Lüttkens war 1842 in unserer Gegend gewesen.“ [219]

Bei den vielen Zusammenkünften wurde nicht nur geredet, gegessen und getrunken, sondern häufig auch gemeinsam musiziert. Oft spielten die Damen des Hauses ein Instrument, meist Klavier. Wenn dann noch der Eine oder Andere ebenfalls musisch begabte dazukam, fanden Hauskonzerte statt, die nach Ernst Einschätzung durchaus Qualität hatten. Beethoven war sehr beliebt, aber bisweilen fanden sich auch einige gute Sänger zusammen, die Stücke aus Opern, wie der Barbier von Sevilla, zum Besten gaben.

„Dagegen wurde mir am 16. Mai abends der schönste musikalische Genuss zuteil, den ich in Brasilien hatte. Madame Kaltmann hatte mit dem oben genannten Franzosen und einem Herrn Stäuber, einem tüchtigen Violinenspieler, Beethovensche Trios arrangiert, welche auch fast ganz vorgetragen wurden und mich wahrhaft entzückten. Vor allem herrlich war das prachtvolle Klavierspiel von Madame Kaltmann, die sich heute mehr wie jemals als eine ausgezeichnete Klaviervirtuosin bewährte.“ [220]

Während er in seinen Zeilen aus Salvador de Bahia wenigstens dann und wann Bemerkungen zu seiner geschäftlichen Tätigkeit machte, fehlen diese in Pernambuco fast vollständig. Vereinzelt erwähnte er Korrespondenz, die er erledigt hatte. Trotzdem verkehrte er sicherlich mit verschiedensten Kaufleuten auch geschäftlich. Er führte in Pernambuco jedoch Aufträge für sein altes Vaterland aus.

„Herr Bellenot ist mit ganzer Seele dem preußischen Hause ergeben. Und siehe da! Wieder eine freundliche Hand, welche mir unerwartet zuführt, was ich suchte und schon aufgegeben hatte zu finden.
Im quasi Auftrage des Ministeriums sollte ich mich nach einem tauglichen Subjekt umsehen, welches sich zum preußischen Konsul eigne und auch wünschte, dieser Ehre teilhaftig zu werden. Alle angesehenen Deutschen sind bereits als Konsul employiert und hatte ich bereits aufgegeben, jemand zu finden. Da führt mich mein Glück zu Herrn Bellenot und ich kann meine Laternen auslöschen. Ohne ein Wort zu sagen, nimmt der gebildete, reiche und angesehene Schweizer mich bei Seite, redet ein langes und breites und schließt mit der dringenden Bitte, mich, der ja einige Zeit das Generalkonsulat verwaltet habe, doch für ihn beim Minister zu verwenden.“ [221]

Die Bestellung von Kaufleuten als Konsuln für viele Handelsnationen war übliche Praxis. Auch Ernst füllte dieses Amt 1842 in Vertretung des Generalkonsuls Leo Theremin eine kurze Zeit in Rio aus. Da Herr Bellenot Schweizer Staatsbürger war, sollte er vermutlich als Honorarkonsul für den preußischen Staat tätig werden. Die Zahl der preußischen Bürger und die Handelsaktivitäten preußischer Kaufleute in dieser Region waren zu dieser Zeit sicherlich noch nicht umfangreich genug, um einen preußischen Staatsbürger als Konsul zu ernennen.

Schon Mitte Mai machte sich Ernst Gedanken um die Weiterfahrt in die USA. Er befürchtete zunächst kein amerikanisches Schiff zu finden, das ihn in die USA transportieren könnte. Der amerikanische Konsul, den er bei einer seiner vielen Einladungen kennenlernte, versicherte ihm aber, dass die Ankunft eines amerikanischen Schiffes bevorstand. Dieses würde dann innerhalb von zwei Wochen nach Nordamerika zurückkehren. Am 13. Mai erhielt er die Nachricht über die Ankunft des Seglers im Hafen von Pernambuco. Damit waren seine Tage gezählt. Sofort stieg die Zahl der Einladungen zu seinem Abschied noch einmal steil an.

„Noch heute empfing ich auf die Ankunft dieses Schiffes hin, so viele Einladungen, dass ich schon bis nächsten Sonntag über 8 Tage engagiert bin.“ [222]

Seine allgemeine Beliebtheit schrieb er, ganz uneitel, natürlich seiner hervorragenden Persönlichkeit zu.

„In der Tat, wenn ich bedenke, in welch kurzer Zeit ich mir in Bahia und Pernambuco so viele und mannigfache Freunde erworben habe, wie ich mit so viel verschiedenartigen Menschen befreundet und von selben sichtbar ausgezeichnet werde, so muss ich mir einen Teil davon zuschreiben und ohne Eitelkeit darf ich mir wohl gestehen, dass ich gesellschaftliches Talent in Wahrheit entwickle und nicht unliebenswürdig erscheine, wozu mir doch gewiss mein Äußeres wenig helfen kann.“ [223]

Kurz bevor er sich reisefertig machte, besichtigte er auf einem Landausflug noch die wenige Kilometer nördlich gelegene alte Provinzhauptstadt Olinda. Der heute wegen ihrer Schönheit und ihrer vielen Klöster und Kirchen als UNESCO-Weltkulturerbe eingetragenen Stadt konnte Ernst offensichtlich nicht viel abgewinnen. Lediglich die Aussicht von den Hügeln in Richtung Pernambuco beeindruckte ihn.

„Die Stadt Olinda ist auf mehreren Hügeln zerstreut und mit großen wüsten Tälern und Schluchten dazwischen weit ausgedehnt, aber hässlich und schmutzig. Selbst die Kirchen und Klöster bieten im Äußeren und Inneren gar nichts Sehenswertes und nur ihre Fernansicht und Mokierung gegeneinander ist schön. So besonders ein sehr hoher Hügel, worauf in gleichen Distanzen fünf Klöster auf dem Kamm desselben liegen.

Auch der botanische Garten der hiesigen Universität ist höchst betrübt und wüst und bietet nur einigen herrlichen indischen Palmenbäumen und ein Bukett von außerordentlich schönen Mangobäumen dar, welche sehenswert sind.“ [224]

Am 24. Mai ging Ernst zum ersten Mal an Bord seines Schiffes, um sich umzusehen und die Passage zu bezahlen. Seine Arbeit hatte er, wie er selbst schrieb, schon am 21. zum Abschluss gebracht, sodass die restlichen Tage bis zur Abfahrt mit herzlichen Abschiedsbesuchen angefüllt waren. Das Wetter hatte sich in der Zwischenzeit aufgrund der einsetzenden Regenzeit so stark verschlechtert, dass er sich tageweise auch nicht aus dem Haus traute. Er schrieb private Abschiedsbriefe nach Rio und bewunderte noch ein letztes Mal die Aussicht der Stadt, die wegen ihrer vielen Wasserwege und Brücken auch das Venedig Brasiliens genannt wird.

Auch nach so vielen Jahren in der Ferne fand er immer noch Ähnlichkeiten zu seiner geliebten deutschen Heimat.

„Wenn ich auch die drei vergangenen Tage fortwährend vom Regen zu Hause gehalten wurde und nur einen flüchtigen Ritt über Afogados-Brücke machen konnte, die mir aber aufs Neue viel Freude machte, indem ich diese herrliche Kokos-Insel am Ausfluss des Capibariba und eine prächtige eigentümliche Aussicht auf die in der Abendsonne leuchtende Stadt, welche mich etwas an Krefeld erinnerte, nicht genug bewundern konnte und mich an den zahlreichen heimkehrenden Jangadas ergötzte und so habe ich meine Zeit wahrlich nicht verloren, sondern viele Privatbriefe nach Rio zum letzten Abschied geschrieben.“ [225]

Am 2. Juni 1844, nachmittags um halb drei, ging Ernst an Bord der auslaufbereiten „Navarre" und verließ den südamerikanischen Kontinent. Beim Auslaufen des Schiffes kam es beinahe zu einem Unglück. Das Auslaufmanöver war sehr kompliziert, da der Hafen eng und von Riffen (Recife) und Sandbänken umschlossen war. Nur bei Höchststand der Flut war ein gefahrloses Überqueren der Sandbank möglich.

„Die Flut musste jedoch noch nicht hoch genug gewesen sein, denn auf einmal donnerte ein Krachen durch das ganze Schiff und unser Kiel furchte über die Sandbank, welche am Eingang in den Hafen liegt, hinüber, aber glücklicherweise so schnell, dass nicht das mindeste weiter erfolgte. Jedoch dauerte es einige Zeit, bis die plötzlich auffliegende Röte auf den diversen Gesichtern des Kapitäns, der Steuermänner und vor allem des Losten verschwanden." [226]

Auf dem Schiff nach Norden

In nur 25 Tagen flog die amerikanische Bark „Navarre", getrieben von den Passat- oder „Trade"-Winden, wie Ernst sie nannte, die gut 4000 Seemeilen von Pernambuco nach Philadelphia. Dabei folgte das Schiff der Küstenlinie Südamerikas weit in Richtung Karibik, vorbei an den „Inseln über dem Winde" und den Bahamas Richtung Florida und nordamerikanischer Küste. So konnte der Segler die vorherrschenden Winde und Strömungen am besten für seine Fahrt ausnutzen.

In den ersten zwei Wochen der Seereise fügte Ernst seinem Tagebuch keine Eintragungen hinzu. Wie später zu lesen ist, waren die Tage bei gutem Wind und Wetter ereignislos verstrichen. Nicht einmal ein anderes Schiff kreuzte zur Abwechslung ihren Weg. Am 18. Juni vertraute er seinem Tagebuch ein paar *„Wahrheiten"* über die schlechten Manieren und die Überheblichkeit der „Yankees" an. Auf dem Schiff war er der einzige Fremde unter all den Amerikanern.

„Aber ich fange doch schon nach und nach an, mich am Ziele der Reise zu wünschen. Denn so ganz allein immer mit den Yankees ist doch langweilig, so artig dieselben auch fortwährend sind. Mrs. Cole fängt auch an, sich und andere zu ennuyieren und zeigt täglich mehr den echten Typus

von Yankee-Nationalität. Merkwürdig ist es, wie diese Amerikaner eingebildet auf ihre Bildung und Sitten sind und das viele Lobpreisen der gewandten, gelehrten etc. amerikanischen Damen klingt mir nach und nach etwas albern in dem Munde der ganz gut aber keineswegs fein gebildeten Misses Cole. Und doch legt sie es fortwährend darauf an, Gelegenheit zu haben, auf die Engländer zu schimpfen und ihr Volk hoch zu erheben."

Und etwas später:

„Einmal jedoch konnte ich mich nicht ruhig halten, als der Kapitän und seine Frau gar behaupteten, man spräche nur in den Staaten gutes Englisch und sie habe noch keinen Engländer gut, schön und richtig sprechen hören. Den Donner auch! Ich will einen Yankee mit seinem abscheulichen Nasalton auf 100 Schritte von jedem englischen Matrosen unterscheiden!" [227]

Tags darauf klagte er über die zunehmende Wanzen-Plage an Bord und gab damit einen Blick auf die hygienischen Zustände, unter denn so eine Schiffsreise vor 170 Jahren stattfand. Auch war er krank. Ernst litt unter heftigen Zahnschmerzen, die ihm schlaflose Nächte bereiteten und gegen die er keine Abhilfe wusste. Noch Tage später sprach er von andauernden Gesichtsschmerzen, die wahrscheinlich von einer Kiefer- oder Zahnwurzelentzündung herrührten. Die Frau des Kapitäns versorgte ihn mit einem Bayrum genannten Mittel, vermutlich ein Destillat aus dem Bayrumbaum oder Westindischen Lorbeer, das für seine antiseptische Wirkung bekannt war. Es linderte seine Schmerzen.

Am 23. Juni befand sich das Schiff bereits vor der Küste Nord-Floridas.

„Heute ist der 3. Sonntag an Bord und der 21. Tag. Heute Nachmittag um 04.00 Uhr. Wir befinden uns auf 30 Grad 36 nördlicher Breite und haben also bis hier sehr schnelle und schöne Fahrt gemacht. Heute ist jedoch bei regnerischem und veränderlichem Wetter komplette Windstille eingetreten und ist meine Wenigkeit außerdem nach einer lästigen Nacht wozu die überhand nehmende Masse von Wanzen das ihrige tut, von vorherrschender mürrischer Laune." [228]

Eine Flaute raubte ihm die Hoffnung auf ein schnelles Ende der Reise. Fast bewegungslos dümpelte das Schiff in den Wellen. Der Vorrat an lebendem Geflügel, welches der Frischfleischversorgung diente, neigte sich dem Ende entgegen. Der Kapitän nutzte die Zeit, um an Bord Ordnung zu schaffen. Die leeren Wasserfässer wurden in das Rettungsboot verholt. Dabei entdeckte Ernst dessen maroden Zustand. Den Kapitän, darauf angesprochen, schien es nicht weiter zu stören.

„Ich brummte etwas von verdammter Yankee-Nachlässigkeit und die Sache ist abgemacht. Hoffentlich kann es uns ganz gleichgültig sein und wird sich der Juni ja wohl als ein friedlicher Monat bewähren." [229]

Noch am gleichen Tag überraschte sie ein plötzlich auftauchender Sturm, den der Kapitän zunächst unterschätzte. Mit vollen Segeln wurden sie von den ersten Böen des Hurrikans getroffen. Nur mit Müh' und Not gelang es, genügend Segel zu bergen, um ein Kentern des Schiffes zu verhindern. Genauso schnell wie der Sturm aufgezogen war, verschwand er auch wieder und die Bark dümpelte wieder in den Wellen.

„Eine totale Windstille folgte dem tobenden Wetter und hatten wir volle Muße unseren erlittenen diversen Schäden auszubessern. Ich aber wusste nun, was ein westindischer Orkan auf diesen Breiten zu bedeuten hat." [230]

Erst am 25. Juni machte ihr Boot wieder Fahrt und am 27. umschifften sie Kap Hatteras. Tags darauf kam ein Lotse für die Delaware Bucht an Bord und steuerte ihr Schiff in die breite Flussmündung des gleichnamigen Stroms. Auf dem Wasserweg war viel Verkehr und Ernst sichtete sein erstes amerikanisches Dampfboot. Vorbei ging es an Bombay Hook und Port Penn. Bei Delaware City wurde bei beginnender Ebbe Anker geworfen. Mannschaft, Passagiere und Schiff waren beinahe zu Hause. Nur Ernst plagten andere Gedanken. Er sehnte sich zurück nach Brasilien!

„Wie ein Haus fest stand unser Schiff auf der spiegelglatten Fläche und die müde Mannschaft verschwand nach und nach in die unteren Räume und suchte willkommene Ruhe nach mühevoller Seefahrt auf dem heimischen Strome und zwischen den sicheren grünen Ufern des geliebten Vaterlandes.

Nicht so ich! Es war ja auch nicht mein Vaterland was vor mir im Mondschein sich ausbreitete. Kein befreundetes oder heimisches Dach deckte eine der vielen schimmernden Häuser und Hütten für mich und fremder fühlte ich mich auf dem Strome Nordamerikas als da wo noch die tropische Sonne über Brasilien leuchtete.“ [231]

Die auflaufende Flut schob sie am nächsten Morgen sanft flussaufwärts Richtung Philadelphia. Mit aufkommender leichter Brise ging es weiter stromauf. Wie in einem Film zog die Landschaft vorbei. Während das Ufer von Delaware dicht bebaut war und Ernsts Augen fasziniert einer Eisenbahn folgten, zeigte sich das flache New Jersey Ufer nur mit wenigen Häusern besetzt. Zwölf Stunden später und runde 40 Kilometer weiter ließen sie vor der Stadt Chester noch einmal kurz den Anker fallen. Mit drehendem Wind schafften sie es die letzten Kilometer bis Philadelphia, wo das Schiff um halb elf zum letzten Mal vor Anker ging.

„Es verstand sich von selbst, dass ich so spät am Abend nicht mehr die fremde Stadt betreten wollte, sondern vorzog, erst am folgenden Morgen an Land zu gehen und mir mein Gasthaus auszuwählen.“ [232]

Philadelphia

„Ein schöner Sonntagmorgen leuchtet über die weite Stadt und von den vielen glänzenden Giebeln und weniger Türmen der hundert Kirchen Philadelphias klang vielstimmiges Geläute zum meinem Schiffe herüber als ich denn heute den Bord verließ und meinen reisegewohnten Fuß auf den festen Boden der Vereinigten Staaten setzte.“ [233]

Mit diesen Worten begann Ernst Hasenclever die Beschreibung seines Besuches der Stadt Philadelphia. Zunächst suchte er das United States Hotel in der Chestnut Street, welches ihm empfohlen worden war. Nach einem kurzen Frühstück unternahm er einen ersten Spaziergang durch die Stadt.

Philadelphia, in der Übersetzung ihres griechischen Namens die „Stadt der brüderlichen Liebe“, hatte 1844 rund 100.000 Einwohner. Sie gehörte mit New York, Baltimore, Boston und New Orleans zu den bevölkerungsreichsten Orten des Landes und war mit ihren Kanälen, Straßen und Eisenbahnlinien die erste Industriestadt der Vereinigten Staaten. Als finanzielles und kulturelles Zentrum, in dem sowohl die Unabhängigkeitserklärung als auch die Verfassung der Vereinigten

Staaten beschlossen worden waren, war sie von 1790 bis 1800 auch die Hauptstadt des Landes gewesen. Eine Vielzahl der Bewohner hatte irische und deutsche Wurzeln.

Seine Beschreibung der großen Stadt lässt erkennen, dass Ernst zum ersten Mal seit langer Zeit wirklich beeindruckt war. Sicherlich hing dies mit der schieren Größe von Philadelphia zusammen. Seit Jahren hatte er, mit Ausnahme von Rio de Janeiro, keine so große Stadt betreten. Und im Gegensatz zu Rio und vor allem zu den Städten, die er zuletzt besucht hatte, war hier alles sauber und geordnet, wie er feststellte.

So schwärmte er von den breiten, gepflasterten Straßen und adretten Häusern mit kleinen, gepflegten Vorgärten. Das auch heute noch so typische, schachbrettartige Straßensystem erleichterte die Orientierung und gewährte weite Blicke. Kleine Parks unterbrachen die Häuserzeilen. Die Bevölkerung war weiß und entsprach in ihrem Auftreten, zumindest teilweise, seinen Ansichten und Erwartungen. Er konnte allerdings nicht ganz umhin, den einen oder anderen Seitenhieb auf das amerikanische Wesen auszuteilen. Schon auf dem Schiff hatte er sich über die, seiner Meinung nach große

Das United States Hotel in der Chestnut Street in Phildelphia

Überheblichkeit aufgeregt. In Philadelphia schimpfte er nun über die „widerwärtige“ Eile, die dieses Volk an den Tag legte.

„Hier rennt alles, Damen und Herren in vollem unschönem Trabe. Hätte ich Amerika mit dem heutigen Tage wieder auf immer verlassen, so möchte ich in den liebenswürdigen Irrtum verfallen sein, als läge es nur dem vermehrten Glockenschall, der die vielleicht verspäteten schön geputzten Men und Fräulein zu solchen oft ungrazienhafter Eile anspornte oder aber als sei es eben der erwähnte Kirchensinn, der sich mir hier in vollem Glanze offenbarte. So aber, länger bereits in diesen Mauern, musste ein solcher Zweifel wohl schwinden und die nüchterne geräuschvolle Woche zeigte mir dasselbe widerwärtige Eilen, Laufen, Rennen, was sich mir seitdem als Stereotypus unangenehmes Kennzeichen amerikanischer Städte erwiesen hat.“ [234]

Auch am Abend beim Speisen im Hotel ging ihm alles viel zu schnell. Ein impertinenter Keller zwang ihn, eine Speisekarte zu lesen und sich dann auch noch zu merken, was er denn essen wolle, damit er es auf Wunsch des Kellners aufsagen konnte. Dieses Verhalten war eines wahren Gentleman unwürdig, der sich in gepflegter Konversation mit seinen Tischnachbarn erging und dabei nicht gestört werden wollte.

„In einer halben Stunde ist alles vorbei, obschon man mehr wie dreißig Gerichte und vier Gänge angekündigt hat. Help yourself! Das ist die Losung in den Staaten und help yourself, wenn auch alles neben dir zum Siebten geht.“ [235]

Zwei Tage später äußerte er sich dann in einem völlig anderen Ton über sein Hotel. Auch hier hatte ihn die unglaubliche Größe der geschäftlichen Tätigkeit überwältigt.

„Ich fühle mich nun auch schon behaglicher in meinem Hotel. Die Hotels sind wirklich enorm groß hier und erstaunt man, wenn man etwas mehr hinter die Kulissen sehen kann. Wenn ich nur anführe, dass im United States Hotel der tägliche Bedarf an Eis 750 – 800 Pfund ist, so wird man schon Respekt für alles Übrige bekommen.“ [236]

Mit dem 1829 neu eröffneten United States Hotel hatte er allerdings auch das erste Haus am Platz gewählt, welches erst vor wenigen Jahren renoviert worden war. Unmittelbar im Zentrum der Stadt an der

Chestnut Street gelegen, bemerkte schon Ernst die Nähe der vielen Banken. Wenige Jahre später entwickelte sich hier das Finanzzentrum der Stadt, dem 1856 auch sein Hotel weichen musste.

„Herrliche tempelartige, kolossale Gebäude sind die verschiedenen Banken und die prachtvolle Börse. Sie stehen mit den wundervollen granitenen und marmornen Säulenfronten wie erstandenen Zeugen griechischer und römischer herrlicher Zeiten dar. Aber fast wie Spott klingt es, wenn man in Bewunderung der kühnen, herrlichen Gebäude verloren, dagestanden und endlich deren Zweck, deren Namen erfährt – Bank, Bank und immer Banken!" [237]

Soweit er sie überhaupt erwähnte, bestand auch in Philadelphia seine geschäftliche Tätigkeit zunächst aus Besuchen bei ortsansässigen Kaufleuten, denen er seine Empfehlungsschreiben überreichte. Mit einem Amerikaner, Mister Devereux, plauderte er dabei über Brasilien, wo dieser einige Jahre gelebt hatte.

Sein zweiter Kontakt war ein Herr Ohl, der Geschäfte mit Kuba machte. Bei einem Kaufmann Wicht traf er nur dessen Kompagnon Herrn Sayen, der ihn aber sehr freundlich empfing und Ernst sein neu erbautes Haus präsentierte. Und wieder war Ernst aufs tiefste von dem Reichtum und der Perfektion in Amerika beeindruckt.

„Man kann wohl keine schöneren Privathäuser sehen als hier. Die innere Einrichtung und Wohnlichkeit übertrifft alles, was ich in Europa gesehen habe, wozu denn die Wasser- und Gasteinrichtungen sehr viel beitragen. Herr Sayen baut ein schönes und geräumiges Haus mit bester Einrichtung, aber ohne Möbel für 30.000 Dollars." [238]

Herr Sayen führte ihn am Abend in den „Deutschen Club" von Philadelphia ein. Hier erfuhr Ernst, dass in der Stadt gleich mehrere deutsche Zeitungen erschienen. Besonderen Gefallen fand er nach all den Jahren in der Fremde an der nach deutschem Geschmack ausgewählten Einrichtung des Clubhauses. Zu seiner Freude besaß der Club auch ein großes Lager mit Rhein- und Moselweinen.

Am selben Tag begegnete er dann seinem zukünftigen Schwiegervater Charles oder Karl Vezin. Dieser war Deutscher französischer Abstammung und 1813 in die USA ausgewandert, wo er sich in

Philadelphia als Kaufmann niedergelassen hatte. Ob dies der erste Kontakt war, lässt sich aus seinen Äußerungen nicht klar ablesen.

„Herrn Charles Vezin empfing mich sehr artig, aber doch einstweilen mehr wie ein Kaufmann und geht er ohnehin jetzt aufs Land, sodass er mir bei meinem dermaligen Aufenthalte hier von keinem Nutzen und Vergnügen ist." [239]

Am 3. Juli unternahm er gemeinsam mit Herrn Sayen einen Ausflug in die Umgebung von Philadelphia. Herr Sayen wohnte mit seiner Familie in Germantown. Wie der Name schon sagte, eine deutsche Gründung aus dem 17. Jahrhundert. Auf dem Weg dorthin besuchten sie die Gebäude des 1833 gegründeten Girard Colleges, dessen Hauptgebäude bereits damals sehr berühmt war.

„Kein Gebäude in der Welt wird mehr die Augen der Fremden anziehen als Girard-College in Philadelphia. Ganz wie ein großer griechischer Tempel erbaut, thront es hoch auf einem weitsichtbaren Hügel und seine enorme Säulenreihe versetzt den Fremden in die alte Welt und alte Zeit. Der Schweizer Bankier in Philadelphia Girard, welcher ohne Kinder war, aber 13 Millionen Dollars hinterließ, schenkte der Stadt ein großes Kapital zur Erbauung dieses Kollegiums und machte die einzige Bedingung, das niemals einem Geistlichen irgendeiner Konfession der Eintritt sollte erlaubt werden, sondern das nur weltliche Lehrer das Institut leiten dürften. Noch ist das Riesengebäude nicht vollendet." [240]

Die Angaben, die Ernst hier über den Stifter der Schule machte, waren nicht ganz korrekt. Stephen Girard wurde 1750 in Bordeaux geboren und ließ sich 1776 in Philadelphia nieder. Sein Vermögen erwarb er als Reeder und Kaufmann im Karibikhandel. Nachdem die „First Bank of the United States", bei der er sein Vermögen deponiert hatte, 1811 ihre Lizenz verlor, erwarb Girard die meisten Anteile sowie das gesamte Gebäude und führte die Bank unter dem Namen Girard Bank in Eigenregie mit seinem Kapital weiter. In dieser Eigenschaft wurde er 1812 zum größten Kreditgeber der amerikanischen Regierung, die mit seiner alleinigen Hilfe ihren Krieg gegen England finanzierte. 1831, im Jahr seines Todes, war er der wohlhabendste Mann der Vereinigten Staaten. In seinem Testament stiftete er fast sein gesamtes Vermögen für caritative Zwecke, unter anderem eben für die Errichtung eines Internats für „weiße, mittellose Waisen", dem Girard College.[241]

Am nächsten Tag erwartete Ernst die größte Feier der Vereinigten Staaten, der Nationalfeiertag am 4. Juli. Er war erwartungsvoll, da er schon viel von dem festlichen Treiben gehört hatte. Doch letztendlich zeigte er sich schnell enttäuscht von den lärmenden Umzügen.

„Viel Volk in den Straßen und viel Gemeines zwar. Eine lange, aber sehr dürftige Prozession von Volk mit Bannern, die anzeigen, zu welchem Stadtteil das nachtrabende Gewimmel gehört. Bilder von Washington, Capitol, Kriegsschiffe, Tempel etc. Inschriften und ähnliches werden vorübergetragen. Der unordentliche Zug marschiert nach der Musik von – einer großen Trommel und Bärenpfeifen und ist kurz: unschön und uninteressant." [242]

Am gleichen Tag erlebte Ernst die erste Eisenbahnfahrt seines Lebens, die ihn wieder in das Umland von Philadelphia führte. Auch hier stieß er immer wieder auf feiernde Yankees.

„Wenig behagte mir das rohe Treiben der ausgelassenen Yankees an allen diesen Vergnügungsorten, wo es ein Lärmen, Schreien und Toben gab, dass ich den 4. Juli, den hochgepriesenen zum Kuckuck wünsche."

Ernst wollte weiter, denn vor einigen Tagen hatte er den Plan gefasst, die größte Stadt des Landes zu besuchen. Am 7. Juli kaufte er für fünf Dollar ein Ticket nach New York. Auf einem der vielen Flussdampfboote fuhr er zunächst den Delaware weiter aufwärts bis zur Stadt Trenton. Von dort ging es weiter mit der Eisenbahn durch New Brunswick und Newark nach Jersey City am Westufer des Hudson.

„Die ganze Gegend bis Jersey-City, New York gegenüber, ist gut angebaut und sieht man trotz dem Fluge der Eisenbahn genug, um den ganz europäischen Charakter der Landschaft erkennen zu können, wofür ich denn ein besonders aufmerksames Auge halte. Die abgemähten Wiesen, die Heuhaufen, die aufgebundenen gelben Garbe, die mannigfachen Leute, Menschen und Bauern, das viele Vieh usw. – alles sind mir wieder neue erfreuliche Gegenstände." [243]

Und wieder war Ernst fasziniert. Diesmal von der für ihn gewaltigen Geschwindigkeit der Eisenbahn. In weniger als fünf Stunden hatten sie 98 englische Meilen zurückgelegt. Etwas 20 Meilen in der Stunde oder rund 30 km/h. Aus heutiger Sicht nicht viel, doch für jemanden, der noch wenige Monate zuvor vor allem auf Maultieren gereist war, eine beeindruckende Steigerung. Gebannt betrachtete er nun das Panorama von Hafen und Stadt, das in der Sonne vor ihm lag.

„Der breite klare Hudson lag im Sonnenglanze voraus. Die weite Hauptstadt New York schimmerte durch den ungeheuren Wald von Masten herüber und vor dem entzückten Blicke dehnte sich die weite New York Bay im Osten aus. Es war ein großartiger, herrlicher Moment für mich!“ [244]

Mit der Dampffähre überquerte er den Hudson Richtung Manhattan und schwadronierte wieder über die hektischen Amerikaner. Sein Ziel lag auf dem Broadway. Dort lag das Globe-Hotel , das ihm wärmstens empfohlen worden war. Nach einem kurzen Abendessen und einer Erfrischung mit einem Glas Wein machte er sich wieder auf den Weg.

„Den Stadtplan in der Hand, lief ich mit staunendem Blick in der prachtvollen Riesenstraße Broadway auf und ab und machte rechts und links Abstecher. Ob man New York mit Recht das London der neuen Welt nennt, weiß ich nicht zu beurteilen; das aber fühlte, sah und empfand ich, dass mich ein großstädtisches Treiben umgab und dass ich in eine mir neue Welt hineingetreten war, welche mir des Neuen genug verspricht.“ [245]

New York

So wie heute noch für viele USA-Reisende New York das Maß aller Dinge ist, war diese Stadt auch für Ernst Hasenclever ein langersehnter Zwischenstopp auf seiner langen Heimreise. Mit über 500.000 Einwohnern war New York damals der größte Warenumschlagsplatz an der amerikanischen Ostküste. Europäische Handelshäuser betrieben dort seit langem ihre eigenen Niederlassungen. Auch etliche Remscheider Unternehmen besaßen hier eine Vertretung, um den Handel mit dem wirtschaftlich aufstrebenden Land zu fördern. Schon damals prägte das typische Schachbrettmuster das Straßensystem der Stadt. Die einzige Ausnahme bildete der Broadway, an dessen unterem Ende Ernst sein Hotel bezogen hatte. Nachdem er sich schon am Abend mit Hilfe eines Stadtplanes ein wenig umgesehen hatte, marschierte er am nächsten Morgen nach dem Frühstück den Broadway hinunter zur Battery an der Südspitze von Manhatten. In den Anfängen der Stadt im 17. Jahrhundert der Standort einer niederländischen Festung, war dieser Bereich im 19. Jahrhundert bereits in einen Park umgewandelt worden. Hier trafen sich die Bürger der Stadt, um die Aussicht auf die Bucht und den Hafen zu genießen. Von der Aussicht auf die Bucht war Ernst nicht besonders beeindruckt. Schließlich gab es für ihn nichts Schöneres als die Bucht von Rio de Janeiro,

Stadtplan von New York 1847

„... denn welche Bay hatte an Schönheit der Landschaft Rio de Janeiro nur entfernt erreicht?"

Doch die ungeheure Menge der Schiffe und der Verkehr zog ihn ein weiteres Mal in seinen Bann.

„Aber diese Masse von Schiffen aller Art entsteht der Bewegung kommend und gehend, die stolzen Kriegsschiffe ruhig in ihrer Würde vor Anker liegend und die zahllosen Dampfboote, wie spielende Fische in allen Richtungen dazwischen kreuzend, während tausende von leichten Booten glänzende Segel ausspannen oder von melodischen Ruderern lustig und geschickt durchs belebte Bild auf- und abgetrieben werden: alles gewährt einen seltenen erhebenden Anblick!" [246]

Auf einer kleinen Insel, die durch einen Damm mit dem Festland verbunden war, entdeckte er einen Vergnügungspavillon. Sogleich beschwerte er sich über die große Menge von Reklametafeln und Schildern die hier überall aufgestellt waren und seiner Meinung nach das Erscheinungsbild des Parks störten.

„Eine Menge Aushängeschilder und Riesenbuchstaben auf allen Mauern und Wänden, die höchst widerlich den schönen Park entstellen, zeigen dem Fremden an, auf welche Art er am besten die schöne Aussicht genießen kann und zugleich dabei gegen ein billiges, Erfrischungen aller Art findet." [247]

Und da er schon wieder so schön in Fahrt war, über fremde Sitten und Gebräuche herzuziehen, bekamen die Amerikaner gleich ihr Fett weg.

„Und was aber jedem Fremden überhaupt hier auffallen muss, sind die Masse von Omnibus und der übertriebene Gebrauch von Schildern und Annoncen. Beides repräsentiert den amerikanischen Spekulationsgeist"

Auch in New York begann er schon bald mit seiner Arbeit für das Familienunternehmen. Bei bekannten Personen stellte er sich mit Empfehlungsschreiben vor und suchte Kontakt zu anderen deutschen Kaufleuten. Täglich erfolgten Besuche und Gegenbesuche in den Kontoren. Die Geschäftskontakte in New York waren aufgrund der Bedeutung der Stadt vielfältig. So traf er schnell viele bekannte Landsleute, darunter einige aus seiner unmittelbaren Heimat. Hermann Böker und Hugo Hilger waren ihm gut bekannt. Hugo Hilger war sogar ein alter Schulfreund, den er seit 14 Jahren nicht gesehen hatte. Ein paar Tage später traf er einen Verwandten der Familie Diederichs. Auch kam eine große Zahl der deutschen Händler aus den Hafenstädte Bremen und Hamburg. Einige kannte er bereits aus Rio. Die beste Gelegenheit Kontakte zu knüpfen war auch in New York der „Deutsche Club". Ein Herr von Baur aus Lüttringhausen führte ihn dort ein.

Das war Ernst fast schon ein bisschen viel Heimat.

„Aber von so vielen Landsleuten bin ich umgeben, dass er mir immer schwerer wird, mich noch in Amerika zu glauben.."

Nachdem er am Anfang seines Berichtes aus New York kurz auf die geschäftlichen Kontakte eingegangen war, spielten sie bei der weiteren Beschreibung seines Besuches kaum mehr eine Rolle. Nur zweimal kommt er auf ein konkretes Geschäft zu sprechen, wahrscheinlich weil es ihn nichts einbrachte, er sich aber trotzdem immer wieder damit beschäftigen musste. Es ging dabei um eine Lieferung Schulbücher, die er für Auftraggeber in Rio besorgen sollte:

„Den Morgen brachte ich ganz bei dem bedeutenden Buchhändler Hapert und Brothers zu, um nach und nach bedeutende Aufträge auf Schul- und andere Bücher effektuieren zu können, die man mir in Rio gegeben hat und was ich leider mit vieler Mühe ganz als Gefälligkeit betrachten und besorgen muss." [248]

Aus den geschäftlichen Treffen entwickelten sich entsprechende Einladungen, sodass er auch in New York schnell in das gesellschaftliche Leben seiner Landsleute integriert war. Regelmäßig besuchte er den Deutschen Club. Neben den üblichen Männerabenden mit Gesang und Unterhaltung bot der Club eine Informationsquelle, die ihn interessierte. Wie in Philadelphia, so gab es auch in New York eine größere Anzahl deutscher Zeitungen, die im Club auslagen und zu deren Lektüre er regelmäßig erschien. Nicht immer entsprach die dort vertretene Meinung seinem konservativen, königstreuen Weltbild. Und so brachte er in seinem Bericht ein paar passende Worte dazu aufs Papier:

„Hier ist eine halb-wöchentliche Zeitung, die „Deutsche Schnellpost", Redakteur von Bülow, welche hier erscheint und ein Pariser Blatt „Vorwärts"

sehr en vogue. Letzteres Blatt gehört nun aber zu den allerunverschämtesten Schreiern, welche jemals die Pressefreiheit exploitirt haben. Ein unbekannter, verlaufener Preuße liefert die leitenden Berichte, welche auch nicht eine gute Sache über Deutschland enthalten, sondern meist widerliche Schelten, Tadeln und besonders Spottlieder auf den König von Preußen bringen. Eine bessere Tendenz hat das erste Journal, indem es wenigstens effektive Tatsachen mitteilt und Resümees aus den europäischen Zeitungen macht, doch auch herrscht ein so gehässiger, aufwiegelnder Ton und geflissentlich wird nur das Unangenehme von der unangenehmsten Seite beleuchtet. Von diesen beiden Schriften lassen sich nun die meisten Deutschen hier leiten und lesen und studieren so eine falsche Ansicht über ihr Vaterland in sich hinein, dass es mich schon tüchtig erzürnt hat, wenn ich sehen muss, wie sonst verständige Leute die dümmsten, beschränktesten Ideen entwickeln, ohne sich doch nur einmal die Mühe gegeben zu haben, zu untersuchen, was andere Stimmen in Deutschland sagen. Freilich ist es bequem, jeden Tag zu lesen, wie schauderhaft es daheim zugeht und wie herrlich sich dagegen unter dem Volksbanner der lieblichen Yankees wohnen lässt. Gemeine Seelen! Die ersten Schreier und die unausstehlichsten Resoneurs sind aber vor allem die Hamburger und Bremer! [249]

Einer alten deutschen Beschäftigung, der er auch in New York nachging, war das Kegeln. In der Stadt am Hudson gab es aber keine kleinen Privatbahnen, wie er sie aus Brasilien kannte, sondern riesige Paläste mit vielen Bahnen oft über mehrere Etagen. In seinen Beschreibungen erkennt man die Bewunderung, die er diesen prachtvollen Bauten zollte. Auch hier beeindruckten ihn wieder die Größe und die Perfektion. Gleich mehrfach findet man Beschreibungen in seinen Aufzeichnungen.

„Nach Tische brachte mich Hugo und einige Bekannte zu einer der hiesigen merkwürdigen Kegelsalons. In diesen schönen Gebäuden befinden sich 2 bis 3 Stockwerke übereinander, in langen Sälen mehrere nebeneinander laufende Kegelbahnen, die aufs reinlichste und eleganteste eingerichtet und brillant mit Gas erleuchtet sind. Man nimmt 2 oder 3 Bahnen in Beschlag und bezahlt per Spiel. in jedem Saal ist eine Restauration und Sofas und Sessel in Mengen und macht es einen sonderbaren Effekt, so unter und über sich ebenfalls die schweren Kugeln rollen zu hören." [250]

Wie Ernst sehr schnell feststellte, unterschied sich das hier betriebene Spiel von dem ihm aus Deutschland und Brasilien bekannten Kegelspiel. Während in Deutschland neun Kegel abgeräumt werden mussten, standen hier zehn Pinne am Ende der langen Bahn. Es war die amerikanische Variante des Kegelns, das Bowling. Ein paar Tage später lieferte er auch eine Erklärung, warum man in den USA mit zehn statt mit neun Pinnen spielte:

„Früher wurde das 9-Pins-Spiel hier so zum Bazar- und Wettspiel gemacht, dass es öffentlich nicht mehr erlaubt war. Was tun die Yankees? Sie fügen einen Kegel mehr hinzu, ändern die Regeln ab und spielen jetzt an allen Orten 10-Pins, was noch nicht verboten worden war." [251]

Neben den Clubbesuchen und Kegelveranstaltungen, die gewöhnlich in rein männlicher Runde stattfanden, erhielt Ernst auch Einladungen zu „gemischten" Veranstaltungen. Gepflegte Abendessen und vornehme Opernabende wechselten sich ab mit kleinen Landpartien und Ausflügen in andere Stadtteile. Man kann sich heute kaum vorstellen, dass damals noch große Teile des Umlandes der Insel Manhattan, ja sogar weite Teil der Insel selbst, noch aus wenig bebauter, fast unberührter Natur bestanden. Einer der ersten Ausflüge führte ihn nach

„...dem Dorfe Harlem, das eineinhalb Stunden nach New York liegt. Auf dem sogenannten prospect hill hielten wir an einem Coffee Shop und nahm ich mir volle Zeit, die ausgezeichnete Aussicht nach allen Seiten hin zu genießen. Dieselbe ist wirklich herrlich, da man die weite Strecke zwischen dem in grün halb versteckt schimmernden Harlem und den fernen Türmen New Yorks ganz beherrscht und einen weiten Spiegel des mit zahlreichen Fahrzeugen bedeckten East River übersehen kann, welch letzterer umso schöner sich ausnimmt, als man grade das sogenannte Höllentor (Hell Gate) vor sich hat, eine Flutenge, die etwas gefährlich ist und wo sich natürlich immer eine Menge Schiffe zusammendrängen." [252]

Der Ausflug an das nördliche Ende von Manhattan zog sich bis in die Abendstunden, sodass Ernst die vielen Flussdampfer auf dem Hudson auffielen, die nun in voller Beleuchtung ihres Weges zogen.

„Diese Albany Boote sind so groß, dass für vier- bis fünfhundert Personen Schlafstätten können arrangiert werden und solche größeren oder kleineren Schiffe verlassen New York jetzt täglich allein für Albany 10 bis 12 Stück." [253]

Im Verständnis von Ernst war das Verkehrsaufkommen in ganz New York gewaltig. Immer wieder beschrieb er die vielen Fußgänger, die sich drängelnd durch die Straßen schoben, oder das Heer der Kutschen und Wagen, die all diese Menschen bewegten. Er empfand diese Massen gleichsam beängstigend und faszinierend.

Zu seinem Ausflug nach Harlem gesellten sich im Laufe des Monats Juli noch verschiedene weitere Fahrten in die Umgebung. Mehrfach besuchte er das südlich gelegene Staten Island, damals noch dünn besiedelt und beliebtes Ausflugsziel der Stadtbevölkerung. Wer es sich leisten konnte, besaß hier ein „Gartenhaus". In großen Pavillons lauschte man Konzerten oder feierte rauschende Bälle. Auch der Stadt Brooklyn an der Spitze von Long Island gelegen, stattete Ernst einen Besuch ab.

„Brooklyn liegt jenseits des East River und ist schon für sich eine ansehnliche Stadt, die täglich zunimmt und als ein minder kostspieliger Aufenthalt wie New York von sehr vielen Familien bewohnt wird." [254]

Auf Long Island übten die großen parkähnlichen Friedhöfe, auf denen sich die Grabmale der bedeutenden New Yorker Familien befanden, große Wirkung aus.

Ohne dass Ernst es wusste, wurde der 24. Juli 1844 zu einem sehr wichtigen Tag für sein weiteres Leben. An diesem Tag sah er zum ersten Mal seine zukünftige Frau. Wieder einmal weilte er zu einer kleinen Festivität auf Staten Island. Die Tochter der ihm gut bekannten Familie Klendgen hatte ihn nicht nur eingeladen, sondern auch aufgefordert, sie und ihre zwei Freundinnen „als Kavalier" zur Insel zu begleiten. Für junge Damen aus gutem Hause war ein Ausgang ohne männliche Begleitung unschicklich. „Schweren Herzens" hatte sich Ernst überreden lassen.

„Auf solche strikte Order aus so schönem Munde, ließ sich dann freilich nichts als unbedingter Gehorsam erwidern."

In New Brighton, einem kleinen Ort auf der Insel, angekommen, traf er dann sehr zu seiner Freude auch den Kaufmann Karl Vezin, den er aus Philadelphia kannte. Die Freude, die er empfand, hing wohl weniger mit dem 62-jährigen Mann zusammen, als vielmehr mit den zwei in seiner Begleitung befindlichen Töchtern.

„In New Brighton hatte ich die Freude, Herrn Vezin aus Philadelphia mit seinen beiden ältesten Töchtern zu treffen, mit denen ich schnell und umso leichter Bekanntschaft machte, als beide vollkommen gut Deutsch reden und ganz deutsche, herzliche und freundliche Mädchen sind." [255]

Louise, mit 21 Jahren die ältere Tochter und ihre 2 Jahre jüngere Schwester Cäcilie waren im besten heiratsfähigen Alter und Ernst mit seinen fast 30 Jahren sicher auf der Suche nach einer passenden Gefährtin. Seine „Wanderjahre" näherten sich dem Ende und spätestens nach seiner Rückkehr nach Deutschland müsste er sich ernsthaft nach einer guten Partie umsehen.

Statt mit Einer hatte er es jetzt gleich mit fünf jungen Frauen zu tun und er amüsierte sich prächtig. Erst gegen vier Uhr am nächsten Morgen ging er ins Bett.

An den folgenden Tagen war das Wetter schlecht, sodass er im Hotel blieb. Seit einiger Zeit hatte er neue Reisepläne. Er schrieb von einer Reise „in den Norden" für die er nach Begleitung suchte. Nachdem sich am 27. eine erneute Verabredung auf Staten Island zerschlagen hatte, nutzte er den Tag für einen Trip nach Hoboken.

„Hoboken, ein kleines Dorf von zahlreichen Landhäusern umgeben, liegt New York gegenüber, oberhalb dieser City am Hudson hinauf, wo dessen Ufer schon anfangen, höher zu werden und allenthalben mit dem schönsten Walde und prächtigsten Wiesen geziert sind. Dass die spekulativen Yankees nicht gezögert haben, einen solchen herrlichen Sommeraufenthalt der aus tausend schattigen Partien die großartigsten Aussichten auf den herrlichen, breiten klaren Strom und sein ungeheures Leben auf die Bay hinunter und seine angebauten Ufer das ferne Staaten Island die Forts und durch die Narrows, selbst bis zum Meer darbietet, zum ersten Vergnügungsort der gegenüberliegenden reich und prächtig ausgedehnten Stadt New York zu machen, versteht sich von selbst." [256]

Da der gesamte Ausflugsverkehr nach Hoboken mittels vieler Dampfboote ausgeführt wurde, sinnierte er bei dieser Gelegenheit, ganz Kaufmann, über die guten Verdienstmöglichkeiten bei diesem Transportgeschäft. Am 29. war es dann wieder soweit. Louise Vezin war einer Einladung zum Ball auf Staten Island gefolgt. Und seine späteren Äußerungen waren eindeutig.

„Auf einem langen Spaziergang wurde es mir so gut, der Kavalier von Miss Luise Vezin zu werden. Wir hatten interessante Unterhaltung und scheint mir dieses freundliche Mädchen eins der trefflichsten weiblichen Wesen zu sein, die mir begegnet sind.“ [257]

Am 1. August wurde die Angelegenheit recht eindeutig. Das mit ihm befreundete Ehepaar Klendgen – Eltern der Tochter, für die er vor ein paar Tagen Kavalier gespielt hatte – erschien in seinem Hotel, um ihn im Auftrag der „jungen Dame Vezin“ zu Tisch zu bitten. Es gäbe wichtige Dinge zu besprechen. Wie sich herausstellte, ging es um eine Reise in die Catskil Mountains, die Herr Vezin seinen beiden Töchtern versprochen hatte. In seinem fortgeschrittenen Alter wollte er sich aber nun diese Reise mit seinen zwei jungen Töchtern nicht mehr zumuten. Ob nicht Ernst die Begleiter-Rolle übernehmen wolle? Er hätte doch ohnehin vorgehabt, nach Norden zu Reisen. Der Vater hätte auch schon zugestimmt! Die Antwort von Ernst kann man sich denken:

„Obschon ich nun erst am Montag abreisen wollte, so war mir doch der Vorschlag der interessanten Mädchen natürlich zu schmeichelhaft, um nicht gleich einzuwilligen, schon am Sonnabend mit ihnen den Hudson hinauf bis West Point zu fahren, um Sonntag dann schon in die Catskill Mountains zu gehen.“

Die anschließende Bemerkung sprach nicht gerade für ihn als großen Kavalier, sondern zeichnete ihn eher als Krämerseele aus.

„Ich werde also auf der einen Seite etwas Mühe, Sorgen und wohl auch Unkosten haben, aber auf der anderen auch dafür doppelt und dreifach durch so angenehme Gesellschaft belohnt werden.“ [258]

Der getroffenen Reiseverabredung folgte noch ein letztes Mal ein beschwingter Ball auf Staten Island. Am 3. August 1844 verabschiedete sich Ernst aus New York und macht sich auf den Weg in die Catskill Mountains.

19. Eine Herzensangelegenheit

Mit dem 3. August 1844 endeten die Reiseberichte von Ernst Hasenclever. Wie lange er mit den Damen Vezin reiste, ist deshalb nicht bekannt. Warum er so plötzlich nicht mehr schrieb, scheint klar zu sein. Er hatte Besseres zu tun.

Am 10. Oktober 1844 findet sich dazu ein Eintrag in den „Epochentabellen“ seiner Großmutter Henriette:

„Den 10. erster Bericht von Ernst über seine Herzensangelegenheit.“

Berücksichtigt man die Laufzeiten des damaligen Briefverkehrs, die auf der Strecke nordamerikanische Küste – Europa im günstigsten Fall einen knappen Monat betrug, so stammte diese Nachricht von Anfang September.

Anfang August hatte Ernst als „Kavalier“ mit den beiden Schwestern Vezin New York in Richtung Norden verlassen. Bedenkt man zusätzlich, dass Ernst seine zukünftige Braut Louise Vezin erst am 24. Juli zum ersten Mal getroffen hatte, muss es wirklich die sprichwörtliche Liebe auf den ersten Blick gewesen sein.

Ernst war in einem Alter, in dem er sich verstärkt nach einer Partnerin für sein zukünftiges Leben in Deutschland umsehen musste.

Mit der Rückkehr nach Deutschland sollte seine „Ausbildung“ enden. Anzunehmen ist, dass er bereits Teilhaber am Familienunternehmen war, oder spätestens nach seiner Rückkehr als Kompagnon aufgenommen würde. Er wäre dann in einer Position, eine Familie standesgemäß ernähren zu können. Und dies war in bürgerlichen Familien die unabdingbare Voraussetzung für eine eheliche Verbindung. Ein Vergleich der Heiratsdaten in der Familie belegt, dass bei einem Großteil der Vermählungen die Männer in ihrem vierten Lebensjahrzehnt standen. Eine Ausnahme war sein Onkel Josua, der bereits mit 25 Jahren heiratete.

Leider sind nur Teile des sich anschließenden Briefverkehrs zwischen den Familien Hasenclever und Vezin erhalten, aber Ernst muss seinen Vater David sehr schnell um die Erlaubnis zur Verlobung gebeten haben. Es scheint, als sei die Frage nach der Erlaubnis schon in der Mitteilung erfolgt, die Henriette Hasenclever unter dem 10. Oktober aufzeichnete.

David Hasenclever sandte am 13. November 1844 ein Schreiben an Karl Vezin, in dem er schweren Herzens seine Zustimmung zu der Verlobung gab. Auch ihm schien die ganze Angelegenheit etwas schnell zu gehen.

„Ich kann Ihnen nicht bergen, daß die rasche Neigung meines Sohnes zu einem Mädchen aus weiter Ferne mir anfangs Sorgen gemacht; doch das Bekenntnis, wie er Ihre liebe Tochter mit dem edlen kindlich treuen Gemüth immer mehr habe schätzen lernen und nur sie sein Leben beglücken könne, haben uns bestimmt schon jetzt die Einwilligung zu seiner Verlobung gerne zuzugeben." [259]

Diesem Schreiben legte David einen Brief an seinen Sohn Ernst bei und bat Herrn Vezin diesen an Ernst weiterzuleiten. Es ist zu vermuten, dass David in diesem Brief ebenfalls seine Zustimmung zur Verlobung mitteilte. Ernst war also auch noch nicht informiert. Karl Vezin muss diesen Brief, dessen Inhalt leider nicht bekannt ist, sofort nach Erhalt weitergeleitet haben, denn am 10. Dezember 1844 schickte er einen Brief an Ernst Hasenclever, in dem er ihn als seinen zukünftigen Schwiegersohn begrüßte. Die Verlobten erhielten von beiden Familien ihren Segen.

Louise Vezin

Ernst Hasenclever

Werther Freund!

Gestern erhielt ich einliegenden offenen Brief für Sie von Ihrem Vater. Der Inhalt erfüllte mein Herz mit Freude, und hat jeden bangen Zweifel daraus entfernt. Mit doppelter Zufriedenheit betrachte ich Sie nun als unseren künftigen Schwiegersohn, und bin überzeugt, mich nicht übereilt zu haben, als ich meine Einwilligung zur Verlobung gab.[260]

Dass die Zustimmung von Herrn Vezin wesentlich überschwänglicher ausfiel als die von David Hasenclever, hatte sicherlich den Grund, dass Vezin Ernst bereits länger kannte, während sich David ganz auf das Urteil seines Sohnes über seine Auserwählte verlassen musste. Er „kaufte die Katze im Sack".

Die in den folgenden Monaten geführten „Verhandlungen" über die wirtschaftlichen Bedingungen der Heirat werfen ein interessantes Licht auf eheliche Verbindungen zwischen Kaufmannsfamilien.

Für beide Seiten war es wichtig, das wirtschaftliche Risiko aus dieser Verbindung abzuwägen und möglichst zu minimieren. Der Briefwechsel dazu, in den auch Josua Hasenclever mit einbezogen wurde, ist nur bruchstückhaft vorhanden. Carl Vezin gab in einem Brief an Josua die Auskunft, dass seine Tochter 5.000 Dollar Bargeld mit in die Ehe bringen würde, über die ihr Ehemann nach vollzogener Trauung verfügen könnte. Er zeigte sich erfreut, dass Ernst Teilhaber von Johann Hasenclever & Sohn sei, konnte dies aber nicht so richtig einordnen, weil man ihm kein konkretes „Zahlenmaterial" vorgelegt hatte. Er verließ sich auf die Versicherung von Josua, dass Ernst von seinem Anteil gut leben könne und *„sich noch etwas ordentliches erübrigt habe"*.

Besorgt war Vezin über die vielen Teilhaber am Unternehmen Hasenclever. Ein weiterer Grund zur Sorge war für ihn die Absicht, dass Ernst nach preußischem Recht heiraten wolle.

„Ernst erwähnt in seinem Briefe, er wünsche, nach dortigen Gesetzen, d.h. ohne Ehe-Contrakt und auf Gütergemeinschaft zu heirathen. Nun möchte ich gern von Ihnen erfahren – nicht wegen der Aussteuer, worüber er wird ganz nach Belieben verfügen können – sondern wegen meines Nachlaßes, ob die Folge von Gütergemeinschaft nicht ist, daß, wenn der Mann das Unglück hat, zu fallieren, der Frau Eingebrachtes und Erbteil mit verloren gehen?"

Wie man sich letzten Endes einigte und unter welchen finanziellen Bedingungen die Ehe zustande kam, geht aus den vorliegenden Dokumenten leider nicht hervor.

Ernst Hasenclever befand sich während dieser „Verhandlungen“ übrigens mitnichten zu Hause.

Seine genauen Aufenthaltsorte in der Zeit zwischen August 1844 – seiner Abreise mit den Damen Vezin nach Norden – und seiner Rückkehr nach Deutschland im Juni 1845 sind nur teilweise bekannt. Im Dezember des Jahres 1844 hielt er sich auf jeden Fall in Havanna auf Kuba auf. Der Brief seines zukünftigen Schwiegervaters mit der Zustimmung zur Verlobung vom 10. Dezember 1844 war an „Ernst Hasenclever care of Ohlmeyer & Co., Havanna“ adressiert. Einen Vertreter dieses Unternehmens hatte Ernst seinerzeit in Philadelphia kennen gelernt. Ob und wie lange Ernst in diesem knappen Jahr seine Verlobte sah und wieviel Zeit er mit ihr verbringen konnte, ist nicht bekannt.

Spätestens mit seiner Rückkehr nach Deutschland im Sommer 1845 hatte Ernst recht viel zu tun. Nach acht Jahren Abwesenheit musste er sich wieder in das Leben in Ehringhausen eingewöhnen. Nach so langer Abwesenheit, nach so vielen faszinierenden Reisen, gefüllt von seinen Erlebnissen und Eindrücken, war dies sicher keine einfache Aufgabe.

Als Kompagnon im Familienunternehmen warteten wichtige Aufgaben auf ihn. Vater und Onkel, die Patriarchen des Geschäftes, waren in die Jahre gekommen. David war 67 und Josua 61 Jahre alt. Sie benötigten Unterstützung. Von den fünf Söhnen seines Vaters David waren zwei im Kindesalter gestorben. Sein älterer Bruder Richard war Arzt geworden und übte im Geschäft keine aktive Rolle aus. Sein jüngerer Bruder Georg hatte sich der Jurisprudenz zugewandt und arbeitete zu jener Zeit in Düsseldorf. Von Seiten seines Onkels Josua, der zwei Söhne hatte, arbeitete der Ältere, Hermann, im Geschäft, der jüngere Walter war seit April 1843 in Rio.

Neben der umfangreichen Einarbeitung in die Geschäfte war für Ernst die Vorbereitung der Hochzeit ein wichtiges Thema. Seine zukünftige Braut hatte er in den Vereinigten Staaten bei ihren Eltern in Philadelphia zurückgelassen. Bereits ein dreiviertel Jahr nach seiner

Rückkehr machte er sich am 23. März 1846 auf den langen Weg, um seine Braut persönlich in ihre neue Heimat zu holen. Kurz zuvor, am 20. März, erhielt er von der Bürgermeisterei Remscheid die Bescheinigung, dass gegen das Aufgebot kein Einspruch erhoben worden war. Von Ernst liegen für diese Zeit keine Aufzeichnungen vor, doch seine Frau Louise vermerkte nachträglich einige Details in ihren Tagebüchern. Daraus ist zu erfahren, dass am 5. Mai 1846 eine zunächst zivilrechtliche Trauung in Philadelphia stattfand. Die kirchliche Trauung erfolgte am 15. Juni in der Evangelisch-Lutherischen St. John Kirche.

Schon am 24. Juni verließ das junge Paar Philadelphia in Richtung Europa. Ein Postschiff, damals das schnellste Verkehrsmittel im Liniendienst über den Atlantik, brachte sie nach Le Havre. Von dort ging es zu einem zehntägigen Aufenthalt nach Paris. Schließlich war diese Rückreise zugleich als eine Art Flitterwochen zu betrachten. Im Anschluss reisten sie weiter nach Wiesbaden, um den Schwiegervater David Hasenclever kennenzulernen. Dieser litt seit Jahren an starker Gicht und hielt sich in Wiesbaden zur Kur auf. Von Wiesbaden fuhr das Paar nun in Begleitung von David nach Frankfurt und Heidelberg, um Louise den Verwandten aus der Familie Schlosser vorzustellen. Schließlich erreichten alle drei am 21. August 1847 Louises neue Heimat Ehringhausen, wo sie „mit herzlicher Liebe" von ihrer Schwiegermutter in ihr Haus aufgenommen wurde.

20. Familie Ernst und Louise Hasenclever

Ernst und Louise Hasenclever bezogen zunächst eine Wohnung im alten, heute nicht mehr existierenden Stammhaus der Familie und lebten dort gemeinsam mit zwei ledigen Schwestern von Ernst.

Die weiteren Geschicke des jungen Paares entwickelten sich nach dem euphorischen Beginn nicht positiv. Zwischen 1847 und 1860 bekam Louise insgesamt elf Kinder. Das erste Kind, ein Mädchen, starb kurz vor oder während der Geburt. Ein großer Schock für die ganze Familie. Louise selbst schrieb in ihr Tagebuch, dass sie zur Zeit der Niederkunft sehr krank gewesen sei, schlechte Voraussetzungen für eine erste Geburt. Wie Ernst auf diesen Verlust reagierte, ist nicht bekannt, auch Louise vertraute ihrem Tagebuch über den Verlust keine weiteren Gedanken an. Doch das Unglück verfolgte die Familie weiter.

Das nächste Kind, ihr erster Sohn David, kam im Mai 1848 zu Welt. Über ihn schrieb Louise: *„Ein zartes Kind, welches uns sorgen machte."* David überlebte, hatte aber für den Rest seines Lebens gesundheitliche Probleme. Immer enthalten ihre Aufzeichnungen der späteren Jahre Bemerkungen zu Arztbesuchen und Behandlungen. Wiederkehrende Kuraufenthalte sollten die nicht klar definierten Leiden lindern.

Stammhaus der Familie Hasenclever

Auch während seiner späteren Schulausbildung litt David immer wieder unter einem „Anfallleiden". Und bis in die 1860er Jahre kümmerte sich Ernst immer wieder um die Unterbringung seines Sohnes in einer „seiner Gesundheit förderlichen" Umgebung. Ein Teil von Davids Beschwerden rührten von einer Scharlacherkrankung, die er sich im Alter von 4 Jahren, während eines Besuches bei der amerikanischen Verwandtschaft in Philadelphia, zugezogen hatte.

Die beiden folgenden Kinder, die im Juni 1849 und Juli 1850 das Licht der Welt erblickten, zwei Mädchen, starben zum großen Entsetzen der Familie jeweils wenige Tage bzw. Wochen nach der Geburt. Auch Louise litt zunehmend an gesundheitlichen Problemen und hielt sich im Sommer 1849 zur Kur auf Norderney auf.

Erst mit dem fünften Kind, das im August 1851 zur Welt kam und auf den Namen Bertha getauft wurde, änderten sich die Geschicke der Familie. Von den bis 1860 noch folgenden sechs Kindern starb nur noch eines. Warum es zu so vielen Komplikationen nach den Geburten kam, lässt sich aus heutiger Sicht nicht sagen. Eine große Rolle spielte sicher die für damalige Verhältnisse nicht unübliche kurze Abfolge der Schwangerschaften.

Auch die nachgeburtliche Versorgung der Neugeborenen entsprach natürlich nicht den heutigen Standards, sodass die Kindersterblichkeit allgemein sehr hoch war. Nach der Geburt von Bertha stellte das Paar sofort eine Amme ein, die vielleicht auch zum Überleben dieses Kindes beigetragen hat.

Bertha ging auch in ihrem weiteren Leben einen anderen Weg als ihre Geschwister, der aus heutiger Sicht als ungewöhnlich, wenn nicht befremdlich, zu bezeichnen ist.

Im Frühling 1852 entschlossen sich Ernst und Louise zum Besuch ihrer Familie in den USA. Der gerade zehnmonatigen Bertha wollten sie die strapaziöse Reise nicht zumuten und ließen sie in der Obhut der Amme und der ältesten Schwester von Ernst, Auguste.

Während der viermonatigen Abwesenheit der Eltern kümmerte sich nicht nur ihre Tante um die kleine Bertha, sondern auch ihr Großvater David muss seine kleine Enkeltochter sehr tief ins Herz geschlossen haben.

Nach der Rückkehr der Eltern Ende Juli 1852 aus den USA schrieb Opa David Hasenclever aus Wiesbaden, wo er sich zur Kur befand, seine Tochter Auguste möge doch „um Himmels Willen" Bertha nicht vor seiner Heimkehr abgeben. Er habe das Kind so in sein Herz geschlossen, dass er es nicht verwinden könne, seine Tage ohne sie zu verbringen. Und die Eltern Ernst und Louise trafen tatsächlich mit David eine Regelung, dass die kleine Bertha, jeweils abwechselnd, für acht Tage bei ihren Eltern und auch bei Tante und Opa leben sollte.

Als Louise im Oktober ihr nächstes Kind bekam, blieb Bertha dann ganz bei Tante und Opa.

Auguste Hasenclever schrieb dazu:

„Während Louises Wochenbett hatten wir Bertha ganz bei uns, ihrer beschränkten Wohnung halber im alten Stammhaus bei Tante Lottchen, und später blieb das liebe Kind immer hier bei uns, weil die Geschwister dem Großvater diese Freude, die so sichtlich sein Leben verschönte, nicht nehmen wollten." [261]

Nach Tochter Bertha wurden noch drei weitere Kinder geboren. 1852 Hermann, der kurz nach der Geburt lebensgefährlich erkrankte, sich aber erholte. 1853 Julia, „ein zartes, aber gesundes Kind", wie ihre Mutter vermerkte und 1855 der dritte Sohn Richard. Nach jeder Geburt war Louise so geschwächt, dass sie zur Kur musste. Auch David nahm mit seinen 8 Jahren bereits an Kuren teil.

Im Herbst 1856 erkrankten alle vier Kinder fast gleichzeitig an Masern. Im Oktober 1857 schlug das Schicksal erneut zu. Louise wurde mit 34 Jahren zum neunten Mal schwanger und schenkte im Mai, sehr zur Freude ihres Mannes, einer gesunden Tochter das Leben.

„Sie war ein außergewöhnlich kräftiges und schönes Kind."

Nur fünf Monate später starb das Kind völlig überraschend an einer *„Gehirn-Affection"* wie Louise ihrem Tagebuch anvertraute. Im Herbst 1857 gab es noch eine Veränderung im Familienleben, die wahrscheinlich alle positiv aufnahmen. Bisher hatte Ernst mit seiner immer größer werdenden Familie im Stammhaus der Hasenclevers unter recht beengten Verhältnissen gewohnt. Nachdem sein Vater David im März 1857 gestorben war, zogen sie in dessen Wohnhaus. Nach einem Umbau und einer gründlichen Renovierung gab es hier nun endlich genug Platz für alle. Tochter Bertha, das „Leihkind", blieb allerdings auch nach dem Tod des Großvaters bei ihrer Tante Auguste.

1859 und 1860 kamen die Kinder Nummer zehn und elf zur Welt, zwei Mädchen mit den Namen Luise und Franziska.

Vorher, 1858, erlitt die Familie noch einen schweren Schicksalsschlag, der vor allem Louise betraf und der all die Leiden mit ihren Kindern übertraf. Die Ursache war eigentlich ein freudiges Ereignis.

Louises Mutter, Emilie Vezin, hatte sich entschlossen, gemeinsam mit einigen ihrer Kinder die älteste Tochter in Deutschland zu besuchen. Nach vielen Verwandtenbesuchen und schönen Tagen in Ehringhausen begab sie sich am 1. September 1858 auf die Rückfahrt nach Amerika. Die Zeiten hatten sich geändert. War Ernst bei seinen Reisen nach Süd- und Nordamerika auf dem Segelschiff noch wochenlang unterwegs, sorgten nun Dampfschiffe für schnellere Verbindungen.

Die „Austria" ein Schiff der „Hamburg-Amerikanische Packetfahrt-Actien-Gesellschaft" oder kurz „HAPAG" fuhr im Liniendienst zwischen Hamburg und New York und legte diese Strecke gewöhnlich in knapp drei Wochen zurück. Während der Überfahrt, am 13. September, wurde das Schiff zu Desinfektionszwecken geräuchert. Ein übliches Verfahren, bei dem ein glühendes Eisen oder eine Kette in einen Teerkessel gehalten wurde, um Rauch zu erzeugen. Durch eine Unachtsamkeit entzündete sich Teer. Das Feuer breitete sich mit rasender Geschwindigkeit aus, sodass die Mannschaft innerhalb kurzer Zeit die Kontrolle über das Schiff verlor. Die Maschine konnte nicht abgestellt werden, das Schiff gehorchte dem Ruder nicht mehr. Nach einer zusätzlichen Explosion brach Panik aus. Wer nicht erstickte, sprang über Bord. Im Wasser gerieten viele Passagiere in die sich drehende Schraube oder wurden durch den Sog unter Wasser gezogen. Von ca. 500 Personen an Bord konnten nur 85 Menschen gerettet werden. Unter den Opfern waren auch Emilie Vezin und ihre Töchter Marie und Klara. Ihr Sohn Alfred wurde gerettet und berichtete später in der Zeitung von dem Untergang.

Nach der Geburt der letzten Kinder veränderte sich das Familienleben langsam. Am deutlichsten wird dies an der Häufigkeit der Tagebucheintragungen von Louise Hasenclever. Hatte sie seit ihrer Hochzeit 1847 nur wenige Seiten gefüllt, stieg die Anzahl der geschriebenen Seiten nun kontinuierlich an. Die Kinder wurden größer, und es blieb mehr Zeit, intensiver am gesellschaftlichen Leben teilzunehmen. Hatte sich Ernst bisher öfter allein auf Reisen und in den Urlaub begeben, begleitete ihn nun Louise, meist auch ohne Kinder. Diese blieben zu Hause in der Obhut der Tanten oder Hauslehrerinnen.

Langsam entfaltete sich das Leben einer großbürgerlichen Familie des 19. Jahrhunderts.

1862 unternahmen Ernst und Louise gemeinsam eine große Urlaubsreise in die Schweiz. Mit dem Schiff auf dem Rhein, der Eisenbahn und der Kutsche erreichten sie die jeweiligen Ziele. Die Verbindungen waren recht gut, wenn auch langsam. Auf dem Weg nach Süden machten sie Station bei Verwandten aus der Familie Schlosser. Diese lebten in Stift Neuburg bei Heidelberg. Oft war der Weg das Ziel. In den bekannten Städten wie Mainz, Basel und Fribourg blieben sie für ein paar Tage und besichtigten Sehenswürdigkeiten. An den jeweiligen Zielorten stiegen sie in den besten Häusern ab. Entsprach die Unterbringung einmal nicht den hohen Ansprüchen, wurde darüber lamentiert. Mal lag das Zimmer im dritten Stock, mal war es nicht zentral genug gelegen. Die tägliche Beschäftigung im Urlaub bestand aus Spaziergängen, Wanderungen oder Ausflügen in Kutschen zu besonderen Orten der Umgebung. Von Interlaken ging es ins wild-romantische Lauterbrunnental oder zu den Griessbach-Wasserfällen. Diese Ausflüge unternahmen sie meist in Begleitung von Reisebekanntschaften aus dem eigenen Hotel. Dabei erging man sich in ausführlichen Betrachtungen der besuchten Landschaften. Wichtige Unterbrechungen waren die gemeinsamen Mahlzeiten im Hotel. An vielen Orten trafen Ernst und Louise Bekannte aus der gleichen Gesellschaftsschicht. Louise fügte ihren Reisebeschreibungen oft lange Listen mit Namen an, wen sie und Ernst jeweils getroffen hatten. Sie wirken fast wie „Trophäenlisten“ und unterstreichen damit ihre eigene Bedeutung in der Gesellschaft.

Das gesamte Leben der Familie Ernst Hasenclever war gekennzeichnet durch enge Bande zur Verwandtschaft. Ein Großteil der Reisen waren Familienbesuche. Man begleitete einzeln reisende Familienmitglieder zu einem Ziel und fuhr dann zurück. Zusammen mit anderen Verwandten unternahm man gemeinsam ausgedehnte Urlaubsreisen. In regelmäßigen Abständen begaben sich fast alle Familienmitglieder zur Kur in bekannte Orte wie Wiesbaden, Bad Schwalbach, Bad Kissingen oder Ostende.

Auch daheim in Ehringhausen entwickelte sich ein ausgeprägtes gesellschaftliches Leben. In Louises Tagebüchern finden sich Notizen zu Theater- und Opernbesuchen oder Einladungen zum Essen. Die Familie besuchte die Remscheider Kirmes oder ging zu Konzerten der Militärblasmusik. Ernst und Louise entwickelten jeweils auch ein eigenständiges gesellschaftliches Leben. Von Ernst ist dazu fast nichts bekannt, da er keine privaten Aufzeichnungen führte. Auch aus den Familienquellen war leider nichts genaues zu erfahren. Louise vermerkte nur einmal, dass er Mitglied einer Billardgesellschaft sei.

Louises Beschäftigungen waren typisch für eine Dame ihrer Gesellschaftsschicht. Neben den Kaffeekränzchen und literarischen Zirkeln engagierte sie sich ab und an für wohltätige Zwecke. So unterstützte sie Anfang 1864 während des deutsch-dänischen Krieges die Sammlung von Sanitätsmaterial im Remscheider Rathaus.

Bei der Ausbildung seiner Kinder beschritt Ernst den gleichen Weg, den auch er genommen hatte. Alle seine Kinder gingen zunächst in die Elementarschule. Die Töchter wurden danach zu Hause durch Privatlehrerinnen unterrichtet und besuchten in späteren Jahren ein Pensionat. Für die Söhne wählte Ernst weiterführende Schulen in Düsseldorf und Köln. Sein ältester Sohn David machte ihm die meisten Sorgen. Davids kränkliche Natur unterbrach immer wieder den regelmäßigen Schulbesuch und so erhielt er bald Privatunterricht. Damit es ihm nicht zu langweilig wurde, engagierte Ernst sogar einen etwa gleichaltrigen Gesellschafter für seinen Sohn.

21. Ernst Hasenclever in Beruf und Politik

Den Reiseberichten von Ernst sind nur selten Auskünfte zu seiner geschäftlichen Tätigkeit für das Familienunternehmen zu entnehmen. Nur die immer wiederkehrenden Erwähnungen zur Abgabe von Empfehlungsschreiben belegen, dass er während seiner Reisen auch geschäftlich tätig war. Welche Geschäfte und mit wem er sie tätigte, lässt sich daraus nicht erschließen. Die Tagebuchaufzeichnungen seiner Frau Louise geben ab den späten 1840-er Jahren zumindest spärliche Hinweise auf sein Handeln im wirtschaftlichen und politischen Umfeld.

Im Herbst 1857 schrieb sie:

„Im Herbst brach die amerikanische Crisis aus, ein Jeder war besorgt und auch manche unserer Freunde konnten den traurigen Verhältnissen nicht wiederstehen. Auch uns drohten bedeutende Verluste, Ernst reiste nach England und später nach Hamburg; das Glück begünstigte ihn; seinen Bemühungen gelang es, sehr viel zu retten.“ [262]

Die Krise, die Louise hier so kurz erwähnte, gilt heute als die erste Weltwirtschaftskrise. Der technische Fortschritt sorgte in den 1850er Jahren für immer bessere, internationale Handelsverflechtungen. Die Entwicklung und der Ausbau der Eisenbahnverbindungen versprachen neue Gewinne. Der neue Telegraf ermöglichte den schnellen Nachrichtenaustausch. 1851 wurde ein erstes Seekabel durch den Ärmelkanal verlegt. Mit der Beschleunigung des Nachrichtenaustausches wurden die bereits gut entwickelten internationalen Waren- und Finanzmärkte anfälliger für Störungen. Ausgangspunkt dieser Krise waren die Vereinigten Staaten. Spekulationen im wichtigen Eisenbahnsektor brachen zusammen und lösten aufgrund der vielseitigen Verflechtungen eine Kettenreaktion aus. Ein Run auf die Banken der Ostküste setzte ein, als immer mehr Kunden ihre Konten auflösten. Verschärft wurde die Krise durch den Untergang eines Schiffes, der „SS Central America“, die zur Schaffung einer Liquiditätsreserve ca. 150 Millionen Dollar in Form von drei Tonnen Gold von Panama an die Ostküste transportieren sollte. Bald waren auch englische Banken betroffen. Als am 9. November 1857 die Western Bank of Scotland – die größte Bank des Landes mit 98 Filialen – ihre Zahlungen einstellen musste, wurden auch in Britannien die Geldinstitute gestürmt. Die Leute wollten sich ihre Ersparnisse in Gold ausbezahlen lassen. Zahlreiche britische Handelshäuser und Banken gingen pleite. Ein Großteil der internationalen Geschäfte der Firma Hasenclever wurde mit Wechseln auf britische Banken abgewickelt. Gingen diese Banken bankrott, war auch ihr Geld weg. Auch die Konsignationsgeschäfte, die von Hasenclever betrieben wurden, stellten bei dieser Krise ein finanzielles Risiko dar. Denn ein Konsignationsgeschäft war ein Geschäft auf Kredit. Auf Vorrat produzierte Güter lagerten beim Kunden, wurden aber erst bei tatsächlichem Gebrauch bezahlt. War der normale Geschäftsgang durch eine Krise unterbrochen, blieb der Rückfluss des Geldes aus, sodass auch das Unternehmen Hasenclever in Zahlungsschwierigkeiten geraten konnte. In Hamburg, einem wichtigem Ausfuhrhafen, lagen viele Handelshäuser, mit denen Hasenclever Geschäfte machten.

Auch wenn Louise nichts Näheres über die Umstände niederschrieb, gelang es Ernst, diese Krise für sein eigenes Haus abzuwenden.

Ernst Hasenclever sorgte sich nicht nur um die Geschicke des Familienunternehmens, sondern versuchte auch auf politischem Weg die Voraussetzungen für Handel und Gewerbe in Remscheid zu verbessern. So wie sich sein Onkel Josua vor fast einem halben Jahrhundert für den Ausbau des Straßennetzes engagiert hatte, arbeitete Ernst an der Verwirklichung einer Eisenbahnverbindung für Remscheid. Schon in der ersten Hälfte des 19. Jahrhundert gab es Bestrebungen, Remscheid und Lennep mit einem Eisenbahnanschluss durch das untere Wuppertal mit dem Rheintal zu verbinden. Die wirtschaftliche Notwendigkeit einer Anbindung an das entstehende Eisenbahnnetz war groß. Viele dringend benötigte Produktionsgüter waren aufgrund der langen und schlechten Transportwege für die Remscheider eisenverarbeitende Industrie unverhältnismäßig teuer und stellten ihre Wettbewerbsfähigkeit zunehmend in Frage. Auch die Lenneper Handelskammer, deren Mitglied Ernst Hasenclever war, setzte sich seit Mitte der 1850er Jahre vehement für den Bau einer Eisenbahnverbindung ein. In einem Gesuch an den preußischen Minister für Handel und Gewerbe, August von der Heydt, propagierte die Kammer 1858 für den Bau einer Stichstrecke von Rittershausen über Lennep nach Remscheid. An den Verhandlungen zur Durchführung und Finanzierung des Baus der Eisenbahnstrecke beteiligte sich auch Ernst Hasenclever.

Ende November 1862 reiste er gemeinsam mit den Bürgermeistern von Lennep und Remscheid nach Berlin und sprach mit dem neuen Handelsminister von Itzenplitz. Die Bergisch-Märkische Eisenbahn hatte von den Städten eine Beteiligung an den Baukosten in Höhe von 500.000 Mark sowie eine Garantie, dass die Kosten des Grunderwerbs für die Bahntrasse die Summe von 125.000 Mark nicht übersteigen würde. Diese Kosten waren für die beiden Städte nicht zu stemmen. Der Handelsminister versprach im nächsten Jahr eine Summe von 200.000 Mark als Finanzhilfe beim Finanzminister zu beantragen.

Im Januar 1863 gelang es ihm, bei einem weiteren Besuch in Berlin die Zustimmung des Finanzministers zu erreichen. Voraussetzung für die Gewährung des Zuschusses war aber die Zustimmung des Königs und der beiden Parlamentskammern. Seit Ende Januar wieder in Remscheid, erhielt Ernst Mitte Februar Besuch von „einigen Herren aus Lennep", wie Louise in ihrem Tagebuch schrieb. Vermutlich Vertreter der Handelskammer, die vom Lenneper Bürgermeister Trip, der in Berlin war, die Nachricht erhalten hatten, dass sich im preußischen Abgeordnetenhaus Widerstand regte. In Begleitung von Louise machte sich Ernst am 21. Februar mit der Eisenbahn auf den Weg nach Berlin. Am 24. Februar trafen sich Ernst und der Bürgermeister Trip mit Friedrich von Rönne, Abgeordneter der altliberalen Fraktion des Preußischen Abgeordnetenhauses und ehemaliger Leiter des Handelsamtes. Von ihm versprachen sie sich Unterstützung für ihr Anliegen. Der Besuch war aber nicht von Erfolg gekrönt, denn Louise vertraute ihrem Tagebuch die Bemerkung an,

„...von wo sie sehr verstimmt zurückkamen".

Die Abgeordneten machten ihre Zustimmung von weiteren ausführlichen Berichten und Informationen abhängig, die Ernst in nächtelanger Arbeit im Hotel zusammenstellte. In den folgenden Tagen traf sich Ernst immer wieder mit verschiedenen Vertretern des Abgeordnetenhauses und der Kammer[263], um sie vom Anliegen der Städte Remscheid und Lennep bezüglich des dringend notwendigen Eisenbahnbaus zu überzeugen. Am 2. März fiel die Entscheidung. Die mit der Prüfung des Antrags betraute Kommission fällte eine Entscheidung, die mit 20 gegen 5 Stimmen zugunsten der Städte ausfiel. Die freudige Nachricht wurde sofort per Telegraf nach

Remscheid und Lennep berichtet. Der Baukostenzuschuss von 200.000 Mark durch den Preußischen Staat war so gut wie genehmigt. Unter dem 3. März 1863 schrieb Louise:

„So war dann der letzte Tag unseres Berliner Aufenthaltes dahin und so ungern wir schieden, so schieden wir doch mit befriedigtem Herzen, da der eigentliche Zweck der Reise doch erreicht worden war. Unsere Herren hatten durch Geduld und Ausdauer die Opposition so ziemlich ganz überwunden und sie nahmen die besten Hoffnungen auf das endliche Gelingen unseres Eisenbahnprojektes mit nach Hause.“ [264]

Für Mittwoch, den 18. März, war die endgültige Abstimmung des preußischen Abgeordnetenhauses über den Zuschuss terminiert. Auch wenn es sich nach der Entscheidung der Kommission nur um eine Formalie handelte, blieb die Spannung trotzdem hoch. Mit nur einer Gegenstimme votierte das Haus für den Baukostenzuschuss. Als die Nachricht in Remscheid eintraf, war die Freude riesengroß. Am darauffolgenden Samstag wurde Ernst eine besondere Ehre zuteil. Die Bewohner von Ehringhausen dankten ihm für seine Bemühungen mit einem Fackelzug. Louise sagte dazu:

„Es war ein schöner Anblick, als sich die 150 Menschen mit ihren Fackeln in unserem Hof aufstellten. Sie hatten sogar Musik mitgebracht und es wurde geredet und gesungen.“ [265]

Eine Woche später wiederholte sich diese Auszeichnung. Bürger der Stadt Remscheid versammelten sich vor dem Anwesen der Hasenclevers und feierten ihren Förderer des Eisenbahnbaus mit Musik und Feuerwerk.

„Brachte die Stadt Remscheid Ernst auch einen Fackelzug, der wirklich großartig war. Die zahl der Fackelträger betrug 5–600, dabei hatten sie Regiments-Musik und Feuerwerk. Beim Herannahen des Zuges ertönten fortwährend Böllerschüsse und stiegen viele schöne Raketen auf. Es war ein schöner Anblick und tausende von Menschen waren in Ehringhausen, um ihre Neugierde zu befriedigen.“ [266]

Vielleicht übertrieb Louise ein wenig, wenn sie von „Tausenden“ von Menschen sprach, aber zumindest zeigt es die Bedeutung, die die Remscheider dem Engagement von Ernst zumaßen. Die Geschichte des Eisenbahnbaus war aber für Ernst noch nicht beendet, denn trotz der Gewährung des so wichtigen Zuschusses, verzögerte sich der Bau der Gleise noch um einige Jahre.

Am 31. Oktober 1863 genehmigte die Bergisch-Märkische Eisenbahn (BME) den Bau der Linie Rittershausen-Lennep-Remscheid. Dabei behielt sich die Gesellschaft jedoch die Entscheidung über die genaue Streckenführung vor und dies führte in den folgenden Jahren wegen widerstreitender Interessen immer wieder zu Verzögerungen beim Bau. Auch Ernst wirkt bei diesen Verhandlungen immer wieder mit. Mit den Bürgermeistern der Städte Remscheid und Lennep und Remscheider Kaufleuten, wie Hilger und Böker, reiste er immer wieder nach Köln. Am 7. Mai 1864 traf er den preußischen Handelsminister von Itzenplitz, der für die Eisenbahnangelegenheiten zuständig war, in Köln und beschwerte sich über die Verzögerungen. Drei Tage später empfing der Minister eine „Deputation" der Bürgermeister Trip und Hoffmeister sowie Ernst Hasenclever in Essen zu weiteren Gesprächen. Auch ein Jahr später, im Mai und August 1865, kam es zu erneuten Treffen. Hauptstreitpunkte waren immer noch die Streckenführung und die Lage und Anzahl der Bahnhöfe. Erst im Herbst 1865 konnten die Bauarbeiten durch die BME aufgenommen werden. Die schwierigen Geländeverhältnisse und der Preußisch-Österreichischen Krieg von 1866 verursachte eine zusätzliche Verzögerung der Baumaßnahmen, sodass die Strecke erst 1868 eröffnet werden konnte.

Die Tätigkeiten bei den Verhandlungen zur Durchsetzung des Baukostenzuschusses für den Eisenbahnanschluss und den sich anschließenden Problemen bei der Durchführung hatten Ernst in die Politik eingeführt. Die Bemerkungen in den privaten Aufzeichnungen sind zu spärlich, um daraus eine Entwicklung ablesen zu können. Es bleibt offen, ob er sich selber dazu entschlossen hatte, sich der Wahl für das Preußische Abgeordnetenhaus zu stellen, oder ob er sich dazu überreden ließ. Seine erfolgreiche „Lobbyarbeit" für das Eisenbahnprojekt bewiesen zumindest ein gewisses Geschick auf dem politischen Parkett. Als Mitglied einer bekannten Remscheider Kaufmannsfamilie hatte er natürlich auch genügend Reputation und Unterstützung im heimischen Wahlkreis. Das preußische Dreiklassenwahlrecht, in dem in einer Urwahl zunächst Wahlmänner bestimmt wurden, die dann die Abgeordneten wählten, begünstigte die konservative Ausrichtung des Hauses. Abhängig von der Höhe des Einkommens, bzw. der gezahlten Steuern, wurden die Stimmen bei der Urwahl unterschiedlich gewichtet.

Am 12. November 1866 erhielt Ernst im Rahmen einer Nachwahl als Mitglied der Altliberalen ein Mandat für das Preußische Abgeordnetenhaus. Er hatte sich „nach einem schweren Kampfe“, wie Louise bemerkte, mit 218 gegen 207 Stimmen gegen einen Vertreter der Fortschrittspartei durchgesetzt. Am 19. November reiste er nach Berlin, um sein Mandat anzutreten. Über seine Arbeit als Abgeordneter in Berlin existieren in den privaten Unterlagen der Familie leider keine weiteren Aufzeichnungen. Nur ein Brief vom 27. November 1866 ist erhalten. Diesen schrieb Ernst Hasenclever an einen Parteifreund, den Abgeordneten Carl Luckhaus, um sein Verhalten bei einer Abstimmung im Abgeordnetenhaus zu begründen, die offensichtlich Kritik im Wahlkreis hervorgerufen hatte. Es ging dabei um die Zustimmung zur Rechtmäßigkeit eines Vertrages, den die Regierung mit der Cöln-Mindener Eisenbahngesellschaft abgeschlossen hatte. Bei dieser Entscheidung handelte es sich um die Nachwehen des am 16. September 1866 in Kraft getretenen Indemnitätsgesetzes, das den preußischen Verfassungskonflikt von 1862 beendete. Zwischen 1862 und 1866 regierte der preußische Ministerpräsident Otto von Bismarck ohne parlamentarisch legitimiertes Budget. Das Indemnitätsgesetzt erklärte nachträglich alle Handlungen in diesem Zeitraum für verfassungsgemäß. Trotzdem gab es auch im Nachhinein immer wieder Konflikte um Verträge aus dieser Zeit und deren Rechtmäßigkeit. Ernst vertrat bei dieser Abstimmung die Ansicht, dass durch das Indemnitätsgesetzt die Sache endgültig abgeschlossen sei und weitere Streitigkeiten lediglich „Unheil für das Vaterland“ heraufbeschwören. Nachdem er Weihnachten in Ehringhausen verbrachte, begab er sich Anfang Januar nochmals nach Berlin. Am 21. Januar folgte ihm Louise. In den vier Wochen ihres Aufenthaltes nahmen die beiden vor allem am gesellschaftlichen Leben der Hauptstadt teil. Louise führte wieder ihre „Listen“, in denen sie die Namen der getroffenen Persönlichkeiten festhielt. Darunter der preußische Innenminister Friedrich zu Eulenburg und der Finanzminister August von der Heydt, mit dem Ernst schon während des Remscheider Eisenbahnprojektes zusammengetroffen war. Natürlich musste die Soiree beim Kronprinzen besonders erwähnt werden. Eine direkte politische Tätigkeit ihres Mannes brachte sie nicht zur Sprache. Am 8. Februar 1867 verließen beide gemeinsam Berlin und kehrten nach Remscheid zurück.

22. Louise ich sterbe

Immer wieder berichtete Ernst während seiner Jahre in Brasilien von verschiedenen gesundheitlichen Problemen. Die Regionen, in denen er sich aufhielt, waren damals berüchtigt für wiederkehrende Gelbfieberepidemien. Auch die Malaria war in den sumpfigen Niederungen von Rio de Janeiro verbreitet. Ob Ernst jemals Probleme mit diesen Krankheiten hatte, ist nicht bekannt. Auf allen seinen See- und Landreisen waren unzureichende hygienische Bedingungen ein großes Problem. In feuchten und schlecht belüfteten Schiffskabinen gehörten Kakerlaken und Wanzen zu seinen regelmäßigen Wegbegleitern. In den Reisegasthöfen des brasilianischen Hochlandes teilte er sich manchmal die Unterkunft nicht nur mit seinem Maultier. Auch hier gab es Ungeziefer in jeder Form. Um Haaresbreite entging er dem Biss einer Schlange, deren Gift tödlich gewesen wäre, wie er später entsetzt feststellte. Lange litt er in Brasilien an einer Fußinfektion, von der er immer wieder berichtete. Die Folgen dieser Entzündung haben ihn den Rest seines Lebens begleitet. Mehrfach plagten ihn Zahnschmerzen, die so heftig waren, dass er das Bett hüten musste. Grund war höchstwahrscheinlich mangelnde Zahnhygiene. Die Behandlungen waren eher „rustikal". An die wegen der Infektion stark geschwollene Wange ließ er sich von einem Arzt Blutegel setzen. Ein anderes Mal erhielt er eine schmerzlindernde Tinktur aus abgekochten Baumblättern. Während seiner Reisen erlitt Ernst verschiedene Verletzungen. Bei Waldarbeiten in Nova Friburgo landete er unter einem fallenden Baum, der in beinah erschlug. Durch viel Glück trug er nur eine schlecht verheilte Wunde an einer Hand davon. Wiederholt sprach er von Reitunfällen, bei denen er sich oft ebenfalls kleinere Verletzungen zuzog.

Nach seiner Rückkehr nach Deutschland berichtete Louise ab und an in ihren Tagebüchern über gesundheitliche Probleme ihres Ehemannes. Wie ein Großteil der übrigen Familienmitglieder „gebrauchte" er häufig die Kur. Bewegung an der frischen Luft, Bade- und Trinkkuren förderten das allgemeine Wohlbefinden und der positive Einfluss auf die Gesundheit war im dem 19. Jahrhundert bereits wissenschaftlich nachgewiesen. Die Familie Hasenclever logierte dabei in allen prominenten Badeorten ihrer Zeit – Bad Kissingen, Bad Ems, Wiesbaden, Bad Homburg und Bad Schwalbach sowie in den Seebädern Ostende und Norderney. An welchen

Problemen Ernst tatsächlich litt, geht aus den Anmerkungen nur sehr begrenzt hervor. Mit dem Beginn des Jahres 1867 mehrten sich die Anzeichen, dass es ihm gesundheitlich schlechter ging. Unter dem 15. April schrieb Louise:

„Von da an wurde Ernsts Leiden immer schlimmer, er bekam vollständiges Ischias im Bein und nur Einspritzungen von Morphium verschafften ihm Erleichterung. Außer den Schmerzen, die ihn quälten, griffen ihn auch noch seine reizbaren Nerven so an, daß er ganz abmagerte und elend aussah, bis er nach Wiesbaden und Schwalbach ging, wo seine Genesung begann.“ [267]

Anfang Mai müssen seine Beschwerden immer noch so groß gewesen sein, dass er sich entschloss nicht nach Berlin ins Abgeordnetenhaus zu fahren. In Remscheid blieb er weiterhin für das Familienunternahmen tätig. Im Juni verzeichnete Louise eine leichte Besserung seines Zustandes. Ende Juni reiste er trotzdem wieder nach Wiesbaden, wo ihm ein Arzt einen sechswöchigen Aufenthalt empfahl.

Im Herbst 1867 beteiligte er sich am Wahlkampf zur Wahl der Landtagsabgeordneten. Im folgenden Winter laborierte er immer wieder an verschiedenen Erkrankungen. Auch seine Zähne bereiteten ihm weiter Probleme. Im Mai fuhr er nach Berlin, um sich dort behandeln zu lassen. Eine Operation verschaffte ihm die Linderung der Beschwerden, wie Louise erleichtert feststellte.

Auch 1868 verbrachte Ernst den Sommer gemeinsam mit Louise in Wiesbaden und nahm am gesellschaftlichen Leben des Badeortes teil. Ende Juli ging es von Mainz mit dem Dampfschiff rheinabwärts Richtung Heimat. Obwohl Ernst nach seiner Rückkehr sein tägliches Leben wieder aufnahm, er also viel unterwegs war, sowohl in familiären Angelegenheiten als auch geschäftlich, hörten seine gesundheitlichen Probleme nicht auf. Kommentare in Louises Tagebuch deuten darauf hin. Mitte November 1868 gab es plötzlich eine positive Wendung:

„Ernst hat sich seit dem Sommer ganz merkwürdig erholt und ist frischer und heiterer als seit Jahren.“ [268]

Vom Weihnachtsfest, das Louise sonst gerne ausführlich kommentierte und die verschiedenen Gäste aufzählte, findet sich im Jahr

1868 keine Notiz. Der Grund könnte ein Anfang Dezember über Remscheid hereingebrochenes Unwetter sein, das an vielen Häusern schwere Schäden anrichtete. Der Sturm muss so stark gewesen sein, dass der Pavillon im Garten des Hasencleverschen Hauses vom Fundament gerückt wurde.

Anfang Januar 1869 spitzte sich die gesundheitliche Lage von Ernst dann innerhalb weniger Tage zu.

2. Januar: *„Ernst fühlte sich nicht wohl und die Gesellschaft verlief flau."*

3. Januar: *„Ernst gar nicht wohl, schlief viel und ich ließ dem Doktor benachrichtigen."*

Dass Louise den Arzt benachrichtigte, zeigt ihre tiefe Sorge um ihren Mann, denn durch seine wiederkehrenden Beschwerden von Ernst war sie seit Jahren Kummer gewöhnt und konnte sicherlich gut abschätzen, wie ernst die Lage wirklich war.

Die Eintragung vom 4. Januar offenbart die Art der Erkrankung:

„Die Nacht sehr schlecht, Ernst hatte heftige Schmerzen in Brust und Rücken, müsste geschröpft werden, worauf etwas Erleichterung eintrat."

Ernst hatte einen Herzinfarkt, dessen Entstehung in der zweiten Hälfte des 19. Jahrhunderts zwar begrenzt bekannt war, für den es aber noch keinerlei Behandlung gab.

So beschrieb Louise das weitere Leiden ihres Mannes.

5. – 6. Januar: *„...war der Zustand nicht viel besser."*

Am 7. Januar erfolgte dann vermutlich ein weiterer Infarkt:

„...hatte Ernst wieder furchtbare Schmerzen, mussten noch spät am Abend den Arzt holen und erst nach einer Morphium Einspritzung bekam er Ruhe."

Am 8. und 9. Januar trat eine vermeintliche Besserung des Zustandes ein.

10. Januar 1869:

„Morgens um 9 Uhr, nach einer ziemlich guten Nacht, trat plötzlich eine Verschlimmerung ein. Herzkrampf stellte sich ein und wiederholte sich mehrere Male und um 10 Uhr war mein lieber Mann sanft entschlafen und ich stand allein auf der Welt mit meinen sieben Kindern! Er blieb klaren Geistes bis zuletzt und als ich einen Augenblick sein Bett verlassen hatte, um Hülfe herbei zu rufen, da ich ganz allein war, rief er mir laut zu: „Adieu Louise, ich sterbe.“ [269]

Ernst starb im Alter von 54 Jahren trotz seiner langjährigen Beschwerden für Louise überraschend, da sich nach ihrer Ansicht sein gesundheitliches Befinden in den letzten Monaten eigentlich verbessert hatte.

Am 13. Januar 1869 erfolgte die Beisetzung unter großer Anteilnahme von Familie und Freunden auf dem Friedhof der evangelischen Stadtkirche in Remscheid, auf dem sich noch heute das Familiengrab der Familie Hasenclever befindet. Seine Frau Louise überlebte ihn um 30 Jahre. Sie starb erst 1899 im Alter von 76 Jahren.

rechts: Sterbeurkunde Ernst Hasenclever

Tod des Georg Bernhard Ernst Hasenclever

№ 24.

Sterbe-Urkunde.

Bürgermeisterei Remscheid Kreis Lennep Regierungs-Bezirk Düsseldorf.

Im Jahre tausend achthundert neun und sechszig den elften des Monats Januar Vormittags drei Uhr, erschienen vor mir Otto Hoffmeister, Bürgermeister als Beamten des Personenstandes der Bürgermeisterei Remscheid der Walther Hasenclever, achtund vierzig Jahre alt, Standes Kaufmann wohnhaft zu Ehringhausen, welcher ein Vetter des Verstorbenen zu sein angab und der Gustav Hilger, neunund fünfzig Jahre alt, Standes Kaufmann, wohnhaft zu Ehringhausen, welcher ein Vetter des Verstorbenen zu sein angab, und haben diese beiden mir erklärt, daß am gestern des Monats, Januar des Jahres tausend achthundert neun und sechszig Morgens zehn Uhr, zu Ehringhausen verstorben sei: Georg Bernhard Ernst Hasenclever, Ehemann der zu Ehringhausen wohnenden Louise Vesin; geboren zu Ehringhausen, Regierungs-Bezirk Düsseldorf vier und fünfzig Jahre alt, Standes Kaufmann wohnhaft zu Ehringhausen, Regierungs-Bezirk Düsseldorf; Sohn von den ebenfalls in Ehringhausen gestorbenen Eheleuten Kaufmann David Hasenclever und der Henriette Schlösser, gestorben zu Ehringhausen.

Nach geschehener Vorlesung und Genehmigung wurde diese Urkunde unterschrieben von mir dem Personenstands-Beamten und den Deklaranten.

Walter Hasenclever

Gustav Hilger

Hoffmeister

23. Anmerkungen

1 „Epochentabellen", handschriftliche Aufzeichnungen von Johanna Schlosser-Fahlmer, 1744–1821, S.5, Abschrift von Paul Bresser 1958, Privatbesitz
2 „Epochentabellen", handschriftliche Aufzeichnungen von Johanna Schlosser-Fahlmer, 1744–1821, S.5, Abschrift von Paul Bresser 1958, Privatbesitz
3 „Epochentabellen", handschriftliche Aufzeichnungen von Johanna Schlosser-Fahlmer, 1744–1821, S.5, Abschrift von Paul Bresser 1958, Privatbesitz
4 „Epochentabellen", handschriftliche Aufzeichnungen von Henriette Hasenclever 1821–1850, Abschrift von Paul Bresser 1958, Privatbesitz
5 Louise Hasenclever, geb. Vezin, Tagebücher, 3 Bände, 1846–1882, handschriftlich, Privatbesitz, Band 1: Notizen aus unserem Leben vom Jahr 1846-1868
6 Reisebeschreibungen Ernst Hasenclever, 1838 Reise in die Provinz Sao Paulo, 10.4.1838–28.4.1838,
1839 Reise in den Provinzen Rio de Janeiro und Minas Gerais, 4 Hefte, 31.7.1839–18.10.1839,
1840 Auf einer Reise nach der Schweizer Kolonie Neu Freiburg und dem Kaffeelande Canta Gallo in der Provinz Rio de Janeiro im Jahre 1840, 18.8.1840– 15.10.1840,
1841 Krönungsfest des Kaisers von Brasilien 18.7.1841,
1844 Rückreise nach Deutschland, 4 Hefte 24.1.1844– 3.8.1844, alle handschriftlich, alle Privatbesitz
7 Aktenordner Ernst Hasenclever, Sammlung von Unterlagen zum Leben von Ernst Hasenclever, Privatbesitz
8 heute ein Stadtteil von Düsseldorf
9 Aktenordner Ernst Hasenclever, Sammlung von Unterlagen zum Leben von Ernst Hasenclever, Privatbesitz
10 Hermann Hasenclever (Hg.), Das Geschlecht Hasenclever, 2. Band, Remscheid und Leipzig 1924, S. 27.
11 Sieder, Reinhard, Sozialgeschichte der Familie, Frankfurt 1987, S. 125ff
12 Bernhard Hasenclever, Der Aufstieg des Exporthauses Hasenclever, 1939/40, aus: Die Heimat spricht zu Dir, Nr. 7, 8, 9/1982
13 Hasenclever, Adolf (Hg.), Josua Hasenclever aus Remscheid Ehringhausen. Erinnerungen und Briefe, Halle(Saale) 1922, S. 5, im Folgenden zitiert als Josua Hasenclever, Erinnerungen.
14 Engels, Wilhelm, Mittelalterliche Verkehrswege und neuzeitlicher Straßenbau im Remscheider Gebiet und seiner weiteren Umgebung, Remscheid 1939, S. 96
15 Josua Hasenclever, Erinnerungen, S. 33.
16 Hermann Hasenclever (Hg.), Das Geschlecht Hasenclever, 2. Band, Remscheid und Leipzig 1924, S. 4ff.
17 Josua Hasenclever, Erinnerungen, S. 61.
18 Oehm, Hans-Joachim, Die Rheinisch-Westindische Kompagnie, Bergische Forschungen Band VII, Neustadt/Aisch 1968
19 E. Erwin Stursberg, Remscheid und seine Gemeinden. Geschichte, Wirtschaft, Kultur, Remscheid 1969, S. 158.
20 Hasenclever, Adolf (Hg.), Josua Hasenclever aus Remscheid Ehringhausen, Erinnerungen und Briefe, Halle (Saale) 1922, S. 4.
21 Hasenclever, Adolf (Hg.), Josua Hasenclever aus Remscheid Ehringhausen, Erinnerungen und Briefe, Halle (Saale) 1922, S. 4.
22 E. Erwin Stursberg, Remscheid und seine Gemeinden. Geschichte, Wirtschaft, Kultur, Remscheid 1969, S. 162.
23 E. Erwin Stursberg, Remscheid und seine Gemeinden. Geschichte, Wirtschaft, Kultur, Remscheid 1969, S. 163.
24 Hasenclever, Adolf (Hg.), Josua Hasenclever aus Remscheid Ehringhausen, Erinnerungen und Briefe, Halle (Saale) 1922, S. 6.
25 Hasenclever, Adolf (Hg.) a.a.O., S. 5.
26 Stursberg, a.a.O., S. 168.
27 Jung, Michael, Josua Hasenclever– Unternehmer und Gestalter der Moderne. In: Bergische Unternehmergestalten im Umbruch zur Moderne; Hrsg. Beeck, Karl-Hermann, Neustadt/Aisch 1996, S. 187ff.

28 „Epochentabellen", handschriftliche Aufzeichnungen von Johanna Schlosser-Fahlmer, 1744–1821, S. 7, Abschrift von Paul Bresser 1958, Privatbesitz
29 Ernst Moritz Arndt, Erinnerungen aus dem äußeren Leben, 1908,218.
30 Hasenclever, Adolf (Hg.) a.a.O., S. 25.
31 Aktenordner Ernst Hasenclever, Sammlung von Unterlagen zum Leben von Ernst Hasenclever, Privatbesitz
32 Zur Ehringhauser Schule: Hasenclever, Adolf, Zur Geschichte der Volksschule Ehringhausen bei Remscheid während der Jahre 1813–1821, in: Hasenclever, Hermann (Hg.), Das Geschlecht Hasenclever im ehemaligen Herzogtum Berg, in der Provinz Westfalen und zeitweilig in Schlesien, 2 Bde., bearb. v. B(runo) E(wald) Hugo Gerstmann, Remscheid-Lennep 1922–24, S. 4 ff.
33 Hasenclever, Adolf (Hg.), Josua Hasenclever aus Remscheid Ehringhausen, Erinnerungen und Briefe, Halle (Saale) 1922, S. 54.
34 ebenda.
35 ebenda, S. 54f.
36 ebenda, S. 56.
37 „Epochentabellen", handschriftliche Aufzeichnungen von Henriette Hasenclever, geb. Schlosser 1821–1850, Abschrift von Paul Bresser 1958, Privatbesitz
38 „Epochentabellen", handschriftliche Aufzeichnungen von Henriette Hasenclever, geb. Schlosser 1821–1850, Abschrift von Paul Bresser 1958, Privatbesitz
39 Hasenclever, Adolf (Hg.), Josua Hasenclever aus Remscheid Ehringhausen, Erinnerungen und Briefe, Halle (Saale) 1922, S. 57.
40 Jung, Michael, Josua Hasenclever – Unternehmer und Gestalter der Moderne. In: Bergische Unternehmergestalten im Umbruch zur Moderne; Hrsg. Beeck, Karl-Hermann, Neustadt/Aisch 1996, S. 178ff.
41 „Epochentabellen", handschriftliche Aufzeichnungen von Henriette Hasenclever, geb. Schlosser 1821–1850, Abschrift von Paul Bresser 1958, Privatbesitz
42 „Epochentabellen", handschriftliche Aufzeichnungen von Henriette Hasenclever, geb. Schlosser 1821–1850, Abschrift von Paul Bresser 1958, Privatbesitz
43 Aktenordner Ernst Hasenclever, Sammlung von Unterlagen zum Leben von Ernst Hasenclever, Privatbesitz
44 Zur Geschichte der Gesellschaft: Oehm, Hans-Joachim, Die Rheinisch-Westindische Kompagnie, Bergische Forschungen Band VII, Neustadt/Aisch 1968
45 Hasenclever, Bernhard, Der Aufstieg des Exporthauses Hasenclever. in: Die Heimat spricht zu Dir. Monatsbeilage des Remscheider Generalanzeigers, Nr.7, 1982.
46 Hasenclever, Adolf (Hg.), Josua Hasenclever aus Remscheid Ehringhausen, Erinnerungen und Briefe, Halle (Saale) 1922, S. 12.
47 Hasenclever, Bernhard, Der Aufstieg des Exporthauses Hasenclever. in: Die Heimat spricht zu Dir. Monatsbeilage des Remscheider Generalanzeigers, Nr.8 und 9, 1982.
48 ebenda, Nr. 7, 1982
49 Hasenclever, Adolf (Hg.), Josua Hasenclever aus Remscheid Ehringhausen, Erinnerungen und Briefe, Halle (Saale) 1922, S. 61.
50 Empfehlungen von Josua Hasenclever an Gottfried Hasenclever vor seiner Ausreise nach Rio de Janeiro, 3.7.1830, zitiert nach: Hasenclever, Bernhard, Der Aufstieg des Exporthauses Hasenclever. in: Die Heimat spricht zu Dir. Monatsbeilage des Remscheider Generalanzeigers, Nr. 9, 1982.
51 Hasenclever, Bernhard, Der Aufstieg des Exporthauses Hasenclever. in: Die Heimat spricht zu Dir. Monatsbeilage des Remscheider Generalanzeigers, Nr.7, 1982.
52 Hasenclever, Bernhard, Meine Firma im Laufe der Jahrhunderte, Ehringhausen 1952
53 Auswanderungskonsens der Königl. Preus. Regierung, Aktenordner Ernst Hasenclever, Sammlung von Unterlagen zum Leben von Ernst Hasenclever, Privatbesitz.
54 aus dem portugiesischen „barata" = Kakerlake
55 Brief Ernst Hasenclever an seinen Vater, 01.10.1837, Aktenordner Ernst Hasenclever, Sammlung von Unterlagen zum Leben von Ernst Hasenclever, Privatbesitz.
56 ebenda.

57 Brief Ernst Hasenclever an seinen Vater, 01.10.1837, Aktenordner Ernst Hasenclever, Sammlung von Unterlagen zum Leben von Ernst Hasenclever, Privatbesitz.
58 ebenda.
59 Die Entfernung zwischen den Kapverdischen Inseln und dem Äquator beträgt etwas 16 Breitengrade.
60 Brief Ernst Hasenclever an seinen Vater, 01.10.1837, Aktenordner Ernst Hasenclever, Sammlung von Unterlagen zum Leben von Ernst Hasenclever, Privatbesitz.
61 ebenda.
62 Brief Ernst Hasenclever an seinen Vater, 01.10.1837, Aktenordner Ernst Hasenclever, Sammlung von Unterlagen zum Leben von Ernst Hasenclever, Privatbesitz.
63 „Epochentabellen", handschriftliche Aufzeichnungen von Henriette Hasenclever 1821 - 1850, Privatbesitz.
64 Brief Ernst Hasenclever an seinen Vater, 01.10.1837, Aktenordner Ernst Hasenclever, Sammlung von Unterlagen zum Leben von Ernst Hasenclever, Privatbesitz.
65 Brief Ernst Hasenclever an seinen Vater, 01.10.1837, Aktenordner Ernst Hasenclever, Sammlung von Unterlagen zum Leben von Ernst Hasenclever, Privatbesitz.
66 ebenda.
67 ebenda.
68 Brief Ernst Hasenclever an seinen Vater, 01.10.1837, Aktenordner Ernst Hasenclever, Sammlung von Unterlagen zum Leben von Ernst Hasenclever, Privatbesitz.
69 Reisebeschreibungen Ernst Hasenclever: 1838 Reise in die Provinz São Paulo, 10.4.1838 - 28.4.1838, handschriftlich, Privatbesitz.
70 Reisebeschreibungen Ernst Hasenclever: 1838 Reise in die Provinz São Paulo, 10.4.1838 - 28.4.1838, handschriftlich, Privatbesitz.
71 Milreis = „tausend Réis", Währungseinheit der brasilianischen Silberwährung im 19. Jahrhundert.
1839 1 Milréis = 1 Taler 18 Silbergroschen preuss. Courant, aus: Brockhaus Bilder-Conversations-Lexikon, Band 3. Leipzig 1839., S. 142.
72 Reisebeschreibungen Ernst Hasenclever: 1838 Reise in die Provinz São Paulo, 10.4.1838 - 28.4.1838, handschriftlich, Privatbesitz.
73 ebenda.
74 Reisebeschreibungen Ernst Hasenclever: 1838 Reise in die Provinz São Paulo, 10.4.1838 - 28.4.1838, handschriftlich, Privatbesitz.
75 ebenda.
76 ebenda.
77 Reisebeschreibungen Ernst Hasenclever: 1838 Reise in die Provinz São Paulo, 10.4.1838 - 28.4.1838, handschriftlich, Privatbesitz.
78 ebenda.
79 Reisebeschreibungen Ernst Hasenclever: 1838 Reise in die Provinz São Paulo, 10.4.1838 - 28.4.1838, handschriftlich, Privatbesitz.
80 ebenda.
81 Reisebeschreibungen Ernst Hasenclever: 1838 Reise in die Provinz São Paulo, 10.4.1838 - 28.4.1838, handschriftlich, Privatbesitz.
82 Reisebeschreibungen Ernst Hasenclever: 1838 Reise in die Provinz São Paulo, 10.4.1838 - 28.4.1838, handschriftlich, Privatbesitz.
83 Rinke, Stefan/Schulze, Frederik, Kleine Geschichte Brasiliens, München 2013
84 31.07.1839, 1839 Reise in den Provinzen Rio de Janeiro und Minas Gerais, 4 Hefte, 31.7.1839 - 18.10.1839, Heft 1.
85 31.07.1839, 1839 Reise in den Provinzen Rio de Janeiro und Minas Gerais, 4 Hefte, 31.7.1839 - 18.10.1839, Heft 1.
86 31.07.1839, ebenda.
87 ebenda.
88 Packsattel
89 01.08.1839, 1839 Reise in den Provinzen Rio de Janeiro und Minas Gerais, 4 Hefte, 31.7.1839 - 18.10.1839, Heft 1.
90 Ein direkter Preisvergleich muss allerdings immer mit Vorsicht angestellt werden. Die brasilianische Währung unterlag teilweise hohen Wertschwankungen, sodass ein Vergleich nicht schlüssig sein muss.

91 03.08.1839, 1839 Reise in den Provinzen Rio de Janeiro und Minas Gerais, 4 Hefte, 31.7.1839–18.10.1839, Heft 1.
92 04.08.1839, ebenda.
93 06.08.1839, ebenda.
94 08.08.1839, .1839 Reise in den Provinzen Rio de Janeiro und Minas Gerais, 4 Hefte, 31.7.1839–18.10.1839, Heft 1.
95 09.08.1839, 1839 Reise in den Provinzen Rio de Janeiro und Minas Gerais, 4 Hefte, 31.7.1839–18.10.1839, Heft 1.
96 10.08.1839, 1839 Reise in den Provinzen Rio de Janeiro und Minas Gerais, 4 Hefte, 31.7.1839–18.10.1839, Heft 1.
97 12.08.1839, 1839 Reise in den Provinzen Rio de Janeiro und Minas Gerais, 4 Hefte, 31.7.1839–18.10.1839, Heft 1.
98 12.08.1839, 1839 Reise in den Provinzen Rio de Janeiro und Minas Gerais, 4 Hefte, 31.7.1839–18.10.1839, Heft 1.
99 Rinke, Stefan/Schulze, Frederik, Kleine Geschichte Brasiliens, München 2013, S. 42ff.
100 1839 Reise in den Provinzen Rio de Janeiro und Minas Gerais, 4 Hefte, 31.7.1839–18.10.1839, Heft 1.
101 13.08.1839, 1839 Reise in den Provinzen Rio de Janeiro und Minas Gerais, 4 Hefte, 31.7.1839–18.10.1839, Heft 2.
102 14.08.1839, 1839 Reise in den Provinzen Rio de Janeiro und Minas Gerais, 4 Hefte, 31.7.1839–18.10.1839, Heft 2.
103 16.08.1839, ebenda.
104 20.08.1839, 1839 Reise in den Provinzen Rio de Janeiro und Minas Gerais, 4 Hefte, 31.7.1839–18.10.1839, Heft 2.
105 23.08.1839, 1839 Reise in den Provinzen Rio de Janeiro und Minas Gerais, 4 Hefte, 31.7.1839–18.10.1839, Heft 2.
106 23.08.1839, 1839 Reise in den Provinzen Rio de Janeiro und Minas Gerais, 4 Hefte, 31.7.1839–18.10.1839, Heft 2.
107 25.08.1839, ebenda.
108 25.08.1839, ebenda.
109 Aust, Alexander, Die Bodenschätze Südamerikas, Norderstedt 2008, S.14 ff.
110 27.08.1839, 1839 Reise in den Provinzen Rio de Janeiro und Minas Gerais, 4 Hefte, 31.7.1839–18.10.1839, Heft 2.
111 27.08.1839, Ebenda.
112 27.08.1839, 1839 Reise in den Provinzen Rio de Janeiro und Minas Gerais, 4 Hefte, 31.7.1839–18.10.1839, Heft 2.
113 27.08.1839, 1839 Reise in den Provinzen Rio de Janeiro und Minas Gerais, 4 Hefte, 31.7.1839–18.10.1839, Heft 2.
114 1 Conto (Réis) Alte brasilianischen Währungseinheit = 1 Millionen Réis
115 27.08.1839, 1839 Reise in den Provinzen Rio de Janeiro und Minas Gerais, 4 Hefte, 31.7.1839–18.10.1839, Heft 2.
116 28.08.1839, 1839 Reise in den Provinzen Rio de Janeiro und Minas Gerais, 4 Hefte, 31.7.1839–18.10.1839, Heft 3.
117 28.08.1839, ebenda.
118 28.08.1839, 1839 Reise in den Provinzen Rio de Janeiro und Minas Gerais, 4 Hefte, 31.7.1839–18.10.1839, Heft 3.
119 28.08.1839, ebenda.
120 28.08.1839, 1839 Reise in den Provinzen Rio de Janeiro und Minas Gerais, 4 Hefte, 31.7.1839–18.10.1839, Heft 3.
121 28.08.1839, 1839 Reise in den Provinzen Rio de Janeiro und Minas Gerais, 4 Hefte, 31.7.1839–18.10.1839, Heft 3.
122 Steiger
123 Temperenzbewegung = Soziale Bewegung für ein drogenabstinentes Leben. Erste Anfänge im 2. Viertel des 19. Jh. in England und Skandinavien.
124 28.08.1839, 1839 Reise in den Provinzen Rio de Janeiro und Minas Gerais, 4 Hefte, 31.7.1839–18.10.1839, Heft 3.

125 30.08.1839, ebenda.
126 31.08.1839, 1839 Reise in den Provinzen Rio de Janeiro und Minas Gerais, 4 Hefte, 31.7.1839–18.10.1839, Heft 3.
127 01.08.1839, ebenda.
128 01.09.1839, ebenda.
129 Rinke, Stefan/Schulze, Frederik, Kleine Geschichte Brasiliens, München 2013, s. 79ff.
130 03.09.1839, 1839 Reise in den Provinzen Rio de Janeiro und Minas Gerais, 4 Hefte, 31.7.1839–18.10.1839, Heft 3.
131 „Der pfeifende Herr"
132 08.09.1839, 1839 Reise in den Provinzen Rio de Janeiro und Minas Gerais, 4 Hefte, 31.7.1839–18.10.1839, Heft 3.
133 21.09.1839, 18391839 Reise in den Provinzen Rio de Janeiro und Minas Gerais, 4 Hefte, 31.7.1839–18.10.1839, Heft 3.
134 21.09.1839,1839 Reise in den Provinzen Rio de Janeiro und Minas Gerais, 4 Hefte, 31.7.1839–18.10.1839, Heft 3.
135 22.09.1839, 1839 Reise in den Provinzen Rio de Janeiro und Minas Gerais, 4 Hefte, 31.7.1839–18.10.1839, Heft 3.
136 Die Stadt heißt heute Itabirito, der Berg Pico de Itabirito
137 Bayrisches Staatsministerium der Finanzen, Streng Geheim! Amélie von Leuchtenberg wird Kaiserin von Brasilien, Ausstellung im Foyer des Bayrischen Staatsministeriums der Finanzen, 2010.
138 23.09.1839, 1839 Reise in den Provinzen Rio de Janeiro und Minas Gerais, 4 Hefte, 31.7.1839–18.10.1839, Heft 4.
139 u.a. W. L. von Eschwege, Beiträge zur Gebirgskunde Brasilien, Berlin1832.
140 26.09.1839, 1839 Reise in den Provinzen Rio de Janeiro und Minas Gerais, 4 Hefte, 31.7.1839–18.10.1839, Heft 4.
141 ebenda.
142 29.09.1839, ebenda.
143 29.09.1839, 1839 Reise in den Provinzen Rio de Janeiro und Minas Gerais, 4 Hefte, 31.7.1839–18.10.1839, Heft 4.
144 30.09,1839, ebenda.
145 30.09.1839, ebenda.
146 03.10.1839, 1839 Reise in den Provinzen Rio de Janeiro und Minas Gerais, 4 Hefte, 31.7.1839–18.10.1839, Heft 4.
147 05.10.1839, 1839 Reise in den Provinzen Rio de Janeiro und Minas Gerais, 4 Hefte, 31.7.1839–18.10.1839, Heft 4.
148 12.10.1839, 1839 Reise in den Provinzen Rio de Janeiro und Minas Gerais, 4 Hefte, 31.7.1839–18.10.1839, Heft 4.
149 18.10.1839, ebenda.
150 18.10.1839, 1839 Reise in den Provinzen Rio de Janeiro und Minas Gerais, 4 Hefte, 31.7.1839–18.10.1839, Heft 4.
151 Rinke, Stefan/Schulze, Frederik, Kleine Geschichte Brasiliens, München 2013
152 Die Geschichte und Entwicklung der Stadt Nova Friburgo findet sich in brasilianischer Sprache in ausführlicher Form auf der Sonderseite der Stadt Nova Friburgo, die zur 200-Jahr-Feier des Beginns der Besiedlung der Stadt ins Netzt gestellt wurde. Centro de Documentação D. João VI Pro Memoria de Nova Friburgo, http://www.djoaovi.com.br
153 Fazenda = Bauernhof
154 in der dt. Übersetzung „verbrannter Hügel"
155 18.08.1840, 1840 Auf einer Reise nach der Schweizer Kolonie Neu Freiburg und dem Kaffeelande Cantagalo in der Provinz Rio de Janeiro im Jahre 1840, 18.8.1840–15.10.1840
156 18.08.1840, 1840 Auf einer Reise nach der Schweizer Kolonie Neu Freiburg und dem Kaffeelande Cantagalo in der Provinz Rio de Janeiro im Jahre 1840, 18.8.1840–15.10.1840

157 19.08.1840, 1840 Auf einer Reise nach der Schweizer Kolonie Neu Freiburg und dem Kaffeelande Cantagalo in der Provinz Rio de Janeiro im Jahre 1840, 18.8.1840– 15.10.1840
158 19.08.1840, ebenda.
159 21.08.1840, ebenda.
160 21.08.1840, 1840 Auf einer Reise nach der Schweizer Kolonie Neu Freiburg und dem Kaffeelande Cantagalo in der Provinz Rio de Janeiro im Jahre 1840, 18.8.1840– 15.10.1840
161 ebenda.
162 23.08.1840, 1840 Auf einer Reise nach der Schweizer Kolonie Neu Freiburg und dem Kaffeelande Cantagalo in der Provinz Rio de Janeiro im Jahre 1840, 18.8.1840– 15.10.1840
163 23.08.1840, ebenda.
164 25.08.1840, ebenda.
165 01.09.1840, 1840 Auf einer Reise nach der Schweizer Kolonie Neu Freiburg und dem Kaffeelande Cantagalo in der Provinz Rio de Janeiro im Jahre 1840, 18.8.1840– 15.10.1840
166 Auch verschiedene Ornithologen nutzten seine Dienste für ihre Forschungen. In vogelkundlichen Veröffentlichungen des 19. Jahrhunderts erschien er häufig als Lieferant der beschrieben Vogelarten.
167 21.08.1840, 1840 Auf einer Reise nach der Schweizer Kolonie Neu Freiburg und dem Kaffeelande Cantagalo in der Provinz Rio de Janeiro im Jahre 1840, 18.8.1840– 15.10.1840
168 1 Conto (Réis) alte brasilianischen Währungseinheit = 1 Millionen Réis
169 10.09.1840, 1840 Auf einer Reise nach der Schweizer Kolonie Neu Freiburg und dem Kaffeelande Cantagalo in der Provinz Rio de Janeiro im Jahre 1840, 18.8.1840– 15.10.1840
170 Mineralienvariation des Zirkon
171 13.09.1840, 1840 Auf einer Reise nach der Schweizer Kolonie Neu Freiburg und dem Kaffeelande Cantagalo in der Provinz Rio de Janeiro im Jahre 1840, 18.8.1840– 15.10.1840
172 16.09.1840, 1840 Auf einer Reise nach der Schweizer Kolonie Neu Freiburg und dem Kaffeelande Cantagalo in der Provinz Rio de Janeiro im Jahre 1840, 18.8.1840– 15.10.1840
173 12.10.1840, 1840 Auf einer Reise nach der Schweizer Kolonie Neu Freiburg und dem Kaffeelande Cantagalo in der Provinz Rio de Janeiro im Jahre 1840, 18.8.1840– 15.10.1840
174 13.10.1840, 1840 Auf einer Reise nach der Schweizer Kolonie Neu Freiburg und dem Kaffeelande Cantagalo in der Provinz Rio de Janeiro im Jahre 1840, 18.8.1840– 15.10.1840
175 15.10.1840, ebenda.
176 Rinke, Stefan/Schulze, Frederik, Kleine Geschichte Brasiliens, München 2013
177 1840 Auf einer Reise nach der Schweizer Kolonie Neu Freiburg und dem Kaffeelande Cantagalo in der Provinz Rio de Janeiro im Jahre 1840, 18.8.1840– 15.10.1840
178 1841 Krönungsfest des Kaisers von Brasilien 18.7.1841
179 ebenda.
180 1841 Krönungsfest des Kaisers von Brasilien 18.7.1841
181 1841 Krönungsfest des Kaisers von Brasilien 18.7.1841
182 1841 Krönungsfest des Kaisers von Brasilien 18.7.1841
183 ebenda.
184 ebenda.
185 1841 Krönungsfest des Kaisers von Brasilien 18.7.1841
186 1841 Krönungsfest des Kaisers von Brasilien 18.7.1841
187 ebenda.
188 ebenda.
189 1841 Krönungsfest des Kaisers von Brasilien 18.7.1841
190 1841 Krönungsfest des Kaisers von Brasilien 18.7.1841

191 ebenda.
192 1841 Krönungsfest des Kaisers von Brasilien 18.7.1841
193 Ernst meint damit vermutlich eine Spielkarte, die Herzdame.
194 1841 Krönungsfest des Kaisers von Brasilien 18.7.1841
195 ebenda.
196 1841 Krönungsfest des Kaisers von Brasilien 18.7.1841
197 ebenda.
198 ebenda.
199 1841 Krönungsfest des Kaisers von Brasilien 18.7.1841
200 31.01.1844, 1844 Rückreise nach Deutschland, 4 Hefte 24.1.1844 – 3.8.1844, Heft 1, handschriftlich, Privatbesitz.
201 01.02.1844, ebenda.
202 1.2.1844, Rückreise nach Deutschland, 4 Hefte 24.1.1844 – 3.8.1844, Heft 1, handschriftlich, Privatbesitz.
203 Diese Trennung der Stadtteile existiert noch heute. 1869 erbaute der brasilianische Unternehmer einen Fahrstuhl, der noch heute in Betrieb ist und seinen Namen trägt, der „Elevador Lacerda".
204 3.2.1844, Rückreise nach Deutschland, 4 Hefte 24.1.1844 – 3.8.1844, Heft 1, handschriftlich, Privatbesitz.
205 24.2.1844, Rückreise nach Deutschland, 4 Hefte 24.1.1844 – 3.8.1844, Heft 1, handschriftlich, Privatbesitz.
206 8.2.1844, ebenda.
207 10.2.1844, ebenda.
208 21.2.1844, Rückreise nach Deutschland, 4 Hefte 24.1.1844 – 3.8.1844, Heft 1, handschriftlich, Privatbesitz.
209 23.2.1844, ebenda.
210 16.2.1844, ebenda.
211 26.2.1844, ebenda.
212 3.3.1844, Rückreise nach Deutschland, 4 Hefte 24.1.1844 – 3.8.1844, Heft 2, handschriftlich, Privatbesitz
213 5.3.1844, ebenda.
214 17.3.1844, ebenda.
215 ebenda.
216 27.4.1844, Rückreise nach Deutschland, 4 Hefte 24.1.1844 – 3.8.1844, Heft 2, handschriftlich, Privatbesitz.
217 4.5.1844, Rückreise nach Deutschland, 4 Hefte 24.1.1844 – 3.8.1844, Heft 3, handschriftlich, Privatbesitz.
218 5.5.1844, Rückreise nach Deutschland, 4 Hefte 24.1.1844 – 3.8.1844, Heft 3, handschriftlich, Privatbesitz.
219 3.5.1844, ebenda.
220 14.5.1844, ebenda.
221 13.5.1844, Rückreise nach Deutschland, 4 Hefte 24.1.1844 – 3.8.1844, Heft 3, handschriftlich, Privatbesitz.
222 ebenda.
223 10.5.1844, ebenda.
224 19.5.1844, Rückreise nach Deutschland, 4 Hefte 24.1.1844 – 3.8.1844, Heft 3, handschriftlich, Privatbesitz.
225 30.5.1844, ebenda.
226 2.6.1844, ebenda.
227 18.6.1844, Rückreise nach Deutschland, 4 Hefte 24.1.1844 – 3.8.1844, Heft 3, handschriftlich, Privatbesitz.
228 23.6.1844, ebenda.
229 24.6.1844, Rückreise nach Deutschland, 4 Hefte 24.1.1844 – 3.8.1844, Heft 3, handschriftlich, Privatbesitz.
230 ebenda.
231 28.6.1844, ebenda.
232 29.6.1844, ebenda.

233 30.6.1844, Rückreise nach Deutschland, 4 Hefte 24.1.1844–3.8.1844, Heft 3, handschriftlich, Privatbesitz
234 ebenda.
235 30.6.1844, Rückreise nach Deutschland, 4 Hefte 24.1.1844–3.8.1844, Heft 3, handschriftlich, Privatbesitz.
236 2.7.1844, ebenda.
237 1.7.1844, ebenda.
238 2.7.1844, ebenda.
239 ebenda.
240 3.7.1844, Rückreise nach Deutschland, 4 Hefte 24.1.1844–3.8.1844, Heft 3, handschriftlich, Privatbesitz.
241 Wilson, George, Stephen Girard. The Life and Times of America´s First Tycoon, Cambridge, Mass. 1995
242 4.7.1844, Rückreise nach Deutschland, 4 Hefte 24.1.1844–3.8.1844, Heft 3, handschriftlich, Privatbesitz.
243 7.7.1844, Rückreise nach Deutschland, 4 Hefte 24.1.1844–3.8.1844, Heft 3, handschriftlich, Privatbesitz.
244 ebenda.
245 ebenda.
246 8.7.1844, Rückreise nach Deutschland, 4 Hefte 24.1.1844–3.8.1844, Heft 4, handschriftlich, Privatbesitz
247 ebenda.
248 13.7.1844, Rückreise nach Deutschland, 4 Hefte 24.1.1844–3.8.1844, Heft 4, handschriftlich, Privatbesitz
249 20.7.1844, ebenda.
250 16.7.1844, Rückreise nach Deutschland, 4 Hefte 24.1.1844–3.8.1844, Heft 4, handschriftlich, Privatbesitz
251 29.7.1844, ebenda.
252 12.7.1844, ebenda.
253 ebenda.
254 22.7.1844, Rückreise nach Deutschland, 4 Hefte 24.1.1844–3.8.1844, Heft 4, handschriftlich, Privatbesitz
255 24.7.1844, ebenda.
256 27.7.1844, ebenda.
257 29.7.1844, Rückreise nach Deutschland, 4 Hefte 24.1.1844–3.8.1844, Heft 4, handschriftlich, Privatbesitz
258 1.8.1844, ebenda.
259 Brief Ernst Hasenclever an Karl Vezin 13.11.1844, Aktenordner Ernst Hasenclever, Sammlung von Unterlagen zum Leben von Ernst Hasenclever, Privatbesitz
260 Brief Karl Vezin an Ernst Hasenclever 10.12.1844, Aktenordner Ernst Hasenclever, Sammlung von Unterlagen zum Leben von Ernst Hasenclever, Privatbesitz
261 Oktober 1852, Auguste Hasenclever, 1850–1868 „Epochentabellen", handschriftliche Aufzeichnungen von Familienmitgliedern, Privatbesitz
262 Louise Hasenclever, geb. Vezin, Tagebücher, 3 Bände, 1846–1882, Band 1: Notizen aus unserem Leben vom Jahr 1846-1868, November 1857, handschriftlich, Privatbesitz.
263 Die „Kammer" war die kurze Bezeichnung für das Preußische Herrenhaus, welches gemeinsam mit dem Abgeordnetenhaus die Legislative bildete.
264 Louise Hasenclever geb. Vezin, Reisenotizen, 1862–1867, handschriftlich, Privatbesitz
265 Louise Hasenclever, geb. Vezin, Tagebücher, 3 Bände, 1846–1882, Band 1: Notizen aus unserem Leben vom Jahr 1846-1868, 21.03. 1863, handschriftlich, Privatbesitz.
266 ebenda, 4.4.1863.
267 Louise Hasenclever, geb. Vezin, Tagebücher, 3 Bände, 1846 – 1882, Band 1: Notizen aus unserem Leben vom Jahr 1846-1868, 15.04.1867, handschriftlich, Privatbesitz.
268 Louise Hasenclever, geb. Vezin, Tagebücher, 3 Bände, 1846–1882, Band 2: Tagebuch von Januar 1868 bis Ende 1876, 19.11.1868, handschriftlich, Privatbesitz
269 2.–10.01.1869, ebenda.

24. Bildnachweis

Privatbesitz Familie Harlfinger/Hasenclever

Seiten:	20, 33, 42, 54, 56, 57, 58, 59, 60, 61, 64, 66, 67, 68, 69, 76, 78, 79, 80 82, 84, 87, 90, 94, 96, 107, 109, 111, 112, ,116, 117, 118, 123, 124, 126, 131, 132, 133, 134, 136, 137, 143, 158, 169, 170, 194, 198
S. 18	Aus: Hasenclever, Hermann (Hg.), Das Geschlecht Hasenclever im ehemaligen Herzogtum Berg, in der Provinz Westfalen und zeitweilig in Schlesien, 2 Bde., bearb.v. B(runo) E(wald) Hugo Gerstmann, Remscheid-Lennep 1922–24.
S. 29	Stadtarchiv Remscheid
S. 30	Archiv der evangelischen Stadtkirche Remscheid
S. 50	http://de.wikipedia.org/wiki/Bark_(Schiffstyp)
S. 55	http://commons.wikimedia.org/wiki/File:Pão_de_Açúcar_-_Rio_de_Janeiro,_Brasil(2).jpg
S. 91	http://commons.wikimedia.org/wiki/File:Panorâmica_de_Ouro_Preto.jpg
S. 111	http://de.wikipedia.org/wiki/Peter_Wilhelm_Lund
S. 144	Karl Robert, Baron of Planitz (1804–1847) http://historia.jbrj.gov.br/fotos/imagens.htm
S. 145	AS RUAS DO RIO DE JANEIRO IMPERIAL, Guia e plano da Cidade do Rio de. Janeiro, publicado por A.M.Mc Kinney, Roberto Leeder (surdos-mudos), 1858
S. 150	http://commons.wikimedia.org/wiki/File:Paço_imperial_1840.png
S. 151	http://commons.wikimedia.org/wiki/File:Catedral1.jpg Krönungskathedrale
S. 179	David S. Quintin, United States Hotel Chesnut Street, Philadelphia (Philadelphia: P. S. Duval, Lith, ca. 1840). Crayon lithograph. http://www.librarycompany.org
S. 185	http://de.wikipedia.org/wiki/New_York_City#mediaviewer/File:1847_Lower_Manhattan_map.jpg
S. 215	Stadtarchiv Remscheid

25. Personenverzeichnis

26. Literaturverzeichnis

Aust, Alexander,
Die Bodenschätze Südamerikas, Norderstedt 2008

Bayrisches Staatsministerium der Finanzen,
Streng Geheim! Amélie von Leuchtenberg wird Kaiserin von Brasilien, Ausstellung im Foyer des Bayrischen Staatsministeriums der Finanzen, 2010

Centro de Documentação
D. João VI Pro Memoria de Nova Friburg.
http://www.djoaovi.com.br

Engels, Wilhelm
Mittelalterliche Verkehrswege und neuzeitlicher Straßenbau im Remscheider Gebiet und seiner weiteren Umgebung,
Remscheid 1939

Fluck, Marlon R., Basler
Missionare in Brasilien. Auswanderung, Erweckung und Kirchenwerdung im 19. Jahrhundert, Bern 2004.

Geschichte des 1. Westfälischen Husaren-Regiments Nr. 8,
Berlin 1882

Giesberts, Theodor, Ter-Meer-Schule „Zur Namensgebung und Einweihung", 4. März 1972

Hasenclever, Adolf (Hg.)
Josua Hasenclever aus Remscheid Ehringhausen, Erinnerungen und Briefe, Halle (Saale) 1922

Hasenclever, Bernhard
Der Aufstieg des Exporthauses Hasenclever. in: Die Heimat spricht zu Dir. Monatsbeilage des Remscheider Generalanzeigers, Nr. 7, 8 und 9, 1982.

Hasenclever, Hermann (Hg.),
Das Geschlecht Hasenclever im ehemaligen Herzogtum Berg, in der Provinz Westfalen und zeitweilig in Schlesien,
2 Bde., bearb.v. B(runo) E(wald) Hugo Gerstmann,
Remscheid-Lennep 1922-24.

Hasenclever, Bernhard
Meine Firma im Laufe der Jahrhunderte, Ehringhausen 1952

Johann Georg Schlosser in: Hessische Biografie
http://www.lagis-hessen.de/pnd/118795163 (Stand: 14.3.2013)

Jung, Michael
Josua Hasenclever – Unternehmer und Gestalter der Moderne.
In: Bergische Unternehmergestalten im Umbruch zur Moderne;
Hrsg. Beeck, Karl-Hermann, Neustadt/Aisch 1996

Oehm, Hans-Joachim
Die Rheinisch-Westindische Kompagnie,
Bergische Forschungen Band VII, Neustadt/Aisch 1968

Pillmann, Zeno/Schürings, Armin,
Von Remscheid nach Hasten. Die Nebenbahn zur Filiale,
Rheinisch-Bergische Eisenbahngeschichte Heft 7, Leichlingen 2009

Privatbesitz Familie Harlfinger/Hasenclever

Ringel, Hermann
Das Geschäftsarchiv der Exportfirma
Joh. Bernhard Hasenclever Söhne Remscheid Ehringhausen;
Heimatkundliche Hefte des Stadtarchivs Remscheid Nr. 9,
Remscheid 1970

Ringel, Hermann
Bergische Wirtschaft zwischen 1790 und 1860,
Neustadt a. d. Aisch 1966

Rinke, Stefan/Schulze, Frederik
Kleine Geschichte Brasiliens, München 2013

Sieder, Reinhard
Sozialgeschichte der Familie, Frankfurt 1987

Spliesgart, Roland
„Verbrasilianerung" und Akkulturation. Deutsche Protestanten im brasilianischen Kaiserreich am Beispiel der Gemeinden in Rio de Janeiro und Minas Gerais (1822–1889), Wiesbaden 2006.

Stursberg, E. Erwin, Remscheid und seine Gemeinden.
Geschichte, Wirtschaft, Kultur, Remscheid 1969

Wilson, George,
Stephen Girard. The Life and Times of America´s First Tycoon,
Cambridge, Mass. 1995

27. Quellen

Reisebeschreibungen Ernst Hasenclever:

1838 Reise in die Provinz Sao Paulo, 10.4.1838–28.4.1838

1839 Reise in den Provinzen Rio de Janeiro und Minas Gerais, 4 Hefte, 31.7.1839–18.10.1839

1840 Auf einer Reise nach der Schweizer Kolonie Neu Freiburg und dem Kaffeelande Cantagalo in der Provinz Rio de Janeiro im Jahre 1840, 18.8.1840–15.10.1840

1841 Krönungsfest des Kaisers von Brasilien 18.7.1841

1844 Rückreise nach Deutschland, 4 Hefte 24.1.1844–3.8.1844, alle handschriftlich, alle Privatbesitz

Aktenordner Ernst Hasenclever

Sammlung von Unterlagen zum Leben von Ernst Hasenclever, Privatbesitz

Louise Hasenclever, geb. Vezin, Tagebücher,

3 Bände, 1846–1882, handschriftlich, Privatbesitz

Band 1: Notizen aus unserem Leben vom Jahr 1846–1868

Band 2: Tagebuch von Januar 1868 bis End. 1876

Band 3: 1877–1882

Louise Hasenclever geb. Vezin, Reisenotizzen,

1862–1867, handschriftlich, Privatbesitz

„Epochentabellen", handschriftliche Aufzeichnungen von Familienmitgliedern, Privatbesitz

Johanna Schlosser-Fahlmer	1744–1821
Henriette Hasenclever	1821–1850
Auguste Hasenclever	1850–1868

28. Dank und Anmerkungen zur Transkription

Der Autor dankt Frau Regina Harlfinger und ihrer Familie für die Mithilfe beim Einblick in das Hasenclever-Familienarchiv. Frau Erika Bresser, Mutter von Frau Harlfinger, übernahm die mühevolle Arbeit der Transkription der Tagebuchaufzeichnungen von Ernst Hasenclever. In stundenlangen Sitzungen sprach sie die Texte auf Band und ermöglichte so die Erstellung einer maschinenschriftlichen Kopie. Dies erleichterte die Bearbeitung und die Übernahme der Zitate in das vorliegende Buch. Weiterer Dank gilt Frau Gisela Schmoeckel, die vor etlichen Jahren den Kontakt zur Familie Harlfinger, den Nachfahren von Ernst Hasenclever herstellt.

Meine Frau Claudia Holtschneider half mit ihren Sprachkenntnissen bei der Auswertung der Inhalte brasilianischer Internetseiten zur Kolonie Neu Freiburg.

Bei der Übertragung der Texte kann es trotz der nachträglichen Kontrolle am Originaltext – insbesondere bei der Schreibung von Namen – zu Fehlern gekommen sein.

29. Impressum

Ernst Hasenclever – Von Remscheid nach Brasilien
Reihe: Bergische Monographie – Band 2
herausgegeben von Thomas G. Halbach

ISBN 978-3-943886-69-6

1. Auflage 12/2014

Bergischer Verlag
RS Gesellschaft für Informationstechnik mbH & Co. KG
Verleger Arndt Halbach, Martin Czialla
Konrad-Adenauer-Str. 6 | 42853 Remscheid
E-Mail: info@BergischerVerlag.de | www.BergischerVerlag.de

Lektorat: Axel Schneider
Titelfoto: Privatbesitz Familie Hasenclever/Harlfinger
Layout und Gesamtherstellung: Bergischer Verlag, E.-W. Bruchhaus

Gedruckt in Deutschland

9 783943 886696

Für die Unterstützung bei der Herausgabe dieses Bandes danken wir dem Landschaftsverband Rheinland.

LVR
Qualität für Menschen

Sybils Cave
HOBOKEN
Hudson
Washington
HUDSON RIVER
Christopher St Ferry 1960 yds
Hoboken Ferry 1955 yds
Barclay St Ferry 2746 yds
New York & Erie R.R. Line
Sg Sing & Peekskill
Newburg Pier
Kingston & Po'keepsie Pier
Albany & Troy Steam Boats
Albany & Troy S.Bs
Philadelphia Rail Rd Line
Havre Packets
PAVONIA
Steuben
Wayne
Paterson R.R. Depot
Jersy City Ferry 1796 yds
Philadelphia R.R. Dep.
Mercer
Montgomery
York
British Steam Ship Wharf
Grand
Sussex
Warren
Morris
Essex
Morris Canal
Canal
Basin
Powles Hook
Fall River Line to Boston
Philadelphia S. Boats
Boston Lines via Provi. & Worcester
New Brighton & Elizabethpt S.Bs
Castle Garden
NEW YORK
Christopher
Barrow
Morton
Le Roy
Hammersly
King
Charlton
Vandam
Spring
Watts
Desbrosses
Vestry
Laight
Hubert
Beach
North Moore
Franklin
Harrison
Jay
Duane
Murray
Robinson
Barclay
Vesey
Fulton
Dey
Cortlandt
Liberty
Cedar
Rector
Greenwich
West
Sullivan
Thompson
Laurens
Wooster
Canal
St J.
References in BROOKLYN.
1 City Hall (New)
2 Brooklyn Garden
3 Brooklyn Female Instie
4 Ch. of the Holy Trinity
5 Savings Bank
6 Lyceum
7 Gothic Hall
8 Long Is. Bank
8 Brooklyn Do
9 Odd Fellows Hall
JERSEY CITY
B.G. Bowling Green
M. Market
C. College
C.H. City Hall
H. Hospital
T. Tombs
A. Arsenal
St J. St Johns Park
R. Rutgers Female Ins.
U. University
V. Vauxhall Garden
U.S. Union Sq.
S.S. Stuyvesant Sq.
G. Grammercy Park
M.S. Madison Sq.
P. Prot. Epis. Semy.
ELLIS'S I.
Fort Gibson
Staten Island Ferry 9418 yar